KB120378

탈일본화 재중국화

전후 타이완에서의 문화재건 (1945~1947)

이 번역서는 2017년 대한민국 교육부와 한국연구재단의 지원을 받아 수행된 연구임(NRF-2017S1A6A3A03079318)

접경인문학
번역총서
011

불의문화 제조국화

전후 타이완에서의 문화재건 (1945~1947)

黃英哲 Ying-che Huang alias Eitetsu Ko 지음　오뚱수 옮김

學古房

일러두기

1. 용어 가운데 한자 병기가 필요한 경우 첨자로 표기하였다.
2. 쉽게 풀어 번역한 용어 중 원문 병기가 필요한 경우 [ ] 안에 표기하였다.
3. 중국과 일본의 지명이나 인명 등 모든 고유명사의 표기는 외래어 표기법을 따랐고, 처음 나올 때 [ ] 안에 원어를 표기하였다. 단 중국 인명 중 신해혁명 이전 사람은 한자음으로 표기하였다.
4. 정부 기구나 관직명, 학교, 협회, 법령(규정·조례), 서명 및 인용문 안의 중국 지명과 인명 등은 한자음으로 표기하고 처음 나올 때 원명을 첨자로 처리하였다.
5. 단 서명과 논문 중 독자의 이해를 위해 필요한 것들은 번역하고 원명을 [ ] 안에 병기하였다.
6. 본문에 나오는 ( ) 안의 설명 중 저자나 역자 표시를 하지 않은 것은 인용 원문 자체에 있는 내용이다.
7. 저자의 주 외에 역자가 붙인 주는 본문에서는 역자, 각주에서는 역자 주로 표기하였다. 참고 자료 출처를 밝히지 않은 것은 인터넷이나 백과사전 등에 근거한 것이다.
8. 서양어 서명은 이탤릭체로 논문은 " "로, 동양어 서명은 『 』논문은 「 」로 표시하였다. 문장 속의 인용문은 " ", 짧은 인용구와 강조는 ' ', 중간점은 ·, 줄임표는 …… 등을 사용하였다.

중국어판 서문

기타오카 마사코[北岡正子]

　황잉쩌[黃英哲] 선생은 일본에 거류한 지 20여 년이나 되었지만, 줄곧 전후戰後 초기 타이완[台灣]이 일본 문화에서 중국 문화로 이행하는 전환기라는 주제, 황 선생의 말을 빌리면 소위 '문화 재구축再構築' 문제를 지속적으로 연구해 왔다. 애초 이 연구는 그의 (박사)학위 논문으로 제출되었으나, 이후 내용을 대폭 증보하여 『타이완 문화 재구축(1945~1947)의 빛과 그림자 : 루쉰 사상 수용의 행방[台灣文化再構築1945~1947の光と影 : 魯迅思想受容の行方]』(愛知大學國際問題硏究所叢書, 創土社, 1999)이란 제목으로 일본에서 출판되었다. 이제 여기에 또 2개 장을 더하여 타이완에서 출판하게 되었다. 이 책은 타이완이 식민지에서 해방된 이후 필연적으로 겪어야 했던 문화 위기 문제를 분석한 것으로 타이완사 연구에서, 이 주제에 대한 최초의 정식 전문 연구서라고 할 수 있다. 이런 뜻깊은 연구 성과를 타이완에서 출판할 수 있게 되어서 참으로 기쁘기 그지없다.

　이 책은 풍부한 사료의 발굴과 검토를 통해 '문화 재구축'의 실체를 종합적으로 그려내고 있다. 1944년 일본의 패망을 예측하고 준비한 「대만 접관 계획 강요台灣接管計畫綱要」, 전후에 공포된 「대만성행정장관공서 조직조례台灣省行政長官公署組織條例」, 문화사업 추진을 위해 대만성행정장관공서 산하에 조직된 국어추행위원회國語推行委員會·선전위원회宣傳委員會·편역관編譯館의 규정과 조례 등 다양한 문서公文 자료, 『대만문화台灣文化』·『신생보新生報』·『화평일보和平日報』·『중화일보中華日報』

등 신문 잡지, 국민교육용 교과서 및 '현대문학 학습총서'란 이름으로 역주譯註와 해설을 붙여 출판한 루쉰의 소설, 당시 대만성편역관 관장이던 쉬셔우창[許壽裳]의 일기 및 편지와 전보電報 등은 물론 사진과 판화版畫 등 이렇게 많은 문자와 이미지 자료들을 모두 이 책 속에서 적절하게 인용하고 있다.

이렇게 많은 사료를 모아서 한 권의 책으로 저술했다는 것만으로도 경탄할 일이지만 더욱 주목할 점은 이들 사료 하나하나가 모두 60년 이상을 타이완·미국·일본·중국 여러 곳에 각각 수장되어 있었다는 점이다. 저자는 역사의 거친 파도를 거친 이들 사료를 세세하게 발굴하여, 그 개별 내용만으로는 아무런 단서를 찾기 어렵지만, 사료와 사료를 이어주는 연관성을 찾아내 일일이 해석하고 있다. 그리하여 저자가 생기生氣를 불어넣은 사료들이 그동안 역사 속에 매몰되었던 '문화 재구축'의 실상을 이제 우리 눈앞에 다시금 되살려 내고 있는 것이다. 전후 초기 타이완의 '문화 재구축'이란 도대체 무엇인지를 이처럼 사료에 근거하여 종합적으로 해석한 실증 연구는 이 책이 효시라고 할 수 있다. 앞으로 타이완의 '문화 재구축'에 관한 연구는 황잉쩌 선생의 이 연구를 기초로 전개될 것이 분명하다.

이 책에서는 정부와 민간이라는 두 가지 측면, 즉 집행자인 대만성행정장관공서(국민정부)의 입장과 이를 받아들인 타이완 지식인의 처지에서 '문화 재구축' 문제가 갖는 의의를 검토하고 있다. 이러한 복안식複眼式 사고를 통해 먼저 '문화 재구축' 내에 잠재되어 있던 복잡한 요소를 드러낸 다음, 나아가 이 문제 자체의 의미가 입장의 차이에 따라 변할 수밖에 없었던 점을 밝혀냈다. 이 역시 이 책에서 특별히 제기하고자 한 탁월한 관점이다.

'문화 재구축' 업무의 실질적 집행을 맡은 대만성편역관 관장 쉬서우창은 타이완의 '중국'화를 실현하기 위해 애써 과거 중국의 5·4 신문화 운동에서 '문화 재구축'의 본보기를 찾았으니, 바로 루쉰 정신을 이념으로 삼아 문화정책을 추진한 것이었다. 저자에 따르면 쉬서우창 본인은 루쉰의 전투 정신과 국민성 개조 의지, '성의와 사랑'을 품은 인격을 '문화 재구축'의 동력으로 삼아 그것을 타이완 민중에게 주입하고자 하였고, 바로 그 점이 '문화 재구축'의 핵심적인 중요한 문제와 매우 밀접한 관계가 있다는 것이다.

나는 저자의 논술을 통해 쉬서우창이 과거 국민당이 줄곧 경계하고 두려워했던 루쉰 사상을 정부 공식 기관인 대만성행정장관공서의 '문화 재구축' 이념의 한 부분으로 삼았다는 것을 알게 되었다. 이러한 정책을 시도한 것은 실로 대담할 뿐 아니라 역사상 보기 드문 실험으로 확실히 깜짝 놀랄 만한 일이다.

그리고 이어지는 장절章節에서 저자는 타이완 지식인들이 어떻게 루쉰 정신을 수용하고 고취해서 얼마 후 집권자를 비판하는 정신을 키웠으며, 일본화를 노예화로 단정하는 강경정책에 대해 강렬하게 반대했는지를 서술하였다. 저자는 이 시기 타이완 지식인들이 일어를 매개로 세계 문화, 즉 근대 서구 문화에 대한 시야를 넓혔고, 이는 마땅히 문화 수용의 '세계화'로 보아야지 '노예화'로 간주하고 부정해서는 안 된다고 주장했다고 하였다.

또한 저자는 타이완 지식인 가운데 많은 이가 일본 식민지 시절 일어로 번역된 루쉰의 작품을 읽고 그 정신에 깊이 공감하였는데, 전후 루쉰 정신이 전파되는 상황이 공개적으로 펼쳐지자 이러한 루쉰의 비판 정신을 근거로 정부 혹은 관료들이 재물을 탈취하고 부패가 성행하는 타이완의 현상을 자세히 살펴 엄중히 이의를 제기하였음을 지적하였다. 이는 그 후 2·28 사건[1]이 자치운동으로 변화하는 버팀목의 하나가 되었으니, 이로부터도 루쉰 사상 수용에 대한 타이완 지식인의 실제 모습을 알수가 있다.

이러한 논술을 통해 타이완인의 루쉰 사상 수용이 바로 그의 사상 본질에 대한 수용이었음을 알 수 있다는 점에서 매우 인상 깊었다. 그리고 루쉰 사상이 현실에서 강렬하게 작용한 일이 뜻밖에도 타이완의 역사에서 존재했다는 점에서 참으로 놀라웠고, 동시에 루쉰 사상이 갖는 감동력撼動力에 대한 인식을 더욱 깊게 하였다.

나는 이처럼 루쉰 사상의 전파와 수용이 '문화 재구축'의 사상적 기초와 밀접한 관련이 있음을 철저히 밝힐 수 있었던 것은 오로지 저자가 처음부터 끝까지 사료를 숙독한 후 얻은 정확하고 투철한 식견의 결과라고 생각한다. 이 책에는 역사에 대한 이해를 증진하는 많은 새로운 사실이 적혀있고, 그 안에 담긴 저자의 독창적 견해는 수시로 경탄을 자아내게 한다. 그 중에서도 루쉰 사상의 전파와 수용이 '문화 재구축'의 형성成型과 뗄 수 없는 밀접한 관계가 있음을 밝힌 것은 이 책이 지닌 대표적인 지점이라고 할 만하다. 이렇게 함으로써 '문화 재구축'의 사상적 핵심도 정확하게 드러낼 수 있었다.

그뿐 아니라 같은 루쉰 연구자의 관점에서 나는 이 시기 '문화 재구

---

1   역자 주 : 1947년 2월 28일 타이완에서 발생한 민중봉기 사건으로 이후 40년 동안 타이완 사회의 최대 금기어였다. 국민정부 관료의 폭압에 맞서 타이완의 다수 주민인 본성인 本省人들이 불만을 표출하며 항쟁을 벌였으나, 국민당 군대의 대대적인 유혈 진압으로 약 3만 명의 희생자가 나온 것으로 추산된다. 여기서 말하는 자치운동은 사태 수습을 위해 타이완 유력인사들이 조직한 2·28사건 처리위원회의 32개 조 처리대강 [三十二條處理大綱] 중 타이완성 자치법 제정 등의 요구를 가리킨 것으로 보인다.

축'에 미친 루쉰 사상의 영향이라는 사실을 발견한 것은 지금까지의 루쉰 연구에 새로운 시야를 성공적으로 열어제친 것이라는 점도 강조하고 싶다.

이 책 마지막 부분에서 저자는 루쉰 정신을 활용하여 문화정책을 전심전력으로 추진한 대만성편역관 관장 쉬셔우창도, 민간에서 이에 호응하거나 나아가 루쉰 정신으로 예리하게 사회를 비판했던 많은 타이완 지식인도 모두 제명대로 다 살지 못하고 죽었다고 적었다. 이 부분을 읽을 때마다 루쉰 사상에 이끌린 사람 모두가 거쳐야만 했던 시련의 길이 생각나 깊은 슬픔에 빠지게 된다.

이 책의 일본어판을 읽고 나는 식민 통치가 끝난 후 타이완이 겪어야 했던 쓰라림 가득한 역사의 실태를 비로소 이해하였고, 사용하던 언어 혹은 문화가 부정되면 한 사람의 생존과 관련된 기반도 따라서 흔들린다는 점을 알게 되었다. 이러한 사실은 나 자신이 식민자의 후손 일본인이라는 점을 끊임없이 일깨워 주었다. 먼저 머릿속을 스쳐 지나가는 것은 지금으로부터 1세기 조금 이전에 일본이 타이완을 식민지로 만들었을 때 틀림없이 타이완에 사는 사람들에게 똑같은 고통을 주었을 것이라는 점이었다. 또 장기간 타이완을 지배했던 일본 문화와 일본어가 전후에 부정되고 금지되면서 다시한번 타이완 사회에 혼란과 고통을 가져왔으니, 이 모든 근원은 결국 일본이 타이완에서 펼친 식민 정책 때문이라는 점이 떠올랐다. 이 책을 통하여 나는 전후 타이완의 역사는 과거 일본의 식민 역사를 삭제하고는 이야기할 수 없다는 점을 더욱 깊게 인식하게 되었다. 그리고 일본인의 한 사람으로서 일본 식민 정책의 잘못으로 생긴 재앙을 생각하지 않으면서 이 책을 다시 읽을 수 없었다.

그 밖에 비록 일본 식민 정책의 강요로 받아들인 언어와 문화였지만,

결코 '노예화'되지는 않았다는 이런 정신적 지지 하에 전후 타이완 지식인이 새로운 문화를 창출하고자 한 행동에 나는 깊은 충격을 받았다. 고난 중에도 의연하게 끝까지 분투하며 존엄을 지켰던 이들의 모습을 보며 그들에 대한 나의 경외심은 더욱 깊어졌다.

이 책을 읽고 나는 일본의 과거 역사 그 자체를 직시하게 되었고, 타이완과 일본 간의 학술교류에서 새로운 전망을 개척할 시기가 와야만 한다는 것을 처음으로 배웠다. 그날이 오길 기대하면서 나는 타이완 지식인의 존엄 가득한 모습을 마음속에 소중히 새기고자 한다.

여기서 전후 세대의 소장 학자이자 나에게는 친자식 같은 황잉쩌 선생이 전후 초기 타이완이 겪었던 영광과 고난의 역사를 다시 되살린 것을 축하하며, 이를 서문으로 삼아 그가 복원한 역사가 미래와 이어질 속표지가 되길 기도한다.

한국어판 출간에 대한 저자의 서문

황잉쩌(黃英哲)

우선 이 책(拙著)을 한국 독자들이 읽을 수 있게 된 것을 매우 영광스럽게 생각하며, 역자인 오병수 선생님께 감사드립니다.

저는 이차대전 이후 타이완과 한국의 역사발전은, 특히 민주화의 진행과정에 이르기까지 적지 않은 부분에서 유사점이 있다고 생각합니다. 1945년 8월 14일, 일본은 「포츠담 선언」을 받아들이고, 8월 15일 쇼와 천황(히로히또-역자)이 라디오 방송을 통해 일본 국민들에게 이른바 「종전 조서」를 발표함으로써, 일본의 패전을 간접적으로 승인하였습니다. 같은 일본의 식민지였던 타이완과 한국은 동맹국이라는 외부역량에 힘입어 일제의 식민통치에서 벗어날 수 있었습니다. 중화민국 정부는 1943년 12월 1일 발표한 「카이로 선언」에 따라, 1945년 10월 25일 국민정부가 파견한 대만성행정장관공서台灣省行政長官公署 행정장관 천이陳儀가 타이베이 공회당公會堂(지금의 중산당 中山堂)에서 일본의 항복을 받는 의식을 거행하고, 일본으로부터 타이완과 펑후군도의 통치권을 접수함으로써, 전후 타이완의 정권 이양(轉移)을 완성했습니다. 그러나 한국은 좀 늦어져 1948년 8월 15일, 당시 동맹국 원동최고상령관 맥아더, 주한미군 군정 요인들의 참석 하에 이승만(대통령)이 대한민국의 독립건국을 정식으로 선포하고, 대한민국 정부를 조직했습니다. 1945년 8월 15일의 특별한 의미에 대해 한국은 한국의 「광복절」로, 북한은 「조국해방 기념일」로 정했습니다. 그러나 국민정부는 대만 광복일을 1945년10월 25일, 즉 중국전구 대만지구中國戰區台灣地區에서 일본이 항복 의식을 거행한 날로 정했기 때문에, 10월 25일이 타이완의 「광복절」이 되어 오늘에 이르고 있습니다.

1945년 8월 15일의 일본패전 및 같은 해 10월25일 대만통치권의 정식 이양은 타이완의 입장에서 도대체 어떤 의미가 있을까요? 타이완은 이제 "광복"되었을까요? 타이완은 정말 "해방"되었을까요? 아니면 「전후」가 된 것일까요?(여기서 말하는 「전후」는 좁의 의미에서 2차세계대전 종결 및 그 후 복잡한 전후의 부흥 문제를 가르킨다.) 이에 대해 경제학자 고 류진칭(劉進慶)교수가 지극히 훌륭한 말씀을 하신 바 있습니다.

> 대만출신인 나의 입장에서는, … 「전후」는 오히려 더욱 격렬한 전쟁 속으로 빨려 들어가는 것이었다. 타이완, 한국(원문은 朝鮮), 중국……, 동아시아에서 또 하나의 전쟁의 시작이었다. (중략) 나의 입장에서 보면, 「전후」에 당하는 거대한 고통은 내전이 초래한 참혹(慘痛)한 결과였다. 8월15일부터 일본은 확실히 변했다. 그러나 내 입장에서 보면, 피억압적 상황은 결코 변하지 않았다. (중략) 이런 측면은 마치 역사의 연속을 의미하는 듯 하다. 오직 일본만이 「전후」가 있었으니, 과거 일본은 교활한 속임수(狡詐)가 과했기 때문에, 아시아 각국은 「전후」라는 말을 사용할 때 더욱 신중해야 한다고 생각한다. 나는 이미 타이완(타이완이라는 글자는 필자가 더한 것이다.)에서는 이른바 「전후」라는 것이 근본적으로 없다고 했다. 그렇지만 확실히 당시 아주 짧은 기간 해방감을 느낀 적이 있었다. 8월 15일부터 1947년 2월까지 약 일년 반 동안, 타이완의 주민들은 말하고자 하는 바를 모두 말할 수 있는 자유를 누렸고, 치안도 좋았다.(劉進慶「"전후 없는 동아시아・타이완에 살다 沒有『戰後』的東亞・生於台灣」,『前夜』1:9, 東京: 影書房, 2006.10, 原文日文)

1945년 8월 15일의 일본 패전에서 1947년 2월, 2·28 전야까지 일년 반 동안, 류진칭이 직접 체험하고 목도한 당시 타이완은, 확실히 '하고자 하는 말을 다할 수 있는' 언론자유가 있었고, 치안도 양호하였습니다. 전후 초기 타이완의 언론공간과 관련해서는, 이미 학자들은 「신문 허가 심사제도 新聞許可審査制度」가 실시되고 있었음을 지적합니다. 당시 [이를 시행한-역자] 정부의 주요한 목적은 출판활동을 통제하는 것이었는데, 국민당 대만성 당부國民黨台灣省黨部와 대만성 행정장관공서 선전위원회 台灣省行政長官公署宣傳委員會라는 두 기구가 공동으로 이 임무를 실행하였습니다. 그렇지만 양자는 신문과 언론에 대한 인식이 달랐습니다. 성 당부는 친공노선의 좌익 언론에 대해서는 상당히 배타적이어서, 적극적으로 좌익 언론활동을 봉쇄하였습니다. 그렇지만 선전위원회는 언론공간의 필요성을 어느 정도 인정했기 때문에, 신문검열 임무를 엄격하게 집행하지 않았습니다. 이 때문에 1947년 2·28 전야에, 타이완은 1년 반이라는 짧은 시간의 상당한 「해방공간」을 누렸던 것입니다. 이 책은 바로 타이완의 전후초기 짧았던 그 해방공간에서 논의했던 타이완문화의 재건 문제를 다룬 것입니다.

이 책의 원형은 1995년 필자가 일본 입명관대학(立命館大学) 대학원 문학연구과 사학전공에 제출한 박사논문 「전후 초기 타이완 문화재건의 연구 : 대만성행정장관공서시기(1945-1947)를 중심으로」(일문)인데, 증보와 수정 과정을 거쳐 1999년 『타이완의 문화 재구축 1945-1947의 빛과 그림자: 루쉰 사상 수용의 행방』이라는 이름으로 토쿄의 창토사 東京:創土社에서 출판하였습니다. 2001년에서 2002년까지 필자는 국제적으로 저명한 한학가 왕더웨이(王德威)교수의 도움으로 그가 재임하고 있던 컬럼비아 대학(Columbia University) 동아시아학과에서 1년 동안 방문 연구를 할 수 있는 기회를 얻었습니다. 왕더위교수는 나의 일문 저작을 중문으로 고쳐쓸 것을 격려하면서, 책 이름을 『「탈일본화」「재중국화」: 전후 타이완 문화의 재건(1945-1947)』으로 할 것을 제안하였고, 또 타이완의 맥전麥田 출판사에 소개해주어서, 결국 2007년 출판한 바 있습니다. 여기에서 나는 특별히 왕더웨이 교수에게 감사의 뜻을 표하지 않을 수 없습니다. 2007년 출판 이후, 운이 좋아서 여러 번 재판을 찍었고, 친구인 소주대학蘇州大學의 치진季進 교수의 추천과 소개로 2016년 강소대학江蘇大學 출판사에서 간자체로 출판하기 까지 하였습니다. 2016년 맥전 출판사에서 수정본을 출판하였는데, 이번에 중국현대사 및 중국 현대 민족주의 연구의 전문가인 오병수 선생님의 눈에 띄어 한글로 출판하게 되었습니다. 진심으로 고맙고 감사하는 마음을 갖고 있습니다.

1970년대 후반 대학생 시기와 1980년대 전반 난깡 지우쫭 南港 舊庄 중앙연구원 근대사 연구소의 조교시기, 80년대 중기 일본 쓰쿠바 대학에서 청강생 노릇을 하던 시기, 나는 타이완과 일본에 유학 온 적지 않은 한국유학생들과 서로 알고 지냈고, 그들은 모두 내 청춘시기의 잊을 수 없는 한 페이지로 새겨져 있습니다. 당시 그 한국 유학생 친구들은 학업을 마치고 귀국하여 한국학계에서 활약하였지만, 거의 40년 동안 소식이 없었습니다. 만일 그들이 이 한글판 졸저를 보고, 내가 [그때처럼-역자] 처음 마음(初衷)을 잊지 않고, 여전히 학계에서 분투하고 있음을 알게 될 수 있다면, 나로서는 더할 수 없이 사치스러운 바램이자 위안이 될 것입니다.

2024. 3. 23 일본 나고야에서

목차

'탈일본화 [去日本化]'와 '재중국화 再中國化'

전후 戰後 타이완에서의 문화재건 文化再建(1945~1947)

머리말

1945년 2차 세계대전에서 일본이 패망하면서 타이완은 일본의 식
민 통치에서 벗어나 중국의 판도 안으로 복귀하였다.[2] 반세기에 걸친 식
민 통치 기간에 일본 식민 당국은 강력한 동화정책을 추진하였으니, 국
가 기관을 이용하여 일본 문화를 타이완에 이식하고, 각급 학교 교육
을 통해 일본 국가 의식과 일본 국민 의식을 타이완 청소년들에게 강제
로 주입하였다. 이러한 동화정책은 1937년 중일전쟁 발발 후 더욱 강
화되어, 일본은 타이완에서 이른바 황민화皇民化 운동을 본격적으로 시
행하였다. 중국어 신문과 타이완의 민간 종교 신앙을 금지하고 타이
완 전역에 황민연성소皇民鍊成所[3]를 설치하여 파시스트 식 군국주의 사

---

2   국민정부 國民政府는 타이완을 중국 판도에 복귀시킨 일을 '광복 光復'이라고 부르는데,
     이 단어에는 '통치 재개 再開' 혹은 '조국으로 복귀'의 의미가 들어있다. 한편 제국주의 통치
     에서 벗어난 후 새로운 국가를 성립한 아시아・아프리카의 옛 식민지에서는 식민 통치에서
     벗어난 일을 '독립 獨立' 혹은 '해방 解放'이라 부르고 있다. '광복'과 '독립' 두 어휘에는 서
     로 다른 정치적 의미가 있으니, 전후 戰後 지역마다 전개된 역사 궤적이 달랐던 점도 이러한
     차이가 발생한 원인 중 하나이다. 상세한 내용은 吳密察, 「台灣人の夢と二・二八事件 -
     台灣の脫植民地化」, 大江志乃夫等編, 『近代日本と植民地 8 : アジア冷戰と脫植民地
     化』(東京 : 岩波書店, 1993)을 참조. 이 책에서는 타이완이 중화민국에 접수된 이후의 시대
     를 '전후'로 부름으로써 '광복 후', '해방 후', '독립 후' 등 정치적 의미를 갖는 어휘의 사용을
     피하고자 한다. 다만 본문에 인용한 참고문헌에서 '광복' 등의 단어를 사용하였으면 원문에
     나온 대로 표기하였다.

3   역자 주 : 1944 年 1月, 대만총독부가 반포한 「황민연성소 규칙 皇民鍊成所規則」에 따라
     설치했던 기구이다. 일본이 타이완에서 징병제도(1944년 4월 공포)를 실시하면서 군사동
     원과 훈련을 강화하기 위해 설립한 청년특별연성소(1945년 5월 타이완 각지에 19곳이 설치

상으로 타이완 사람들을 '황민'으로 주조하고자 하였다. 이러한 상황에서 일본과 자신을 동일시하는 타이완인들이 일부 생겨난 것은 아주 당연한 일이었다. 식민 통치 말기, 타이완인 대다수는 이미 완전히 일본화가 되어버렸다.[4] 타이완인의 일본화 정도에 관하여 작가 예스타오[葉石濤](1925~2008)[5]는 종전 무렵 자신은 타이완 말조차 할 수 없었다고 하면서, 당시 타이완인의 2/3는 이미 일본화 되었다고 단언하였다.[6] 이 수치가 예스타오 개인의 주관적인 느낌에 불과한 것일지라도 일본 패망 전후 타이완 사회의 상황을 상당히 잘 보여준다고 생각된다.

서구 사회는 근대 국민국가 형성 과정 중 '국민'(Nation)과 '국가'(State)가 대체로 동시에 탄생하였다. 하지만 이러한 모델은 아시아 국가, 특히 식민지를 경험한 지역에서 그대로 적용되기 어려웠다. 과거 제국 통치

됨)를 설치하였는데, 황민연성소는 청년특별연성소에 입소하기 전 초등교육을 받지 못한 사람을 대상으로 일본어 교육과 군사훈련을 실시하던 곳이다. 13세 이상의 국민학교 졸업생은 청년학교에 입학하여 성적이 좋으면 심사를 거쳐 청년특별연성소로 보내 입대 전 훈련을 받도록 하였다. 1945년 기준 전국적으로 544개소의 청년학교, 26개소의 청년연성소와 함께 3,731개소의 황민연성소가 설치되었으며 광복이후 국민정부에 의해 사회교육시설로 개조되었다.

4   黃昭堂,「台灣の民族と國家 : その歷史的考察」,『國際政治』84號(1987.2), 73~76쪽.

5   역자 주 : 1940년대부터 2000년대까지 100종이 넘는 작품을 출판한 타이난 [台南] 출신의 문학 작가로 타이완인이 쓴 최초의 타이완 문학사인『台灣文學史綱』(1987년)의 저자로도 유명하다.

6   許雪姬,「台灣光復初期的語文問題 – 以二二八事件前後爲例」,『思與言』29卷 4期 (1991.12), 158쪽. 타이완인의 일본화 정도에 대해서는 저명한 인류학자로 대북제국대학 台北帝國大學 의학부 醫學部 교수를 지낸(전후 초기 국립대만대학으로 변경된 이후에도 남아서 근무한) 가나세키 다케오 [金關丈夫]의 회고도 있다. 그의 다음과 같은 서술을 통해 당시 국립대만대학에 재학 중인 타이완인 학생의 심정을 충분히 이해할 수 있다. "그들은 이미 자신과 일본 문화가 분리될 수 없다는 점을 인식하고 있었다. 비록 누구도 말을 꺼내지 않았지만, 그들이 심지어 이미 일본을 자기 고향으로 간주하고 있다는 걸 느낄 수 있었다. 우리는 당연히 그들의 심정을 명확히 알 수 있었지만, 어찌할 도리가 없었다(金關丈夫,『孤燈の夢』, 東京 : 法政大學出版局, 1979, 297쪽).

를 받은 식민지가 독립 후 가장 먼저 해결해야 할 문제는 바로 이미 세워진 '국가' 내에서 주민을 어떻게 '국민'으로 만들 것인가? 였고, 동시에 이 두 단계를 모두 짧은 시간 안에 이루어야 한다는 점이었다. 다시 말해 이들 국가는 아직 Nation-state라고 할 수 없는 State-nation인 상태에서 곤경이 배가되었기 때문이다. 이 때문에 위로부터 아래로의 '국민 만들기'(Nation-building)는 식민지에서 새로 독립한 국가의 가장 중요한 과제가 되었다.[7]

전후 초기 타이완은 바로 이러한 형세에 처해있었다. 여기서 말하는 '전후 초기'란 1945년 10월 25일 국민정부가 정식으로 타이완을 접수接收한[8] 이후 1949년 12월 국민정부가 국공내전에서 패퇴하여 타이완으로 옮겨올 때까지를 말한다. 이 기간은 또 행정조직의 재정비를 경계로 대만성행정장관공서台灣省行政長官公署 시기(1945~1947)와 대만성 정부台灣省政府 시기(1947~1949)로 나눌 수 있다.

당시 국민정부로서는 자신이 접수한 '우리 국민이 아닌', 즉 일본화된 타이완인을 어떻게 '국민'으로 만들 것인가 하는 점이 타이완 통치의 우선 과제였다. 이는 타이완이 '중국'의 일부로 편입됨과 동시에 타이완인도 이에 맞춰 '중국인'으로 변화할 필요가 있다는 뜻이었다. 이 시기 국민정부가 채택한 모든 문화정책은 '탈일본화'와 '재중국화'를 목표로 타이완의 문화재건을 적극적으로 추진하면서 중국 문화를 중심으로 하는 새로운 '문화 제도'(cultural institution)를 세워 타이완을 중국 문화권

---

7   岡部達味, 「アジアの民族と國家: 序說」, 『國際政治』 84號(1987.2), 3쪽.
8   역자 주 : 1945년 8월 15일 일본의 항복으로 2차 세계대전이 끝나고 카이로선언에 따라 타이완은 중국에 귀속되었으나, 국민정부가 대만총독부로부터 통치권을 정식 이양받은 것은 10월 25일 타이베이 중산당 中山堂에서 행해진 항복 의식 이후이다.

에 통합시켜 하나로 만드는 것이었다. 여기서 말하는 '문화재건'(cultual reconstruction)이란 국가체제를 강고히 하기 위해 인위적으로 문화를 구축하는 것을 의미한다. 이러한 상황에서 구축된 문화는 자연적으로 형성된 것이 아니라 위 혹은 외부로부터 강제로 생성된 것이었다.[9] 일본을 대신하여 새로운 통치자가 된 국민정부가 문화 문제에서부터 착수한 이유는 타이완의 일본 문화에 대한 미혹을 해체함과 동시에 타이완인이 '중화민국 국민'이라는 정체성을 갖도록 촉진하기 위함이었다.

필자는 이 책에서 국민정부 및 당시 타이완의 실질적 최고 통치 기구인 대만성행정장관공서가 전후 초기 타이완 문화재건 정책을 추진했던 본래의 취지 및 구체적인 실행 과정과 중심 사상을 살펴본 다음, 나아가 이들 문화정책 이면에 숨겨진 국민정부의 진정한 목적 및 이러한 문화정책에 대한 타이완인[10]의 반응이 어떠했는지를 규명해 보고자 한다.

1987년 '계엄령'[11] 해제 이래 이 책 초고를 집필 중이던 1995년까지 타이완의 문화정책은 본토(즉 타이완 자체 - 역자) 문화 등을 포용할 수 있

---

9   전후 타이완의 '문화재건'에 관해서는 양충룽 [楊聰榮]이 아주 훌륭한 개념을 제시하였다. 상세한 내용은 楊聰榮, 「從民族國家的模式看戰後台灣的中國化」, 『台灣文藝』 138期 (1993.8)을 참고하라.

10   이 책에서 말하는 타이완인은 1945년 국민정부가 타이완을 접수하기 이전 타이완에 거주하던 주민을 가리키며 복료인 福佬人(福建系)·객가인 客家人(廣東系) 및 타이완 원주민을 포함한다. 1945년 이후 중국 대륙에서 타이완에 온 사람을 이 책에서는 중국인이라고 부르지만, 두 호칭 모두 어떠한 정치적 의미를 포함하지 않는다. 1946년 통계에 따르면, 당시 타이완의 총인구 6,090,860명 중 타이완인이 6,056,139명(원주민 88,741명 포함)으로 전체의 99.48%를 점하였다. 이와 비교해 중국인은 겨우 34,721명으로 총인구의 0.52%에 불과했다. 方家慧等監修, 陳紹馨等纂修, 『台灣省通志稿 卷二 人民志』(南投 : 台灣省文獻委員會, 1954~1964), 42, 122쪽

11   역자 주 : 국공내전에서 패색이 짙어져 타이완으로 이전을 준비하던 국민정부가 1949년 5월 20일 타이완 전역에 선포한 계엄령은 38년이 지난 1987년 7월 15일(金門·馬祖 지역은 1992년 11월 7일)에 비로소 해제되었다.

는 다원적이고 포괄적인 문화통합(cultural integration) 정책을 취하였다. 전후 초기의 '문화재건'부터 90년대의 '문화통합'에 이르는 역사적 발전 과정은 많은 우여곡절이 있었을 뿐 아니라 구성 요소도 아주 복잡하였다. 만약 문화통합 정책의 의의를 이해하고자 한다면, 그 출발점이 되는 전후 초기 특히 대만성행정장관공서 시기 국민정부가 시행한 타이완 문화 정책을 명확히 파악할 필요가 있다. 이 책의 또 다른 목적이 바로 문화재건 정책에 대한 검토를 통하여 이후 문화통합 정책으로 변화 발전하는 과정을 이해하는 데 있기 때문이다.

필자는 오랫동안 전후 초기 타이완의 문화재건 문제에 관심이 있었다. 당시 타이완 문화재건 정책을 이끈 기관으로는 대만성국어추행위원회 國語推行委員會·대만성행정장관공서 선전위원회 宣傳委員會·대만성편역관 編譯館·대만문화협진회 台灣文化協進會 4곳이 있었다. 필자는 대만성편역관과 대만문화협진회를 연구하는 과정에서 당시 대만성편역관 관장이던 쉬셔우창이 루쉰 사상을 전파했던 일에 중요한 의의가 있다는 것을 발견하였다.

이 책은 다음과 같이 8개 장으로 나누어져 있다.

제1장에서는 타이완 문화재건 정책의 내용 및 이러한 문화정책의 실질적 집행 기관이자 전후 초기 타이완의 최고 통치 기구인 대만성행정장관공서가 취한 구체적인 조치를 살펴볼 것이다.

제2장부터 제5장까지의 각 장에서는 대만성국어추행위원회·대만성행정장관공서 선전위원회·대만성편역관·대만문화협진회 네 기관이 당시 타이완 문화재건 정책 내에서 각자 맡은 역할과 구체적인 집행 과정을 살펴볼 것이다.

제6장에서는 대만성행정장관공서와 타이완 지식인 및 국민정부라는

서로 다른 차원에서 지금까지 아무도 주목하지 않았던 루쉰 사상의 전파와 전후 타이완 문화재건의 연관성에 대해 검토할 것이다.

제7장에서는 전후 초기 루쉰 사상의 또 다른 지향이 타이완에서 전파되는 상황을 살펴볼 것이다.

제8장에서는 국민정부의 문화재건에 대한 타이완 지식인의 반응을 분석할 것이다.

전후 초기 타이완은 각종 역사적 환경의 제약을 받고 있었다. 먼저 국공내전·통화 팽창·언어 전환 등으로 인한 정치·경제·사회적 차원의 역경을 겪어야 했다. 곧이어 1947년 발생한 '2·28 사건' 이후 '백색공포白色恐怖'[12]가 횡행함으로써 타이완 사회는 극도의 불안한 상황에 빠지게 된다. '백색공포'란 국민정부가 좌파 사상을 가진 지식인과 노동자를 불법 체포하여 임의로 총살한 사건을 가리키는데, 그로 인해 희생된 자 중에는 타이완 본토 인사와 대륙에서 타이완에 온 인사가 모두 포함되어 있었다. 지식인들은 자신을 보호하기 위하여 스스로 '책을 불살랐고[焚書]', 정부 차원에서도 이른바 사상이 부정확한 서적 혹은 신문 잡지를 일괄 몰수하였다. 이런 까닭으로 당시의 출판물은 대부분 유실되거나 뿔뿔이 흩어져버려서, 수집과 조사가 매우 곤란한 실정이다.

1993년 필자는 미국 스탠포드대학교 후버연구소에 전후 초기 타이완

---

12 역자 주 : 국민정부가 공권력을 빌어 자신과 정견이 다른 사람을 박해하고 자신에게 유리한 공포정치 분위기를 조성한 시기로 계엄령이 선포된 1949년 5월부터 백색공포의 3대 악법 중 마지막 남은 「감난시기검숙비첩조례 戡亂時期檢肅匪諜條例」가 폐지된 1991년 6월 3일까지를 말한다. 이 기간 특히 1987년 계엄 해제 이전 국민정부를 비판하고 반대하거나 타이완 독립을 주장하는 사람들에게 간첩 등 온갖 거짓 죄명을 씌워 체포·고문·살해하고 재산을 몰수하는 등 수많은 억울한 옥살이와 죽음, 장애인을 만들어 냈다. 1998년 이에 대한 '보상조례 補償條例'가 제정되어 15년간 10,067건을 보상하였으나, 약 1,500명의 수난자 受難者가 아직 보상 신청을 하지 않았다고 한다.

에서 발행된 신문 잡지가 대량 소장되어 있다는 이야기를 듣고, 미국에 건너가 귀중한 자료를 아주 많이 얻을 수 있었다. 그밖에 반드시 언급해야 할 것은 다음 해인 1994년 필자가 대만성편역관 관장을 역임한 쉬셔우창의 유족으로부터 약간의 미공개 서신 및 비공개 문건을 제공받았는데[13], 그중에 대만성편역관의 설립 경과가 기록되어 있었다는 점이다. 이책을 완성하기 까지. 이들 자료의 도움을 매우 많이 받았다. 특별히 감사의 뜻을 표한다.

---

13 쉬셔우창 유족이 제공한 미공개 서신과 대만성편역관 관련 1차 문건은 이미 정리하여 출판하였다. 상세한 내용은 黃英哲·許雪姬·楊彦杰 編,『台灣省編譯館檔案』(福州 : 福建教育出版社, 2010)을 참조.

제1장

국민정부의 타이완 문화재건

1. 「대만 접관 계획 강요 台灣接管計畫綱要」

일본이 패전하기 전인 1943년 11월 미국 대통령 루스벨트(Franklin Delano Roosevelt)는 중국이 동맹국 진영에서 벗어나 일본과 단독으로 화해하는 것을 막고 중국의 힘을 빌려 일본을 견제하기 위해, 처칠(Winston Leonard Spencer Churchill) 영국 수상과 함께 당시 중국의 최고 지도자인 군사위원회軍事委員會[14] 위원장 장제스[蔣介石]를 초청하여 카이로에서 회의를 열었다. 12월 2일 발표된 「카이로선언」은 일본 패망 후 만주滿洲[15]

---

[14] 역자 주 : 1932년 '상해사변' 발발 후 일본의 침략에 대항하기 위해 회복되어 1946년 5월 폐지된 국민정부 산하의 조직으로 장제스가 줄곧 그 위원장을 맡았다. 특히 2차 세계대전 기간에는 위원장이 군사·행정·입법, 심지어 사법 정책 결정권을 가진 실질적인 최고 지도자였다.

[15] 역자 주 : 여기서 만주는 '만주사변' 후 세워진 '만주국'이 지배하던 지역을 가리키며, 만주를 지명으로 사용한 것은 일본인이고 중국에서는 지명으로 부르지 않기에 중국어 발음 만저우 대신 한자음으로 표기하였다.

와 타이완 및 펑후열도[澎湖列島][16] 등 일본이 청나라로부터 약탈[掠奪]한 지역을 중화민국에 반환해야 한다고 명시하였다. 이에 근거하여 장제스는 귀국 즉시 아래와 같은 명령을 내렸다.

행정원 行政院 비서장 祕書長 장려생 張勵生과 군사위원회 국제문제연구소 소장 왕봉생 王芃生은 대만 수복을 위한 정치적 준비 작업 및 조직과 인사 등 확실한 방안을 연구 입안하여 보고하도록 하라.[17]

나아가 1944년 4월 17일 장제스는 타이완이 순조롭게 중국에 복귀할 수 있도록 준비하기 위해 중앙설계국中央設計局 산하에 대만조사위원회調査委員會를 설치하였다. 중앙설계국이란 항일전쟁 시기 행정과 군사 업무를 통솔했던 국방최고위원회國防最高委員會의 부속 기관으로 전국의 정치·경제 건설 방안을 기획하고 제정하는 곳이었으니, 국방최고위원회 위원장 장제스가 그 총재總裁 직을 겸하고 있었다. 장제스는 이 새로 설립된 대만조사위원회 주임 主任 위원으로 천이[陳儀]를, 왕펑성[王芃生]·선중지우[沈仲九]·첸중치[錢宗起]·샤타오성[夏濤聲]·저우이어[周一鶚] 및 당시 중국 대륙에 망명 중이던 타이완인 치우녠타이[丘念台]·셰난광[謝南光]·황차오친[黃朝琴]·여우미젠[游彌堅]·리여우방[李友邦] 등을 위

---

16 역자 주 : 타이완 해협에 있는 군도로 타이완 본 섬과 약 50km 떨어져 있으며 90개의 크고 작은 섬으로 구성되어 있다. 청일전쟁으로 체결된 시모노세키 조약에 의해 타이완 본 섬과 함께 일본에 할양되었다가 2차 세계대전 종전 후 중국에 반환되어 현재 중화민국이 관할하고 있다.

17 呂芳上,「蔣中正先生與台灣光復」, 蔣中正先生與現代中國學術討論集編輯委員會編, 『蔣中正先生與現代中國學術討論集』第5冊(台北 : 中央文物供應社, 1986), 51쪽.

원으로 임명하였다.[18]

대만조사위원회 주임 위원으로 임명된 천이(본명은 陳毅, 자는 公俠 또는 公洽, 1883~1950 - 저자)는 저장성[浙江省] 샤오싱[紹興] 사람으로 1902년 10월 일본에 유학하여 성성학교成城學校와 육군측량학교陸軍測量學校에서 공부한 다음, 1908년 11월 육군사관학교 포병과砲兵科를 졸업하였다. 신해혁명 후 절강도독부浙江都督府 군정사軍政司 사장司長 등을 맡았다. 1917년 다시 일본으로 건너가 육군대학에서 공부하고 귀국 후 상하이[上海]에서 사업을 시작하였다. 이후 국민정부에 들어와 병공서兵工署 서장署長, 군정부軍政府 차장次長, 군정부장 대리[代理軍政部長], 푸젠성[福建省] 주석主席, 행정원 비서장, 국가총동원회의國家總動員會議 주임 등 요직을 역임하였다. 2차 세계대전 후 그의 민첩한 정치 수완에 일본 유학 경험이 더해져 전후 초기 타이완 통치기관의 최고 책임자인 대만성행정장관공서 행정장관으로 발탁되었다.

대만조사위원회 설립 후 해야 할 가장 중요한 일은 바로 「대만 접관 계획 강요」를 기초하는 것이었다. 그것은 작업이 지연되어 1945년 3월 23일에서야 비로소 정식 반포되었다. 「대만 접관 계획 강요」는 제1 통칙通則, 제2 내정內政, 제3 외교外交, 제4 군사軍事, 제5 재정財政, 제6 금융金融, 제7 공광상업工礦商業, 제8 교육문화敎育文化, 제9 교통交通, 제10 농업農業, 제11 사회社會, 제12 양식糧食, 제13 사법司法, 제14 수리水利, 제15 위생衛生, 제16 토지土地 등 총 16개 대항목[19]으로 나뉘어

---

18 「台灣調査委員會工作大事記(1944年4月-1945年4月)」, 陳鳴鐘·陳興唐主編, 『台灣光復和光復後五年省情』(上)(南京 : 南京出版社, 1989), 4~11쪽.

19 「台灣接管計畫綱要 : 34年3月14日侍奉字15493號總裁(三十四)寅元侍代電修正核定」, 陳鳴鐘·陳興唐主編, 『台灣光復和光復後五年省情』(上), 49~57쪽.

있어, 타이완 접수와 관련한 (국민정부의) 청사진 및 전후 초기 타이완의 시정방침을 살펴볼 수 있다. 그 가운데 전후 타이완 문화재건과 연관 있는 것은 제1 통칙의 (4), 제8 교육문화의 (40)~(51)로 타이완 문화재건의 기본 원칙 및 구체적인 실행 방안이 아래와 같이 열거되어 있다.

제1 통칙

(4) 접관 후의 문화 시책은 민족의식을 강화하여 노예화된 사상을 일소하고 교육 기회를 보급하여 문화 수준을 제고시키도록 해야 한다.[20]

제8 교육문화

(40) 접수 후 개편 [改組]된 학교는 이른 시일 내에 수업을 시행하도록 한다. 사립학교와 개인이 운영하는 [私營] 문화사업은 접관 기간 내 법령을 준수한다면 계속 운영하는 것을 허가한다. 그렇지 못하면 접수 개편하거나 운영을 정지시킨다.

(41) 접수된 학교는 즉시 아래 각 사항을 실행해야 한다.

　　　(갑) 수업 및 학교 행정은 반드시 법령과 명령에 따라야 한다. (을) 교과서는 국정 또는 검정 [審定] 본을 사용해야 한다.

(42) 사범학교(학생)는 접수 개편된 다음, 교사의 자질 및 교무 敎務 훈육 개선에 특별히 주의해야 한다.

(43) 국민교육 및 실습은 법령에 따라 적극 추진해야 한다.

(44) 접관 후 국어 보급계획을 확정하여 기한 내에 점진적으로 실시해야 한다. 초중등학교에서 국어는 필수 과목이므로 공무원과 교사가 먼저 국어를 준용 遵用해야 한다. 각지에 설치된 일어강습소 日語講習所는 즉시 국어강습소로 개편하여 먼저 국어 교사를 양성하도록 한다.

20　같은 책, 49쪽.

(45) 각급 교원과 사회교육 기관 근무자 및 기타 문화사업에 종사하던 자는 적국 敵國(일본을 가리킴 – 역자) 인민(단 전문대학 이상의 학교에서는 필요할 경우 계속 남아서 근무할 수 있음)과 위법 행위자를 제외하고는 모두 그대로 임용하도록 한다. 단 교원은 반드시 심사를 거쳐야 하고 합격한 자에게는 증서를 발급한다.

(46) 각급 학교·박물관·도서관·방송국·영화제작소·극장 등의 설치와 경비는 접관 후에도 원상 유지를 원칙으로 하되, 지역별 학교 배치와 교육 보급 원칙에 따라 적절히 규획 規劃한다.

(47) 일본 점령 시 강제로 군 복무를 한 대만 학생은 그들의 의사와 수준에 맞춰 복학 혹은 전학할 수 있는 편의를 제공한다. 또 국비로 외국에 파견된 대만 학생은 정상을 헤아려 계속 유학할 수 있게 한다.

(48) 일본이 최근 각지에 설립한 연성소 練成所는 일괄 해체한다.

(49) 각 성 省에 사람을 파견하여 (교육 현황을 - 역자) 참관하도록 하고, 중등학교 졸업생을 선발하여 각 성의 전문대학 이상의 학교에서 이수하게 하며 많은 학자가 대만에 와서 강의하도록 초빙한다.

(50) 성 省 훈련단 訓練團과 현 縣 훈련소 訓練所를 설치하여 공무원과 교사, 기술 및 관리 요원을 훈련하고, 각급 학교에 성인반 成人班·부녀반 婦女班·국어보급훈련반을 열어서 민족의식과 본당 本黨(즉 중국국민당 – 역자)의 이념 [主義]을 주입하도록 한다.

(51) 일본 점령 시 출판된 서적과 간행물, 영화 등에서 본국 本國과 본당을 헐뜯거나 역사를 왜곡한 것들은 일체 소각한다. 한편 편역 編譯 기관을 따로 설치하여 교과 참고용 및 필요한 서적과 도표를 편집하도록 한다.[21]

위에 열거한 강요를 간단히 정리하면, 제1 통칙 (4)항에 기술된 기본

---

21 같은 책, 53~64쪽.

원칙은 문화교육의 힘을 통해 타이완의 일본 문화를 일소하고 중화 민족의식을 강화함으로써 중국화를 달성하자는 것이다. 제8 교육문화의 (40) ~ (51)항은 이 목적을 완성하기 위한 구체적인 문화재건 조치이다. 이상에서 설명한 바를 통해 전쟁 종결 5개월 이전에 국민정부가 이미 타이완의 문화재건을 위한 각종 정책을 준비하였음을 알 수가 있다.

2. 대만성행정장관공서의 문화재건 정책

1945년 8월 29일 대만조사위원회 주임 위원 천이는 전후 초기 타이완의 최고 통치기관인 대만성행정장관공서 행정장관으로 임명되었다. 시간이 촉박했기 때문에 국민정부는 8월 31일 입법 절차를 거치지 않은 채 국방최고위원회의 명의로 「대만성행정장관공서 조직대강組織大綱」을 발포發布하고 '국민정부 훈령訓令'으로 반포한 다음, 즉시 충칭[重慶]에 '대만성행정장관공서 판사처辦事處'를 설립하였다. 9월 7일 국민정부는 천이에게 대만성 경비총사령警備總司令도 맡도록 임명하였다. 9월 20일 국민정부는 입법 과정을 거쳐 「대만성행정장관공서 조직조례」[22]를 정식 공포하여 8월 31일 임시로 발포한 「대만성 행정장공서 조직대강」을 대체함으로써 타이완 접수 후 정치제도 재건의 법률적 근거를 마련하였다.
「대만성행정장관공서 조직조례」의 원문은 아래와 같다.

제1조　대만성에 행정장관공서를 임시로 설치하여 행정원 아래에 소속시키고 행정장

22　「台灣省行政長官公署組織條例」의 상세한 내용은 『台灣省行政長官公署公報』1卷 1期 (1945年 12月 1日), 1~2쪽을 참조.

관 1인을 두어 법령에 따라 대만성의 정무 政務를 총괄하도록 한다.

제2조   대만성행정장관공서는 그 직권 범위 내에서 명령을 발포할 수 있으며 대만성

에만 적용되는 규정을 제정할 수 있다.

제3조   대만성행정장관공서는 중앙정부의 위임을 받아 중앙정부의 행정을 처리할 수

있다.

대만성 행정장관은 대만성에 소재하는 중앙정부 각 기관에 대해 지휘 감독의

권한을 가진다.

제4조   대만성행정장관공서에는 아래의 각 처를 둔다.

1. 비서처 祕書處

2. 민정처 民政處

3. 교육처 敎育處

4. 재정처 財政處

5. 농림처 農林處

6. 공광처 工礦處

7. 교통처 交通處

8. 경무처 警務處

9. 회계처 會計處

제5조   대만성행정장관공서는 필요할 경우 전문 관리 기관 혹은 위원회를 설치할 수

있으며 그 조직과 규정 規程은 행정원에서 정한다.

제6조   대만성행정장관공서에 비서장 1인을 두어 행정장관을 보좌해 정무를 처리하

도록 하며 비서장 밑에 기요실 機要室과 인사실 人事室을 설치하여 각각 주임 1

인을 둔다.

제7조   대만성행정장관공서의 회계처에는 회계장 會計長 1인을 두고, 각 처에는 처장

1인을 두되 필요할 경우 부처장 1인을 둘 수 있도록 하며, 행정장관의 명을 받

아 해당 각 처의 사무를 관리하고 관할 기관의 사무 및 소속 직원을 지휘 감독

하도록 한다.

각 처는 사무의 수요에 따라 각각 비서 祕書·과장 科長·기정 技正·독학 督學·시

찰 視察·편심 編審·기사 技士·기좌 技佐·과원 科員·판사원 辦事員을 두는데, 그

정원은 행정원에서 정한다.

제 8조   대만성행정장관공서는 4인에서 8인의 참사 參事 직을 설치하여 본서 本署 관련

법안과 명령을 작성하고 심의하도록 한다.

제 9조   대만성행정장관공서는 고문 顧問·참의 參議·자의 諮議를 초빙할 수 있다.

제10조   본 조례는 공포일로부터 시행한다.

대만성행정장관공서(이하 행정장관공서로 약칭)의 조직 체계는 아래 그림
과 같다.

대만성행정장관공서의 조직체계

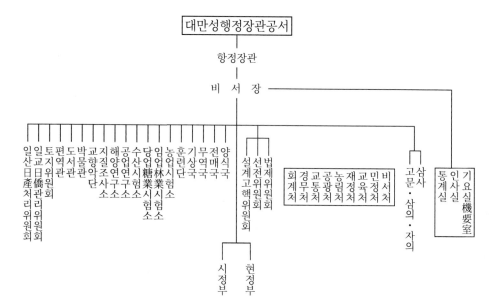

전후 초기 타이완에서 시행된 행정장관공서라는 특별한 행정 체계는 두 가지 특징을 지니고 있었다. 하나는 '군사와 정치의 일원화[軍政一元化]'로 천이가 대만성행정장관공서의 행정장관과 대만성 경비총사령관을 겸하고 있는 데서 그대로 드러난다. 다른 하나는 '전제적 행정[專制行政]과 위임 입법[委任立法]'이다. 대만성행정장관공서는 타이완의 정치제도를 재건하기 위해 설치하였기에, 중국의 각 성이 채택하고 있던 성 정부 위원 합의제와는 달리 행정장관공서라는 제도하에 국민정부가 행정장관에게 특별 권한을 부여함으로써 행정상의 독단적 성격을 갖고 있었다. 「대만성행정장관공서 조직조례」 제1조의 "대만성에 행정장관공서를 임시로 설치하여 행정원 아래에 소속시키고 행정장관 1인을 두어 법령에 따라 대만성의 정무를 총괄하도록 한다."라는 규정은 이 특징을 매우 명백하게 보여준다. 그밖에 타이완에서 시행하는 법령은 결코 국민정부가 직접 규정한 것이 아니라 '위임 입법'의 방식을 취한 것이니, 그 조직조례 제2조에 "대만성행정장관공서는 그 직권 범위 내에서 명령을 발포할 수 있으며 대만성에만 적용되는 규정을 제정할 수 있다."라고 규정한 데서 알 수 있다. 이처럼 중앙정부의 법령도 장관공서의 명령이 발포된 후에야 타이완에 적용될 수 있었다. 행정장관에게 타이완에서의 절대적인 입법권도 부여한 것이었다.[23]

천이는 1945년 10월 24일 타이완에 도착하여 다음 날 정식으로 타이완을 접수하였다. 이때 천이는 일본 제10 방면군方面軍 사령관 겸 대만총독 안도 리키치[安藤利吉]를 대만지구 일본군 사후 처리 연락부장[台灣地區日本官兵善後聯絡部長]으로 임명하였다. 접수 작업은 11월부터 시작되

---

23 鄭梓, 『戰後台灣的接收與重建 : 台灣現代史研究論集』(台北 : 新化圖書, 1994), 149~152, 241~243쪽.

어 다음 해인 1946년 4월에 모든 절차가 완료되었다.

타이완 접수 작업은 정치·경제·문화 세 방면으로 나뉘어 진행되었는데, 당시에는 '정치 건설', '경제 건설', '심리 건설'이라 불렸다. '심리 건설'은 간혹 '문화 건설'이라고도 불렀는데[24], 정확하게 말하면 곧 문화재건 작업이었다.

1945년 12월 31일 천이는 라디오방송을 통해 타이완섬 전역에 「민국 35년도(1946년 – 저자) 사업 요점」을 발표하였다.

> 내년(1946년 – 저자) 사업은 정치 건설, 경제 건설, 심리 건설 등 세 가지 주요 부분으로 나눌 수 있습니다. 원칙적으로 위원장(장제스 – 저자)께서 심사하여 결정한 「대만 접관 계획 강요」에 따른 것입니다.
>
> 정치 건설은 민권주의 民權主義를 실행하는 데 있습니다. 그 요점은 정치는 유능하고, 인민은 권리를 갖게 하는 데 있습니다. …… 경제 건설의 요지는 생산을 증가하고 생활 수준을 제고하는 데 있습니다. ……
>
> 심리 건설은 민족정신을 발양 發揚하는 데 있습니다. 그리고 언어, 문자와 역사는 민족정신의 요소입니다. 대만이 중화민국으로 복귀한 이상 대만 동포는 반드시 중화민국의 언어 문자를 말하고 읽을 수 있어야 하며, 중화민국의 역사를 알아야 합니다. 내년도 심리 건설 사업에 대해 나는 문사 文史 교육의 실행과 보급에 중점을 두고자 합니다. 나는 1년 안에 대만성 전역의 교사와 학생이 어느 정도 국어를 말하고 국문을 읽

---

24 1946년 12월에 열린 대만성 참의회 參議會 제1회 제2차 대회에서 천이와 장관공서 비서장 거징언 [葛敬恩]은 개막사와 시정 施政 총보고에서 '문화 건설'이란 단어를 처음으로 사용하였다. 그 이전에는 '문화 건설'이라는 표현은 아예 없었고 대개 '심리 건설'이라 불렀다. 陳鳴鐘·陳興唐主編, 『台灣光復和光復後五年省情』(上), 317쪽; 台灣省行政長官公署編, 『台灣省參議會第一屆第二次大會台灣省行政長官公署施政報告』(台北 : 台灣省行政長官公署, 1946), 1쪽.

으며 국사를 알 수 있기를 희망합니다. 학교는 이미 중국의 학교가 되었으니, 더 이상

일어로 소통하거나 일문 교재를 사용해서는 안 됩니다. 이제부터 각급 학교에서는 잠

시 일률적으로 국어•국문•삼민주의 三民主義•역사를 주요 과목으로 삼을 것이며, 수

업 시수를 늘려 교육을 강화할 것입니다. 향후 국어 어문이 상당한 수준에 도달하게

되면, 비로소 교육부에서 정한 교육 과정에 따라 학교를 운영할 것입니다. 현재 재임

중인 교원들은 조로 나누어 훈련을 받게 될 것 입니다. 공무원과 일반 민중은 어문 강

습반과 같은 기관을 널리 설립하여 학습할 기회를 얻도록 할 것입니다.[25]

   1946년 5월 열린 제1회 대만성 참의회(당시 타이완의 최고 민의기구 - 저자)
에서 장관공서 비서장 거징언[葛敬恩][26]은 「대만성 시정 종합 보고[台灣省
施政總報告]」를 통해 아래와 같이 설명하였다.

   향후 대만 건설 방침에 관해서는 진의 陳儀 장관이 작년 섣달그믐날 라디오방송에서

   상세하고 명확한 지시가 있었습니다. 우리가 마땅히 노력해야 할 중점은 심리 건설,

   정치 건설과 경제 건설입니다. 오늘 이 몇 가지 목표를 다시 한번 제시하며 간단하게

   보고드리겠습니다.

   첫째, 심리 건설: 우리는 민족정신 발양하여 민족주의를 실행하고자 합니다. 그 중에

   서 가장 시급한 일은 선전과 교육입니다. 교육은 정상 궤도를 밟으면서, 차근차근 진

---

25 「民國三十五年度工作要領－三十四年除夕廣播」, 台灣省行政長官公署宣傳委員會編,
   『陳長官治台言論集』第1輯(台北 : 台灣省行政長官公署宣傳委員會, 1946). 41~45쪽.

26 역자 주 : 거징언(1889~1979)은 천이의 측근으로 저장성 자싱 [嘉興] 출신이며 타이완 접수
   과정에서 온갖 부정부패를 저지른 탐관오리 중 한 명이다. 2•28 사건 발발 후 난징에 가서
   천이를 대표하여 장제스에게 일제시대의 앞잡이와 해외에서 귀환한 타이완 출신 낭인 [台
   籍浪人]들이 간악한 무리의 부추김을 받아서 폭동이 발생했다고 보고한 것으로 악명이 높
   다. 1947년 상하이로 돌아가 제헌 국민대회 대표와 제1대 입법위원을 지냈으나, 1949년 5월
   중국공산당 투항하였다. 그 후 중화인민공화국에서 각종 직책을 맡다가 사망했다.

행되고 있습니다. 그리하여 보편적이고 장기적인 계획에 따라 우리 전체 국민을 교육하고자 하는데, 상세한 내용은 별도로 보고 드리겠습니다. 선전은 민족의식, 정령 政令과 법규, 견문 見聞과 상식 등을 주입하는 것입니다. 그 효과를 비교적 빨리 거둘 수 있기에 특히 중요합니다. 본성 本省의 선전 사업은 선전위원회가 주관하며, 업무는 주로 신문 방송, 영화 연극, 도서 출판 및 정령의 선전과 계도 등입니다. …… 선전은 효과가 빠른 교육이기에 정규 교육과 서로 호응토록 하면 함께 민족정신을 발양하고 견고히 하는 중대한 역할을 할 것입니다.

둘째, 정치 건설: 정치 건설의 목표는 민권주의를 실현하는 것으로 바로 민주정치의 기초입니다. ……

셋째, 경제 건설: 이는 민생주의 民生主義를 실시하여 삼민주의 가운데 가장 중요한 일을 실현하는 것입니다.[27]

'정치 건설', '경제 건설' 및 '심리 건설'의 구체적 방안에 대해 천이는 「대만성행정장관공서 시정방침」을 보고하면서 더욱 상세한 설명을 하였다. 보고서에 적힌 1946년도 '심리 건설'에 관한 구체적인 방안은 아래와 같다.

심리 건설은 중화 민족정신을 발양하고 중화 민족의식을 강화하는 것입니다. 이 점은 과거 일본이 몹시 미워하고 질투하여 엄격히 방지하려 했던 것입니다만, 이제는 아주 필요한 바입니다. 그 주요 사업은 첫째, 각 학교에 삼민주의, 국어와 국문, 중화 역사와 지리 등의 과목을 널리 개설하고 수업 시수를 늘리며, 별도로 국어추진위원회를 설립하여 국어 학습 기회를 보급하는 것입니다. 둘째, 사범학원과 사범학교를 증설하여 교

---

27   陳鳴鐘·陳興唐主編,『台灣光復和光復後五年省情』(上), 228~230쪽

사를 대거 양성하는 것입니다. 셋째, 각급 학교에서 신입생을 많이 모집함으로써 대만 동포에게 교육받을 기회를 보급하는 것입니다. 넷째, 박물관과 도서관 및 공업·농업·임업·의약·지질 등 실험 연구 기관의 내실을 충실히 지원함으로써 연구 활동을 강화하여 문화 수준을 제고시키는 것입니다. 다섯째, 편역관을 설치하여 대만에 필요한 각종 서적을 편집하고, 특히 초중등 교과서 편찬에 역점을 두는 것입니다.[28]

위의 「장관공서 시정방침」을 통해 당시 '심리 건설'의 의도가 바로 타이완인에게 중국 문화를 주입하여 중화 민족의식, 즉 중국인 의식을 촉진하려는 것임을 더욱 분명하게 볼 수가 있다. 이 점에 관하여 천이는 1946년 2월 거행된 '본성 중학교장 회의本省中學校長會議'에서 공개적으로 "과거 본성에서 일본의 교육 방침은 '황민화' 운동을 추진하는 데 목적이 있었지만, 이제부터 우리는 '중국화' 운동에 맞추어 실시하고자 합니다."[29]라는 의견을 발표하였다.

전후 타이완을 접수하기 위해 대륙에서 건너온 국민정부의 중국 관리들은 타이완을 일개 중국의 변두리로 간주하였다. 그들에게는 청나라가 타이완을 관할하던 시기의 종주국宗主國[30] 의식이 여전히 남아 있었고, 다른 한편 8년 대일 항전의 승리자로도 자처하고 있었다. 그들은 대륙과 마찬가지로 타이완도 완전히 자신들에 의지하여 비로소 일본인의 잔혹

---

28 台灣省行政長官公署編,『中華民國三十六年度台灣省行政長官公署工作計劃』(台灣省 : 台灣省行政長官公署, 1947), 4쪽.

29 『人民導報』, 1946年 2月 10日.

30 역자 주 : 종속국 從屬國에 대하여 종주권을 갖는다는 사전적 의미에서 보면 잘못된 표현이다. 타이완은 강희 康熙 22년(1683) 복건성 대만부 台灣府로 편입되어 청의 영토가 되었기 때문이다. 그렇지만 외래정권으로서 국민당 정부에 대한 본성인의 일반적 정서를 반영한 용어로 이해할 수 있다.

한 통치로부터 해방될 수 있었다고 믿었다.

 그러나 전후 초기 타이완은 비록 중국으로 복귀하였으나 여전히 일어 문화권 속에서 대부분 생활하고 있었다. 어림잡아 2차 세계대전 종결 직전 타이완의 일어 보급률은 70% 정도에 달했을 것이다. 당시 타이완의 인구가 약 600만 명이었으므로 일어 사용 인구는 적게 잡아도 420만 명에 달했을 것이다.[31] 전후 초기 타이완인의 중문中文과 중국어 수준에 대하여 당시 간행된 『신대만新台灣』잡지는 다음과 같이 심각하게 묘사하였다. "30세 이상의 지식인 중에서 한문漢文을 읽고 쓸 수 있는 사람은 100명 중 1~2명 정도 찾을 수 있지만, 30세 이하에서는 불가능하다. 20세 이하에 이르면 대만어도 제대로 말하지 못하고, 오히려 일본어로 말하는 것이 더 유창한 편이다."[32] 언어 문제도 아직 이러한데 문화 문제는 두말할 나위도 없었다.

 그러나 일본어를 하지 못하는 중국인 통치자들의 입장에서는 타이완의 일본 문화는 하나도 옳은 게 없을 뿐 아니라, 오히려 장기간에 걸친 일본 통치하에서 만들어진 노예 문화라고 볼 수 있었다. 타이완인이 이미 일본 문화의 노예가 되었다고 간주한 이상 반드시 이 독소를 제거하고 새로운 문화를 주입하지 않으면 안 되었으니, 중심인 중국에서 변방 타이완을 해방하러 온 중국인들 모두 자연스럽게 중국 문화만이 타이완을 다시 만들 유일한 새로운 규범이라고 여긴 것이다.

 전후 초기 타이완 문화재건의 구체적 방안인 상술한 천이의 「민국 35년도 사업 요점」, 혹은 거징언의 「대만성 시정 종합 보고」와 천이의 「대

---

31 張良澤, 「台灣に生き殘つた日本語 : '國語'教育より論ずる」, 『中國語研究』22號(1983年 6月), 17쪽.

32 『新台灣』創刊號(1946年 2月), 16쪽.

만성행정장관공서 시정방침」은 모두 명백하게 「대만 접관 계획 강요」에 따라 작성된 것으로 그 계획의 범위를 벗어나지 않았다. 행정장관공서의 타이완 문화재건 사업은 기본적으로 선전과 교육을 교묘하게 결합하여 이 둘을 동시에 진행하였고, '활동의 효과가 빠른 교육'인 선전 사업은 대만성행정장관공서 선전위원회에서 그 주요 역할을 맡았다.

다른 한편 천이의 말에 따르면 교육 사업에 교과 과정과 행정 개편 업무가 포함되지만, 더욱 강조된 것은 교육 내용과 문화 내용의 새로운 편성이었다. 이 사업은 학교 교육과 사회 교육을 모두 아우르는 것으로 천이는 이 중대한 임무를 대만성편역관에게 맡겼다. 교육 사업의 급선무는 국어와 국문 교육을 최우선으로 하는 것이었다. 국민정부와 행정장관공서 모두 타이완을 최대한 빨리 중국의 언어 질서 안으로 편입하고, 중국의 '국어'와 접합시킴으로써, '국어'를 통해 법으로 규정된 중화 민족주의를 막 접수한 타이완에까지 확장해야 한다는 것을 아주 분명하게 의식하였던 것이다. 사실 1945년 8월 29일 행정장관으로 임명된 천이는 곧바로 『대공보大公報』기자와 인터뷰를 가졌는데, 바로 그 자리에서 "본인이 대만에 도착하면 먼저 국어와 국문 교육에 착수하여 대만 동포들이 조국의 문화를 잘 알게 하는 목표를 반드시 달성하도록 할 계획"[33]이라고 명확하게 밝혔다. 당시 타이완성의 교육행정을 맡았던 행정장관공서 교육처도 "본성 광복 후 교육적인 측면에서 첫 번째 문제는 바로 국어 교육을 어떻게 시행할 것인가이다."라고 거리낌 없이 말했다.[34] 이에 천이는 자신의 입법권을 행사하여 「대만성행정장관공서령台灣省行政長

---

33 『大公報』, 1945年 9月 2日.
34 台灣省行政長官公署教育處編, 『台灣一年來之教育』(台北 : 台灣省行政長官公署宣傳委員會, 1946), 97쪽.

官公署令」을 발포하고 '대만성국어추행위원회 台灣省國語推行委員會'를 설립하여 국민정부 교육부 산하 국어추행위원회 상무위원인 웨이젠공 [魏建功]을 타이완으로 초빙, 대만성국어추행위원회 주임 위원으로 위촉하여 전후 타이완의 국어운동을 책임지도록 하였다.

대만성국어추행위원회, 대만성행정장관공서 선전위원회, 대만성편역관 세 기관의 설립은 바로 「대만 접관 계획 강요」의 일부 구상을 실현한 것으로 전후 초기 타이완 문화재건 사업과 새로운 문화 체제 건립 과정에서 핵심적인 역할을 하였다.

제2장

언어 질서의 재정립

– 대만성국어추행위원회

1. 웨이젠공의 타이완 부임

(1) 전후 초기의 국어 학습 상황

전후 초기 타이완인의 언어 현상에 대해 당시 국립대만대학 중국문학과[35] 부교수이던 타이완 출신 우셔우리 [吳守禮][36]는 다음과 같이 상세히 밝히고 있다.

---

[35] 역자 주 : 아래 우셔우리의 이력에 나오듯이 이 글을 쓸 당시 그의 소속은 중국문학과가 아니라 문학과였다. 문학과가 중국문학과와 외국어문학과로 나누어진 것은 1947년 8월부터이다.

[36] 역자 주 : 우셔우리(1909~2005)는 타이난 [台南]에서 태어나 대북제국대학 문학과를 졸업한 언어학자이다. 전후 국립대만대학 문학과 중국문학 전공 부교수로 초빙되어 최초의 타이완 출신 문학과 교수가 되었다. 대만성국어추행위원회와 교육부 국어교육보도위원회 國語敎育輔導委員會 위원을 지냈다. 2000년 500만 자에 달하는『국어·대만어 대조 활용 사전 [國台對照活用辭典]』을 편찬 22년 만에 출판하기도 했다.

대만인의 언어 사용 실태는 세 계층으로 나눌 수 있다. 노년·중년·소년이 그것이다. 노년층은 (일제 식민지시기 – 역자) 50년 동안 일본어를 배울 기회가 없어서 일본어를 사용하지 않는 일부 사람을 제외하면, 특히 지식인의 언어는 대부분 대만말이고 생활 언어도 대만말이라 할 수 있다. 그렇지만 (그들의 언어 속에는-역자) 이미 적지 않은 일본어와 일본어 어법이 스며들어 있다. 중년층은 일본말에 익숙하지 않은 일부 사람을 제외하면, 대부분은 일본말을 구사할 수 있으니, 일본 서적을 읽고 일본 글을 쓰며, 그 중에는 일본식 교육을 받은 결과, 생각을 구체화 하는 과정에서도 일본어 어법을 바탕으로 사고하는 자들도 있다. 이들 중에는 비록 아주 유창하게 모어 母語(대만말 – 저자)를 말할 수 있으나, 사회적으로 모어가 이미 집안의 한구석으로 퇴출당하는 바람에 어쩔 수 없이 일본어를 사용하여 생각할 수밖에 없는 이도 있다. 대만말의 근간은 흔들리지 않았지만, 지엽적인 역할은 이미 변한 것이다. 소년층 중에는 비단 일본어를 배워서 구사할 수 있을 뿐 아니라 대만말을 전혀 하지 못하는 이들도 있으니, 사실상 일본어에서 벗어나기 가장 어려운 단계이다.[37]

당시 타이완인들도 타이완이 일본의 식민 통치에서 벗어나 중국으로 복귀하였으니, 당연히 중국어인 국어를 배워야 한다고 생각했다. 전후 초기 타이완인의 국어 학습 열기에 대해서는 나중에 대만성국어추행위

---

37 吳守禮, 「台灣人語言意識側面觀」, 『新生報·國語』 1期, 1946年 5月 21日. 여기서 말하는 '대만어'란 당시의 호칭을 따른 것이다. 당시의 소위 대만어는 크게 ① 복건어 福建語, ② 광동어 廣東語, ③ 고사어 高砂語 3대 어계 語系로 나뉜다. 복건어를 말하는 사람은 타이완 총인구의 약 72.83%였고 광동어는 약 13%, 고사어는 약 4.3%를 차지하였다. 그리고 복건어 사용자의 비중은 다시 천주어 泉州語(37.7%), 장주어 漳州語(29.7%) 영춘어 永春語(3.3%), 정주어 汀州語(0.95%), 복주어 福州語(0.61%), 용암어 龍巖語(0.36%), 흥화어 興化語(0.21%)로 나뉜다. 광동어도 다시 가응주어 嘉應州語(6.6%), 혜주어 惠州語(3.4%), 조주어 潮州語(3%)로 나눌 수 있다. 상세한 내용은 鄭啓中, 「台語·日語·國語在台灣」, 『和平日報』, 1946年 8月 5日을 참조.

원회 부주임 위원이 된 허룽[何容](1903~1990)의 다음과 같은 중요한 증언이 있다.

> 광복 직후 수개월 동안 대만 사회에서는 국어 학습과 전수가 열광적으로 전개되었으며, 마치 게릴라[遊擊]전 모습으로 등장하였다. 일반인들 모두 열심히 국어를 학습하였으니, 순수한 '조국열 祖國熱'(그 순결함이 존경스럽고 사랑스럽다.) 때문에 그러한 사람도 있었다. 어떤 사람들은 '조국에 봉사하기 위해'(그 의지가 흠모할 만하다.) 그러하였지만, 그중에는 '새로운 관료가 되기 위해'(그 이익을 노리는 마음이 놀랍고 두렵다.) 그러는 자도 있었다. 심지어 아직 송환되지 않은 일본인조차 몰래 집에서 『중국어 속성 학습 교재[華語急就篇]』를 공부하는 실정이었다. 대만의 국어 학습 열기가 이처럼 뜨거워지자, '천지현황 天地玄黃'을 배우던 서당도 다시 문을 여는 경우도 많았다. 또 항일전쟁 중 일본인이 스파이[特務]와 통역 훈련을 위해 점령지역[淪陷區]에서 초빙하여 '중국 표준말[官話]을 가르치게 했던' 사람들도 이 기회를 이용해 '북경어'를 전수하였으니, 마침내 국가를 위해 나름 힘을 쏟은 셈이다. 그 외 어떤 이들은 저잣거리 처마 귀퉁이에 작은 검정 칠판을 걸어놓고 몇 마디 회화를 가르치면서 주위에 모여든 임시 학생들에게 학비를 거두었으니, 정말 '천태만상'에 기이하지 않은 게 없었다.[38]

위의 증언은 당시 타이완의 국어 학습 열기와 목적을 생생하게 묘사하고 있으며 당시의 실제 상황을 반영하고 있다. 하지만 가장 중요한 요건인 국어를 배울 교과서의 실태는 어떠했을까? 이에 대해 허룽은 또 다음과 같이 지적하고 있다.

---

38 何容等編,『台灣之國語運動』(台北 : 台灣省政府敎育處, 1948), 10쪽.

대량으로 출판된 국어책 중에는 중국인이 편집한 것도 있고 일본인이 편집한 것도 있으며, 뜻이 통하는 것도 있고 통하지 않는 것도 있으며, 내용이 적절한 것도 있지만 타당성을 결여한 의식을 표현한 것도 있었다. 예전대로 표준 주음부호 [注音]³⁹를 사용한 것도 있고 가나 [假名]로 발음을 표기한 것도 있었다. '있는 것'이 '없는 것'보다야 낫다지만, 무정부 상태의 '있는 것'이 정말 나쁜 영향을 미칠 수 있다는 점을 인정하지 않을 수 없었다. 정말 '어이가 없을' 지경이었다.⁴⁰

저자가 조사한 바에 따르면, 국민정부가 타이완을 접수한 후 1946년 4월 2일 대만성국어추행위원회가 설립되기 이전 민간에서 출판되어 유통된 국어 교과서는 아래 〈표〉(출판 일자순으로 배열함)와 같다.

번호	저자/편자	서명	출판사	출판일
1	가미야 고헤이 [神谷衡平]·시미즈 모토스케 [清水元助] 합편 合編	『표준 중화 국어 교과서 標準中華國語敎科書 초급편 初級篇』	타이베이 [台北] : 대만 문화인서관 台灣文化印書館	1945.10.30
2	고사카 준이치 [香坂順一] 저	『중국어 자습서 [華語自修書]』 제1권	타이베이 : 대만 삼성당 三省堂	1945.11.10
3	쉐루이린 [薛瑞麟] 저	『정정개정판 최신 국어 교본(기초편)[訂正改版最新國語敎本(基礎篇)]』	타이난 [台南] : 숭문서국 崇文書局	1945.11.10
4	왕전런 [王眞人] 저	『최신 국어 교본 最新國語敎本』	타이중 [台中] : 대동서국 大同書局	1945.11.22
5	웨이셴쿤 [魏賢坤] 편집 編集	『초급 간이 국어 작문법 初級簡易國語作文法』 제1권	타이중 : 천안항 泉安行	1945.12.10

39 역자 주 : 1912년 중화민국 교육부가 제정하여 1918년 정식 반포한 중국어(현대 표준 한어) 표음 체계로 1930년부터 주음부호라 불리게 되었다. 중화인민공화국에서도 1958년 한어병음 漢語倂音 방안이 시행되기 전까지 사용되었고 타이완에서는 지금도 통용되고 있다.

40 何容等編, 『台灣之國語運動』, 11쪽.

번호	저자/편자	서명	출판사	출판일
6	중앙출판국 中央出版局 편집계 編輯系 편	『중국어 회화 교과서 中國語會話教科書』상권	타이중 : 중앙서국 中央書局	1945.12.12
7	마궈잉 [馬國英] 저	『각 학교·강습회용 국어 사교 회화 [各學校·講習會適用國語交際會話]』	타이베이 : 광화출판공사 光華出版公司	1945.12
8	고사카 준이치 저	『중국어 자습서』 제2권	타이베이 : 대만 삼성당	1946.1.10
9	미야코시 겐자부로 [宮越健三郎]·스기 다케오 [杉武夫] 합저 合著	『국어 기초회화 國語基礎會話』	타이베이 : 대만 삼성당	1946.1.5
10	남우 국어연구회 南友國語研究會 편, 베이핑 北平 허추이수펀 [何崔淑芬] 여사 女士 교정 校訂	『정선 실용 국어 회화 精選實用國語會話』		1946.1
11	고사카 준이치 저	『중국어 자습서』 제3권	타이베이 : 대만 삼성당	1946.2.15

위 표를 통해 당시 국어 교과서의 출판 및 유통이 거의 타이완성 전역 – 타이베이·타이중·타이난에 퍼져있었고, 북부에서 남부까지 국어 학습의 열기가 가득하였음을 분명히 알 수 있다. 그렇지만, 해방 직후 국어 교과서는 긴급한 수요에 부응하여 먼저 전쟁 전 일본인이 사용하던 중국어 교과서 – 즉 동경외국어학교 東京外國語學校 교수 가미야 고헤이와 시미즈 모토스케가 공저하여, 1923년(다이쇼 12년) 출판한『표준 중화 국어 교과서 초급편』을 타이완에서 개정 번안하여 출판하였는데, 한자 발음은 로마자로 된 웨이드(Wade)식 표기법[41]을 채택하였다. 위 〈표〉의 9번

---

41 역자 주 : 중국어(官話, 표준 漢語)의 로마자 표기법 중 하나. 19세기 중반 영국인 토머스 웨이드 경(Sir Thomas Francis Wade, 중국명 威妥瑪, 1818~1895)이 이 표기법을 만들어 자

인『국어 기초회화』도 전쟁 전에 동경외국어학교 교수 미야코시 겐자부로와 스기 다케오가 공저하여 출판한 것으로, 발음 표기는 웨이드식 표기법과 주음부호를 병기하였다. 〈표〉의 2, 8, 11번인『중국어 자습서』1, 2, 3권의 저자는 전쟁 전 대북경제전문학교台北經濟專門學校(1919년 설립된 대북고등상업학교台北高等商業學校가 1944년 개명한 것으로 그 졸업생은 타이완뿐 아니라 조선과 중국의 각 통상항구 및 남양南洋 각지에서 활약하였다. - 저자) 중국어 교수로 재직했던 고사카 준이치였다. 그는 전후에도 타이완에 남아 계속 근무하면서, 전쟁 전에 출판했던 책을 증보하여 출판하였는데, 한자 발음 표기는 웨이드식 표기법과 동경외국어학교 재학 시절 은사인 미야코시 겐자부로가 만든 일본어 자모 발음 표기 및 주음부호를 병기하였다. 그의 한자 발음표시 방법은 당시 타이완인이 아직 주음부호에 익숙하지 않은 상황에서 가장 적합한 방식이 아니었나 싶다.

위 〈표〉에 열거된 현재 찾을 수 있는 11종의 국어 교과서 중 일본인의 저작이 5종을 차지하니, 그 비중이 적다고 할 수 없다. 나머지 6종중에는 〈표〉의 3번처럼 중국 국내에서 출판된『북경 관화 대성北京官話大成』을 개정 영인한 것, 〈표〉의 5번처럼 타이완인이 조직한 국어연구회가 자체적으로 편집한 뒤 타이완에 온 중국인의 교정을 받고 출판한 것, 〈표〉의 7번처럼 중국 국내에서 출판된 국어 교과서를 타이완에서 재판한 것, 〈표〉의 6번처럼 타이완 현지 출판사에서 편집 출판한 것도 있다. 이들 교과서의 한자 발음 표시 방식은 〈표〉의 4, 7, 10번이 주음부호만 채택한

신이 출판한 중국어 입문서『語言自邇集』에 사용했다. 그리고 19세기 말 영국인 허버트 사일스(Herbert Allen Giles, 1845~1935)가 이를 약간 수정하여 자신이 편찬한 *A Chinese-English Dictionary*에서 사용했다. 그래서 이 표기법을 웨이드-자일스 표기법이라고 부르는데, 최초 고안자의 이름만 따서 웨이드식 표기법이라고도 부른다. 현재 쓰이는 중국어 로마자 표기법 중 가장 오래된 것이다.

것을 제외하고, 나머지는 주음부호, 웨이드식 표기법, 일본어 자모를 병기한 것(〈표〉의 2, 8, 11번)과 주음부호와 웨이드식 표기법을 병기한 것(〈표〉의 6번), 일본어 자모만 표시한 것(〈표〉의 5번)으로 나뉜다.

앞에서 인용한 우셔우리와 허룽의 증언 및 저자가 조사한 당시 국어 교과서 출판 실태로부터 전후 초기 타이완의 언어 상황은 여전히 일본어 문화권 속에서 국어 학습을 진행해야 하는 거의 무정부 상태에 처해 있었음을 충분히 이해할 수 있다. 웨이젠공은 바로 이러한 상황에서 타이완에 부임한 것이었다.

(2) 웨이젠공의 타이완 부임

웨이젠공(1901~1980)은 자는 천행 天行이고, 장수성[江蘇省] 루가오현[如皐縣](지금의 海安縣 - 저자) 출신이다. 1911년 여고제일고등소학 如皐第一高等小學에 입학하였고 1914년 남통성립제칠중학 南通省立第七中學에 입학하였으며, 1919년 북경대학 北京大學 문예과 文預科 을부 乙部에 합격한 뒤 1921년 북경대학 문본과 文本科 중국문학과로 전입 轉入하였다. 1922년 대학 2학년 때 루쉰의 '중국문학사' 수업을 수강하였고, 학기 중에 건공 健攻·천행·산귀 山鬼·강룡 康龍·문리 文狸 등의 필명으로 『맹진 猛進』, 『어사 語絲』, 『정치생활 政治生活』등의 간행물에 글을 발표하였다. 1923년 판쯔넨[潘梓年]·류진위안[鏐金源]·샤더이 [夏德儀]·리하오란[李浩然]·스즈잉 [施之瀛] 등과 『강소청의 江蘇淸議』를 창간하여 군벌 관료정치를 비판하였다. 1925년 여명중학 黎明中學 설립을 발기하면서 루쉰에게 수업을 겸임해 주길 요청하였다. 같은 해 중국공산당에 가입(1926년 탈퇴함 - 저자)하였으며, 북경대학 졸업과 동시에 같은 대학 연구소 국학문 國學門의 조교를 맡아 류푸[劉復]의 '어음 악률 실험실 語音樂律實驗室' 업무를 도왔다.

1927년 식민지 상태인 조선의 경성에 가서 경성제국대학 중국어 교사로 부임하였으나, 다음 해 북경대학으로 돌아와 중국문학과 조교를 거쳐 부교수·교수로 승진하였다. 1928년 '교육부 국어통일주비위원회 國語統一籌備委員會' 상무 위원이 되었고 리진시[黎錦熙] 등과 『중국대사전 中國大辭典』을 편찬하였다. 1935년 5월 국민정부가 '교육부 국어통일주비위원회'를 폐지하고 8월 '교육부 국어추행위원회'를 설립하자 위원 겸 상무 위원을 맡았고, 같은 해 30만 자에 달하는 역작 『고음계 연구 古音系研究』를 출판하였다. 1937년 항일전쟁이 발발한 후 국어추행위원회의 업무가 중지되자, 북경대학을 따라 남쪽으로 내려와 창사[長沙] 임시대학과 쿤밍[昆明] 서남연합대학 西南聯合大學 교수를 역임하였다. 1940년 쓰촨성[四川省] 바이샤[白沙]에 있던 국립편역관 國立編譯館의 전임 專任 편집을 맡아 『대학 국문 교과서 大學國文教科書』를 편찬하였다. 같은 해 6월 국민정부가 충칭에 국어추행위원회를 회복시키자 다시 위원 겸 상무위원으로 임명되었다. 7월 교육부는 국어추행위원회 전체 회의를 소집하여 리진시·루첸[盧前]·웨이젠공 세 위원을 추천, 국음 國音에 맞춰 『중화신운 中華新韻』을 편정 編訂하도록 의결하였다. 그것은 1941년 10월 국민정부의 반포를 거친 국가 공인 운서 韻書[42]로서 지금까지 사용되고 있다. 1942년 쓰촨성 바이샤 서남여자사범학원 西南女子師範學院 중국문학과 교수 겸 국어전수과 國語專修科 주임, 교무주임으로 부임하여 항일전쟁 승리 때까지 계속 근무했다.[43]

---

42 역자 주 : 한자 漢字의 음절에서 성모 聲母를 제외한 부분인 운 韻을 분류하여 일정한 순서로 배열한 서적의 총칭.

43 웨이젠공의 생애에 관해서는 주로 웨이젠공의 장남 웨이즈[魏至]가 제공한 「魏建功傳略」과 關志昌, 「魏建功」, 劉紹唐主編, 『民國人物小傳』第6冊(台北 : 傳記文學出版社, 1984), 475~478쪽을 참고하였다.

1946년 대만성 '국어추행위원회' 동료들과 타이베이 타오위안 [桃園] 공항[44]에서 찍은 단체 사진. 우측부터 왕쥐 [王炬]·방스둬 [方師鐸]·치티에헌 [齊鐵恨]·웨이젠공·허룽·왕위촨 [王玉川]·장쉰천 [張宣忱](출처 : 魏建功,『魏建功文集』卷3, 南京 : 江蘇敎育出版社, 2001).

앞서 언급했듯이 일찍이 1944년 4월, 국민정부는 타이완을 접수할 준비를 시작하였다. 대만조사위원회를 설치해 준비를 책임지도록 하면서, 그와 별도로 같은 해 11월 국민정부 고위 간부를 전문 훈련하는 중앙훈련단中央訓練團에 대만행정간부훈련반台灣行政幹部訓練班을 설치하여 타이완 접수에 참여할 업무 요원들을 훈련하였다. 교육부 국어추행위원회 역시 대만조사위원회의 연구 설계 작업에 참가하였고 대만행정간부훈

---

44 역자 주 : 현재의 타오위안 국제 공항은 1979년부터 운영되기 시작했으나, 그 전신은 일제시기의 도원비행장으로 거슬러 올라간다. 당시 도원 비행장은 타이완 내에서 가장 중요한 군사용 비행장 중 하나였다. 해방정국에서 이 비행장은 당연히 중화민국에 의해 접수되어 일시 미군 공군 기지로 활용되었다. 특히 대륙에서 철수할 당시 대부분의 민간인은 해운을 활용하거나 송산비행장을 이용하였으나, 정부요인 등 급한 경우는 도원비행장을 이용하기도 하였다.

련반의 지도 업무에도 참여하였다. 웨이젠공과 교육부 국어추행위원회 전임專任 위원 수쟈린[蕭家霖]은 대만조사위원회 겸임 전문 위원으로 초빙되었고 대만행정간부훈련반에서 어문 교육과 관련한 여러 문제를 강의하기도 했다.

항일전쟁 승리 직후 웨이젠공은 타이완으로 초빙되어 '대만성국어추행위원회' 주임 위원을 맡아서 전후 타이완의 국어운동 업무를 책임지게 되었다. 타이완으로 부임하게 된 과정에 대해 웨이젠공 본인은 다음과 같이 진술한 바 있다.

> 항일전쟁에서 승리하면서 대만은 광복되었다. 대만은 50년 동안 일본제국주의의 식민 통치하에 있었기 때문에, 이미 일반 사회의 많은 사람들은 조국의 언어를 말할 수 없었고, 특히 지식인은 일본어만 사용할 뿐이었다. 항전 승리 직전 위[僞] 국민정부[45]는 진의를 파견하여 접수 업무를 준비하도록 하면서, 국어 보급을 중요한 업무 중 하나로 정하였다. 접수 업무 중 교육 영역의 준비는 조내전趙迺傳(후에 대만성행정장관공서 교육처 초대 처장이 됨)이 맡았는데, 국어 보급 업무 역시 교육 영역에 속했다. 조내전은 여자사범학원 원장 사순추謝循秋을 통해 내가 그것을 맡아줄 것을 요청했다.. …… 대략 1944년 하반기에 조내전이 사순추에게 부탁하여 나를 초빙한 것이었다. 1945년 상반기 위 정부(국민정부-역자)가 중앙훈련단에 대만행정간부훈련반을 창설하고, 조내전이 교육조教育組를 주관하면서, 국어 교학 과목을 개설하여, 나와 여자사범학원 국어전수과 교사인 왕옥천王玉川이 함께 강의하였다. 이 훈련반의 인원들은 나중에 모두 대

---

45 역자 주 : 중국에서는 자신이 승인하지 않는 국가나 정권에 僞자를 붙여 '위만주국 僞滿洲國', '왕위정권 汪僞政權'(중일전쟁 시기 왕징웨이 [汪精衛]가 세운 정부) 등으로 부르는데, 웨이젠공이 이 글을 쓸 당시 중화인민공화국에 거주하고 있었기에 국민정부를 부정한다는 의미에서 사용한 것 같다.

만성행정장관공서 교육처 활동 인원이 되었다. ……

내가 조내전의 초빙으로 대만에 가게 된 것은 물론 교육부 국어추행위원회와 관계 때문이지만, 교육부 국어추행위원회로부터는 전혀 사전 조회를 받지 못했다. 하지만 이 문제는 교육부 국어추행위원회가 지원해야만 하는 일이었기 때문에 나는 곧 문제를 제기하여 소가림 蕭家霖(교육부 국어추행위원회 전임 위원)과 인력 배치를 상의하였다. 나는 교육부 국어추행위원회 상무위원의 신분으로, 또 다른 위원인 하용 何容(위원회 상근 위원 [駐會委員])과 왕거 王炬(직원 [工作人員]) 등 2명을 차출하는 방식으로 함께 대만에 갔다.[46]

웨이젠공의 진술을 통해 그가 타이완에 부임하게 된 것은 대만성행정장관공서 교육처의 직접 요청에 의한 것임을 알 수 있다. 타이완 접수 이전 웨이젠공은 대만조사위원회의 겸임 전문 위원으로 초빙되어 타이완 접수의 설계와 기획 업무에 참여하였고, 타이완 접수 업무를 맡을 인원들을 훈련하는 대만행정간부훈련반에서 타이완 접수 후의 국어 교학 문제에 관한 강의도 하고 있었다. 이 때문에 타이완이 접수되자마자 즉시 초청을 받아 타이완에 가서 전후 타이완의 국어 보급 업무를 맡게 된 것은 매우 자연스러운 일이었다.

---

46 웨이젠공 가족이 제공한 웨이젠공의 미간 未刊 유고 遺稿에서 인용하였다.

2. 대만성국어추행위원회의 설립

(1) 웨이젠공의 구상

1946년 1월 웨이젠공이 타이베이에 도착했을 당시 타이완의 언어 상황은 앞서 언급하였듯이 일본어 문화권에 처해있었다. 노년층은 타이완 말을 여전히 사용하지만, 어휘에 적지 않은 일본어와 어법이 침투해 있었다. 중년층 대다수는 일본말을 하고 일본글을 읽고 쓰며 심지어 일본어로 사고했다. 타이완 말을 구사할 수는 있으나 집안에서만 사용하였다. 소년층 중 일부는 타이완 말 조차 할 수 없어 일본말에서 벗어나기가 매우 어려웠다. 중국으로 복귀한 후 타이완인들도 국어를 배우지 않으면 안 된다고 생각했지만, 타이완인의 국어 학습 상황은 전술한 대로 무정부 상태에 놓여있었다.

웨이젠공은 타이완에 부임하자마자 위와 같은 문제를 발견하고 대만성국어추행위원회의 업무를 준비하는 한편, 왕성한 문필 활동도 병행함으로써 타이완에서 국어 보급의 의미와 방침 및 방법에 대해 상세히 설명하였다. 저자가 조사한 바에 따르면, 웨이젠공이 타이완에 근무하던 시기 쓴 글들은 아래 표와 같다.

웨이젠공 타이완 체류 시기 저작 연표(미정고 未定稿)

년 월 일	제목	수록 간행물
1946. 1. 29	타이완 도착	
2.10	「대만에서 국어운동의 의의 [國語運動在台灣的意義]」	『인민도보 人民導報』
2.28	「'대만에서 국어운동의 의의' 설명 [申解]」	『현대주간 現代週刊』 1권 9기
3.17	「국어의 문화 응결성 [國語的文化凝結性]」	『신생보 新生報』

년 월 일	제목	수록 간행물
3.31	「국어 음운 체계 소생 학설 [國語音系還魂說]」	『현대주간』1권 12기
5.6	「국어의 미덕 [國語的德行]」	『신생보』
5.21	「국어운동 강령 國語運動綱領」	『신생보·국어 國語』1기
5.28	「왜 대만말을 통한 국어 학습을 제창해야 하나 何以要提倡從台灣話學國語」	『신생보·국어』2기
6.4	「국어의 4대 함의 [國語的四大涵義]」	『신생보·국어』3기
6.25	「대만어는 바로 국어의 한 종류이다 [台語即是國語的一種]」	『신생보·국어』6기
7.16	「주음부호 교수법을 말하다 [談注音符號教學方法]」	『신생보·국어』9기
	「국어를 배울 때 마땅히 주의해야 할 사항 [學國語應該注意的事情]」	『신생보·국어』9기
7.20	「어떻게 대만말을 통해 국어를 배울 것인가 [怎樣從台灣話學國語]」	『현대주간』2권 7·8기 합간
7.30	「국어사전 속 늘어난 소리 [國語辭典裡所增設的音]」	『신생보·국어』11기
	「일본어의 영향을 받은 대만 어음 상황 [台灣語音受日本語影響的情形]」	『신생보·국어』11기
	「일본인이 우리의 국음을 와전하였다 [日本人傳訛了我們的國音]」	『신생보·국어』11기
8.14	「국어 상용 '경성' 글자 [國語常用'輕聲'字]」(상)	『현대주간』2권 9기
8.28	「국어 상용 '경성' 글자」(하)	『현대주간』2권 10기
	「국어 학습에서 중시해야 할 방법 [學習國語應重方法]」	『신생보·국어』15기
9.27	「사교 언어에 관하여 [關於交際語]」	『신생보·국어』18기
1947. ?	「국어통신 후기 [國語通訊書端]」	『국어통신 國語通訊』창간호 (출판 일자 없음)
?	「통신 두 가지 [通訊二則]」(샤오웨친 [邵月琴]과 공저)	『국어통신』2기(출판 일자 없음)
1948. 3.18	왕위촨, 「국어 회화 교재 및 교육법 [國語說話教材及教法]』서문 [序]」	『國語說話教材及教法』(台北 : 台灣省國語推行委員會)

1947년 대만성 '국어추행위원회' 주임 위원으로 임명되었을 당시 타이베이의 거처에서 찍은 사진(출처 : 魏建功, 『魏建功文集』 卷3, 南京 : 江蘇教育出版社, 2001).

웨이젠공은 1947년 6월 대만성국어추행위원회 주임 위원직을 그만두었는데, 그 사이 국어보급 인력을 선발하기 위해 1946년 9월부터 1947년 3월까지 타이완을 떠나 베이징[北京]에 머물렀다. 하지만 이 짧은 시간 내 21편에 달하는 타이완의 국어보급 업무와 관련된 글을 작성한 것이었다.

웨이젠공은 타이완 도착 직후 「'대만에서 국어운동의 의의' 설명」이라는 제목의 글에서 단도직입적으로 '국어'란 무엇인지 타이완인들에게 다음과 같이 말하고 있다.

국어란 중화민국 인민들이 함께 채택한 하나의 표준 언어이며 국가가 법으로 정한 대내외적으로 공용 公用하는 언어 체계이다. …… 국어는 ① 뜻을 대표하는 소리인 '국음 [國音]', ② 소리를 기록하는 형체인 '국자 [國字]', ③ 소리와 형체를 배열 조합하여 전반적인 생각을 표현하는 '국문 [國文]'을 포괄한다.[47]

아울러 아래와 같이 표방하였다.

대만 광복 후 국어사용을 추진하는 유일한 의의는 "대만 동포가 조국 언어의 소리와 구성 [組織]을 응용할 자유를 회복하는" 데 있다. …… 우리는 먼지 충실하고 명백하게

---

47   魏建功, 「'國語運動在台灣的意義'申解」, 『現代週刊』 1卷 9期(1946年 2月 28日), 9쪽.

국어 소리 체계의 표준을 대만 전역에 전파하고자 한다. 이는 대만 동포가 조국과 떨어져있던 시기 국어운동의 목표인 국음國音을 익히도록 하는 즉 '국어 통일'의 기초이다. 우리의 또 다른 목표가 있으니, 국어 통일의 효과인 '어문일치 語文一致'를 기대하는 것이라 할 수도 있다. ……

그러므로 대만에서 우리의 국어 보급 업무는 '국음'을 익히게 하고 '국자를 알게' 하는 두 가지 일만 아니라 가장 중요한 것은 바로 "어문일치의 표준어로 말하고 쓰게" 하는 것이다. 끝으로 두 마디로 대만에서 국어운동의 의의를 개괄하자면, 문장의 복원 復原 은 어문일치에서 시작하고, '문맹 文盲'(중국 글을 쓸 수 없는 사람을 가리킴 – 저자)로부터의 해방은 문장의 복원에서 착수한다는 것이다.[48]

따라서 웨이젠공이 타이완에서 시행하려 한 국어 보급 운동의 목표가 타이완인이 '국음'을 말하고, '국자'를 식별하고, '국문'을 쓸 수 있게 하는 것이었음을 알 수 있다. 그는 또 자신의 궁극적 이상理想은 "타이완의 국어운동이 '어문일치'의 효과로 구체화됨으로써 마침내 '신문화운동'의 이상도 실현할 수 있게 하는" 것이라고 솔직하게 말했다.[49] 사실 5·4 이후 어문일치 운동은 중국 내외의 정국 불안으로 말미암아 지지부진 한 채 철저히 실현되지 못했다. 분명히 그는 중국 신문화운동의 주된 이상인 어문일치를 전후 타이완에서 먼저 실현할 수 있길 희망했던 것이다.

웨이젠공은 또 더 나아가 대만성 국어운동의 강령을 다음과 같이 제시하였다.

1. 대만어를 복원하여, 방언 비교를 통해 국어를 학습하게 한다.

---

48 魏建功, 「國語運動在台灣的意義」, 『人民導報』, 1946年 2月 10日.

49 魏建功, 「國語運動在台灣的意義'申解」, 12쪽.

2. 국자의 발음을 중시하여 '공자백 孔子白'(대만말 발음을 가리킴 – 저자)[50]에서 '국음'에 이르도록 이끌어 준다.

3. 일본어식의 읽기 방식을 깨끗이 씻어내고 국음으로 직접 글을 읽음으로써 문장을 원상회복 시킨다.

4. 품사 대조를 연구하고 어문 내용을 충실히 하여 국어를 거듭나게 한다.

5. 주음부호를 이용해 각 족의 의사를 소통하고, 중화문화를 완전히 이해하여 깨닫게 한다.

6. 학습 심리를 장려하여 교학의 효능을 증진한다.[51]

이 강령에서 주목할 할 것은 웨이젠공이 처음부터 타이완 말을 최대한 빨리 복원해서 타이완 말과 국어를 대조 비교하게 하는 것을 국어 학습의 시작으로 삼아야 한다고 주장했다는 점이다. 그는 당시 타이완의 언어 현상에 대해 상당히 잘 이해하고 있었으니, 「왜 대만말을 통한 국어 학습을 제창해야 하나」라는 제목의 글에서 다음과 같이 말했다.

나는 대만인의 국어 학습 문제를 단순한 어문 훈련만이 아니라 이미 문화와 사고방식과 관련된 문제라고 생각하고 있다. 따라서 진지하고도 솔직한 심정으로 대만인 스스로 자신의 방언을 구사할 수 있는 힘을 발휘해야 한다고 주장한다. …… 50년간 일본어 교육을 받았기 때문에 교육과 문화면에서 어떻게 정신을 회복시키는가 하는 점이야말로 현재 대만에서 국어 사용을 추진하는 데 있어서 중요한 문제이다.[52]

---

50 역자 주 : 책을 읽을 때의 발음을 가리키는 푸젠성 남부 방언 [閩南語].
51 魏建功, 「國語運動綱領」, 『新生報・國語』 1期, 1946年 5月 21日.
52 魏建功, 「何以要提倡從台灣話學習國語」, 『新生報・國語』 2期, 1946年 5月 28日.

그는 타이완인의 '국자'에 대한 인식이 거의 모두 일본어에서 사용하는 한자 관념이고, 타이완인의 '국문' 쓰기도 일본어 어법의 영향을 깊이 받을 수밖에 없으며, 심지어 타이완인의 '국어' 학습조차 대부분 일본인이 가나로 표시된 발음으로 중국어를 배우는 방식이라는 점을 알았다. 이 때문에 먼저 타이완어의 복원 – 정신의 복원 – 문화와 사고의 복원을 실행하여 타이완말을 통해 국어를 학습할 것을 주장하였다. 그는 공개적으로 발표한 「대만어는 바로 국어의 한 종류이다」라는 글에서 다음과 같이 강조하고 있다.

1. 대만어는 결코 '중국어가 아닌 것 非中國語'이 아니지만, 이른바 '국어'란 '중국 표준어'를 가리키는 것이다.

2. 대만인이 말하는 것은 '중국의 방언'이며, 또한 표준어의 계통과 같다.

3. 대만의 광복은 친정집에 돌아온 것이니, 언어적으로 전혀 상관없는 외국인의 학습 상황과 같을 수 없다.

4. 외국인이 다른 나라 언어를 학습할 때는 하나를 배우면 하나를 기억하는 식이지만, 우리는 '방언'과 '표준어'의 대조 관계가 존재하기 때문에, 학습 방법상 확실히 빨리 배울 수 있는 길이 있다.[53]

위의 글을 통해 웨이젠공이 타이완어와 국어는 상통하는 맥락이 있고, 같은 언어 체계에 속하므로, 타이완인이 국어를 시작하는 방법은 먼저 타이완말을 회복하여, 타이완말과 국어를 대조함으로써, 다시 말해 타이완말의 말과 음성 체계 속에서 스스로 국음과 국어를 추측하고, 타이완

---

53 魏建功, 「台語即是國語的一種」, 『新生報・國語』 6期, 1946年 6月 25日.

말을 국어로 고쳐 말하는 것을 유추하는 것이라고 생각했음을 알 수가 있다. 즉 웨이젠공의 근본 방침은 타이완에서 타이완말의 회복을 제창하면 타이완인의 문화와 사고를 복원할 수 있고, 또 국어를 단시간 내 보급할 수 없는 결함도 보완하면서 동시에 국어 응용의 계발啓發도 강화할 수 있다는 것이었다. 웨이젠공은 바로 이와 같은 인식과 신념을 바탕으로 타이완에서의 국어 보급 업무를 전개하였다.

(2) 대만성국어추행위원회의 설립과 업무 내용

1946년 1월 말 타이베이에 도착한 웨이젠공은 대만성국어추행위원회의 설립을 준비하면서 "접수 후 국어 보급계획을 확정하여 기한 내에 점진적으로 실시해야 한다."라고 한 「대만 접관 계획 강요」 제8 교육문화의 (44)를 집행하기 시작하였다. 4월 2일 행정장관 천이가 대만성행정장관공서 명령[令] 「교비자제1516호教秘字第一五一六號」을 발포하여 단행법單行法인 「대만성국어추행위원회 조직규정組織規程」을 제정함으로써[54] 대만성국어추행위원회를 정식으로 성립시키고[55] 웨이젠공을 주임 위원으로 임명하였다. 「대만성국어추행위원회 조직규정」을 열거하면 아래와 같다.

---

54 「台灣省國語推行委員會組織規程」, 『台灣省行政長官公署公報』夏字頁105~120, 1946 年 4月 15日, 107~108쪽을 참조.

55 대만성국어추행위원회 위원 명단은 아래와 같다(何容等編, 『台灣之國語運動』, 15쪽).
주임 위원 : 웨이젠공
부주임 위원 : 허룽
상무 위원 : 방스뒤 [方師鐸]·리젠난 [李劍南]·치티에헌·쑨페이량 [孫培良]·왕위촨
위원 : 마쉐량 [馬學良]·리진시·린샤오셴 [林紹賢]·공수츠 [龔書熾]·수자린·쉬수셴 [徐敍賢]·저우벤밍 [周辨明]·장퉁광 [張同光]·주자오샹 [朱兆祥]·선중장 [沈仲章]·쩡더페이 [曾德培]·예퉁 [葉桐]·옌쉐쥥 [嚴學宭]·우서우리·왕제위 [王潔宇]·왕쥐

제 1조   대만성행정장관공서 교육처는 표준 국어를 보급하고 어문 교육을 개선하기 위
해 특별히 국어추행위원회(이하 본회로 약칭함)를 설립하여 교육처 산하에 둔다.

제 2조   본회는 19~25인의 위원을 두는데, 국민교육과 민중교육을 주관하는 교육처 과
장이 당연직 위원을 맡고, 나머지 위원은 교육처가 어문학 전문가 중에서 선발
하여 행정장관공서에 초빙을 요청한다.

제 3조   본회는 주임 위원 1인을 두어 업무를 총괄하게 하고 부주임 위원 1인은 업무를
협력하여 처리토록 하며 상무 위원 5~7인은 일상적인 업무를 처리하도록 한
다. 이들 모두 교육처가 행정장관공서에 제청하여 본회 위원 가운데서 지정하
도록 한다.

제 4조   본회는 아래 각 조를 두어 각항의 사무를 나누어 맡도록 한다.

(갑) 조사연구조 調査研究組

1. 국어 및 본성 本省의 방언 체계 조사에 관한 사항

2. 국어 및 본성 방언의 소리 구성 연구에 관한 사항

3. 본성 어문 교육의 연구 계획에 관한 사항

4. 고사족 高砂族[56] 동포 어문 교육의 연구 계획에 관한 사항

5. 기타 국어 및 본성 방언의 조사 연구와 관련된 사항

(을) 편집심사조 編輯審查組

---

56   역자 주 : 일제시대 대만총독부가 17세기 한인 漢人 이주 이전부터 타이완에 살던 원주민
가운데 '교화 敎化'를 거부하며 주로 산속에서 살던 집단을 부르던 명칭이다. 청대에는 '생
번 生番', 일제시대 초기에는 '번인 蕃人'이라 불렀고, 국민정부 통치 이후로는 '고산족 高山
族' 혹은 '산지동포 山地同胞'라고 부르고 있다.

1. 국어 교재와 교육법의 수집 및 심사에 관한 사항

2. 국어 교재의 편집에 관한 사항

3. 국어 서적과 신문·잡지 및 자전 字典·사서 辭書의 편집에 관한 사항

4. 국어 서적 표준의 심사에 관한 사항

5. 기타 국어 교재의 편집·심사와 관련된 사항

(병) 훈련선전조 訓練宣傳組

1. 각급 국어 교사의 훈련에 관한 사항

2. 각급 학교 어문 교육의 감독에 관한 사항

3. 고사족 동포의 어문 교육 보급에 관한 사항

4. 민중의 식자 識字 보급에 관한 사항

5. 국어 보급의 지도와 심사에 관한 사항

6. 사회 교육 방식을 이용한 국어 전파 傳播에 관한 사항

7. 기타 국어 훈련 및 선전과 관련된 사항

(정) 총무조 總務組

1. 문서의 작성·수발 收發·보관 및 인신 印信의 관리 [典守]에 관한 사항

2. 본회의 예산·결산 편성에 관한 사항

3. 서무 庶務 및 출납에 관한 사항

4. 국음과 국어 도서 자료의 인쇄에 관한 사항

5. 기타 각 조 (업무)에 속하지 않는 사항

제5조   본회는 비서 1인을 두고 각 조마다 조장 1인을 둔다. 총무 조장은 주임 위원이 교육 처장과 협의하여 행정장관공서에 그 임명을 제청하는 외에 나머지는 모두 본회의 위원이 겸임한다.

제6조   본회는 10~20인의 편집 編輯, 5~10인의 편심 編審, 8~12인의 감독 [視導], 8~12인의 간사 幹事, 4~8인의 사무원 [辦事員]을 두며, 주임 위원이 교육 처장과 협의

하여 행정장관공서에 그 임명을 제청한다.

제7조　본회는 필요할 경우 행정장관에게 전문가 초빙을 요청하여 전문 위원 혹은 편
　　　　찬 編纂 직을 맡길 수 있다.

제8조　본회의 각 조는 사무가 번잡할 경우 고 股를 나누어 업무 처리할 수 있다. 고에
　　　　는 고장 股長을 두며 주임 위원이 각 조 직원 중 경력이 오래된 자를 임명한다.

제9조　본회는 업무상 필요에 따라 8~10인의 임시직 직원 [雇員]을 적절히 고용할 수
　　　　있다.

제10조　본회 상근 위원을 제외한 나머지 위원은 모두 무급 無給 직이나 회의에 출석할
　　　　때는 여비를 적절히 지급할 수 있다.

제11조　본회의 대외 對外 공문 발송은 기술 사무와 관련된 것만으로 제한한다.

제12조　본회는 국어를 널리 보급하기 위해 본성의 각 현과 시에 분회 分會•공작참 工作
　　　　站•보급소 [推行所]•강습소 講習所•조사소 調査所를 설치할 수 있으며 그 조직에
　　　　관해서는 별도로 정한다.

제13조　본회의 회의 규칙과 사무처리 세칙 및 편제표 編制表는 따로 정한다.

제14조　본 규정은 공포일로부터 시행한다.

대만성국어추행위원회는 행정 체계상 행정장관공서 교육처에 예속되
며, 그 지위는 연구 계획을 주관하고 동시에 국어 교육에 협조하는 기구
이자, 타이완성 전역의 국어 보급을 주도하는 기관으로서 관련 법령의
시행에 대해서는 교육처가 책임을 졌다.

대만성국어추행위원회의 구체적인 업무 내용은 성립 후 격월로 나온
「대만성행정장관공서 교육처 업무보고」에 명확하게 설명되어 있다.

한편으로 사회적으로 개인 혹은 기관단체에 국어를 전습할 때에는 시범을 보여 협조함으

로써, 그것이 표준에 부합되도록 하는 한편, 본성의 어문 교육 문제에 대한 실험적 연구를 함으로써 효과 있는 해결 방법을 찾도록 한다. 동시에 국어 국문 교사를 각지에서 초빙하여 각급 학교에 보내 가르치게 하고, 각 현과 시에 국어보급소를 설치하여 해당 지역 국어 보급을 책임지도록 한다. 그 중 이미 시작한 업무는 아래 열거하는 몇 가지 항목으로 종합할 수 있다.

1. 표준 수립에 관한 것

(1) 어문 교재의 경우 본처 本處에서 편찬한 초등학교 [國民學校] 임시 국어 교과서와 중등학교 임시 국어 교과서는 모두 어음 語音의 경음 輕音과 변음 變音 등을 이미 명기하였음에 주의하여, 민중의 국어 교재도 국음 및 방음 方音의 주음부호를 붙이도록 한다.

(2) 국음 시범 라디오방송. ……

(3) 국음 표준 참고서의 편찬 인쇄는 이미 편집이 끝난 『국음표준회편 國音標準匯編』 제1집에 집중하여 출판사에 넘기도록 한다.

2. 전수자 [傳習者] 훈련에 관한 것

(1) 대만성 전체 행정 관원의 국어 훈련은 국어추행위원회가 대만성 행정간부훈련단에 사람을 보내 강의하도록 한다.

(2) 행정장관공서 직원의 국어 훈련은 국어추행위원회 위원이 강의하도록 한다. ……

(3) 대만성 전체 초등학교와 중등학교 교사의 국어 훈련은 본처가 맡거나 각 현과 시에서 나누어 맡되 국어추행위원회가 협조하도록 한다. ……

3. 보급 기구 설치에 관한 것

본처는 각 현과 시에 국어보급소 1곳씩, 성 전체에 총 19곳을 설치하고 1곳당 보급원 3~7인을 두어 현과 시의 학교 교육 및 공무원에 대한 국어 교육을 책임지는 동시에 직접 민중들을 가르치게 한다.

4. 연구 실험에 관한 것

　　본성의 어문 교육에 관한 실행 방안은 국어추행위원회가 연구 계획을 책임지고, 아울러 본성의 수요에 맞춰 교재 및 참고서적을 편집하도록 한다.[57]

　국어추행위원회도 자체적으로 성립 첫해의 두 가지 업무 목표를 다음과 같이 설명하고 있다.

　　첫 번째 목표는 표준을 수립하는 것이다. …… ① 국음의 표준 발음이 교육부에서 공포한 「국음 상용 자휘 國音常用字彙」임을 명확히 알려주고, 동시에 국음 표준에 관한 모든 자료를 모아서 『국음 표준 회편 國音標準匯編』을 편찬한다. 이와 함께 ② 표준어 발음이 정확한 본회의 상무위원 제철한 齊鐵恨 선생을 청하여 라디오방송에서 '읽기 [讀音] 시범방송'을 실시한다. ③ 우리가 진행하는 편집·심사·훈련과 같은 각종 업무 및 ④ 각 기관과 학교를 상대로 강습회·훈련반·좌담회·토론회·연설 경시대회 등을 진행할 것이다. 이때 하는 협조와 지도 업무도 모두 표준 수립에 중점을 둔다. ⑤ 우리는 항상 서면 또는 구두로 국어에 관한 질문에 대답한다. (이들) 역시 모두 표준에 관한 문제이다.

　　두 번째 중심 목표는 본성 방언의 회복을 제창하는 것이다. 본성 원유의 방언은 비록 일본에 의한 사용 금지로 소멸하지는 않았지만, 식민 지배 기간 그 사용 범위가 이미 매우 축소되었다. …… 본성 방언과 국어는 같은 체계의 언어인 한어 漢語이기 때문에 방언을 통해 국어를 학습하면 적은 노력으로 큰 효과를 거둘 수가 있다. 만약 방언이 소멸하였다면 국어를 배우는 것은 외국어를 배우는 것과 마찬가지로 힘들었을 것이다. 이 때문에 우리는 본성의 방언 사용을 회복시켜야 국어(학습)도 쉽게 진행될 수

---

57 「台灣省行政長官公署教育處工作報告(1946年 5月)」, 陳鳴鐘·陳興唐主編, 『台灣光復和光復後五年省情』(上), 364~366쪽.

있다고 생각한다. …… (그래서) 우리는 본성의 어음 語音과 자음 字音을 표시한 '방음 부호'를 제정하였고, 『국어·대만어 자음 대조록 國台字音對照錄』·『국어·대만어 통용 사휘 國台通用詞彙』·『국어·대만어 대조 사휘 國台對照詞彙』 등의 책을 집필하였다.[58]

위에 인용한 대만성국어추행위원회의 업무 내용으로부터 우리는 이 위원회가 전후 타이완의 어문 교육, 즉 중국어 교육의 실질적 집행 기구였음을 알 수 있다. 그 구체적인 조치는 중국 각지에서 국어 국문 교원을 초빙하여, 각급 학교에 보내고, 동시에 국어 전수를 책임질 예컨대, 타이완성 전체의 행정 관리와 초중등학교 교사의 국어 훈련을 맡기며, 각 현과 시에 국어보급소 推行所를 설치하고, 중국 각지에서 국어 보급원을 초빙하여, 각 보급소에 파견해 지방의 국어 보급을 맡기는 것이었다. 그리고 국음 표준을 먼저 수립한 후 방언을 통해 국어를 배우게 하는 구체적이고 섬세한 국어 보급 방법은 웨이젠공의 구상에서 나온 것이 분명했다. 웨이젠공은 또 직접 국어와 대만어의 독음 대조본 對照本인 「주음부호 18강의[注音符號十八課]」를 써서 주음부호를 하문음 廈門音·장주음 漳州音·천주음 泉州音·객가음 客家音과 각각 예를 들며 대조하였고, 또 이를 대만성국어추행위원회가 책임 편집한 『신생보』「국어」칼럼 제2기부터 연재함으로써[59] 자신의 구상을 구체적으로 실행하였다.

웨이젠공이 주관하던 대만성국어추행위원회는 정밀한 계획과 숭고한

---

58 何容等編, 『台灣之國語運動』, 71~73쪽.

59 「주음부호 18강의」는 주음부호를 하문음·장주음·천주음과 함께 대조하면서 총 9회에 걸쳐 연재(1946년 5월 28일에서 7월 23일까지)되었고, 주음부호와 객가음의 대조는 5회로 나눠 연재(1946년 8월 28일에서 9월 24일까지)되었다. 상세한 내용은 위 해당 날짜의 『新生報·國語』를 참조. 「주음부호 18강의」에는 저자 이름이 표시되어 있지 않은데, 웨이젠공 선생의 장남 웨이즈 선생 말에 따르면 웨이젠공 선생이 직접 쓴 것이라고 한다.

이상을 갖고 있었지만, 여러 문제도 많았다. 예컨대 대부분 학교마다 국어 교과서가 모자라서 타이완을 접수한 지 1년이 지난 1946년 10월에도 심지어 소화 昭和 10년(1935)에 출판된 『고등한문 高等漢文』을 교과서로 사용하는 학교가 있을 정도였지만[60], 역시 가장 중요한 것은 국어를 가르칠 국어 교사의 국어 수준과 국어 보급원의 부족이 문제였다. 웨이젠공이 비록 항일전쟁 기간 국어 업무 전문 인재 양성을 위해 국민정부 교육부가 설립한 3개 학교 – 간쑤성[甘肅省] 란저우[蘭州]의 국립서북사범학원 국어전수과, 쓰촨성 바이샤의 국립서남여자사범학원 국어전수과, 쓰촨성 삐산[璧山]의 국립사회교육학원 국어전수과의 학생들을 타이완으로 초빙하여 근무하게 하였지만, 여전히 그 수가 충분하지 못했다. 그래서 하는 수 없이 중국 각지에서 인원을 초빙하여 국어추행위원회에서 훈련을 시킨 후에 타이완 각지의 학교에 파견하였다. 이 때문에 국어 교사의 수준이 각기 다를 수밖에 없었다. 당시의 한 고등학교 학생은 웨이젠공에게 "우리 학교 선생님은 대부분 상하이 上海에서 소집된 사람들이어서 모두 장쑤성 江蘇省 말투의 국어를 사용하며, 수업 시간에 여전히 일본어를 쓰는 일부 대만 현지인도 있습니다. 그러므로 '국어'가 여기서는 그 활기찬 명성과 위세를 불러일으킬 수 없습니다. 왜냐하면 진정으로 '국어'의 중요성을 알고 표준말을 할 수 있는 사람이 극소수에 불과하기 때문입니다."[61]라고 하소연했다고 한다. 또한 신문 사설에서도 당시의 상황을 "국어 교사 중에는 표준어가 아닌 자신의 국어, 어떤 이는 '광동 廣東 국어', 어떤 이는 '저쟝 浙江 국어'를 가르치는 자가 있고, 심지어 아예 상하이말로 국

60   首峰, 「談本省語文敎學」, 『新生報』, 1946年 10月 16日.

61   魏建功·邵月琴, 「通訊二則」, 『國語通訊』 2期(출판일이 표시되어 있지 않음), 대략 1947년 상반기로 보인다.

어를 가르치는 자도 있어서 배우는 사람들의 믿음을 크게 떨어뜨리고 있다.'[62]라고 대놓고 지적하였다. 당시의 현상을 한마디로 정리한 것이다.

당시 교육처는 타이완의 19개 현과 시에 19곳의 국어보급소를 설치하고 보급소마다 3~7명의 보급원을 파견할 계획이었는데, 이를 기준으로 계산하면 57~133명의 보급원이 필요하였다. 1946년 3월부터 보급소 11곳이 설치되어 보급원 33명이 파견된 것을 시작으로 10월에는 14곳까지 증설되어 총 42명의 보급원이 배치되었다.[63] 부족한 보급원을 선발하기 위해 웨이젠공은 1946년 9월부터 다음 해 3월까지 베이징으로 돌아가 국어 보급원을 선발하였다. 웨이젠공이 타이베이로 돌아온 1947년 3월 타이완에서는 막 '2·28 사건'을 겪으면서 4월 국민정부는 대만성행정장관공서를 폐지하고 대신 대만성 정부로 개편하였다. 천이는 경질되고 웨이다오밍[魏道明]이 성 정부 주석으로 새로 임명되면서, 5월 천이가 타이완을 떠나고 웨이다오밍이 부임하였다. 행정장관공서가 성 정부로 개편됨에 따라 원래 성장관공서 교육처에 예속되어 있던 국어추행위원회도 독립 기구로 바뀌게 되었다. 6월 웨이젠공은 주임위원직을 사퇴하였고[64] 부주임위원 허룽이 주임 위원으로 승진하였다. 웨이젠공은 국립대만대학 중문과 교수로 전임하였다가 1948년 10월 다시 북경대학 중문과 교수로 복귀하였다.

62　「社論 : 國語推行運動的實施」,『中華日報』, 1947年 1月 26日.

63　台灣省行政長官公署教育處編,『台灣一年來之教育』, 100쪽.

64　웨이젠공 본인의 진술에 따르면, 그가 주임 위원직을 사퇴한 이유는 다음과 같다. "2·28 운동 이후 나는 이미 북경대학으로 돌아갈 준비를 조금씩 하였으니, 1946년 겨울 북경대학에 머물고 있을 때 북경대학 당국이 나에게 학교로 돌아오라고 재촉한 데다 마침 대만이 성 정부로 개편되고 교육처가 교육청으로 바뀌면서 '국어회'에 대한 태도가 좋지 않아서 나는 주임 위원을 그만둘 결심을 더욱 굳혔다."(웨이젠공의 미간 유고)

결어

전후 타이완의 국어운동은 국민정부가 타이완을 접수하기 이전에 기획한 타이완 문화재건 사업의 일환이었다. 대만조사위원회 시기부터 웨이젠공은 교육부 국어추행위원회 상무위원 신분으로 조사위원회의 겸임 전문 위원으로 초빙되어 타이완 접수 계획을 세우는 일에 참여하였다. 타이완이 접수되자 그는 곧바로 대만성국어추행위원회 주임 위원으로 초빙되어 전후 타이완의 국어 보급 업무를 책임지게 되었다. 웨이젠공이 희망한 타이완에서 국어 보급의 궁극적 목표는 중국 신문화운동의 기본 이상인 어문일치를 먼저 전후 타이완에서 실현하는 것이었다. 국어추행위원회의 구체적인 방법은 국어를 배워야 하는 사람을 훈련하고 아울러 타이완성 각지에 국어 보급 기구 – 국어보급소를 설치, 국어 보급원을 배치하는 것이었다. 웨이젠공은 더욱이 국음 표준을 수립하고, 방언을 이용해 국어를 학습하는 그의 섬세한 구상을 국어추행위원회의 활동을 통해 실현하고자 하였다.

1946년 1월 말 타이완에 도착한 웨이젠공은 대만성국어추행위원회 설립을 준비한 끝에 4월 위원회가 정식 성립되자 활동을 시작했고, 이후 1947년 6월 행정장관공서가 (성 정부로) 개편되면서 주임 위원직을 사임하였다. 웨이젠공의 재임 기간은 대략 1년 반에 불과하고 당시 객관적 환경도 어려움이 많았기에 당장 업무의 성과를 볼 수 없었지만, 적어도 전후 타이완 국어운동의 방침을 확립한 것은 분명했다. 개편 이후 대만성국어추행위원회는 1947년도 사업 보고에서 그 주요 업무를 다음과 같이 설명하였다. "훈련 업무 : ① 각 현과 시의 국어 보급원을 위한 합숙 훈련. ······ ② 북평北平[65]에서 대만에 온 국어 업무 인원을 위한 단기 강습. ······ ③ (대만)성 전체 공무원의 어문 교사를 위한 강습반 ······ ; 지도 업무 : ① 독음 시범방송. ······ ② 어문 교육 지도. ······ ③ 국어 문제 해답解答. ······ ; 편집 업무 : ① 국어 강습용 도서. ······ ② 국어 회화 교재. ······ ③ 국어 보급 참고용 도서. ······ ④ 발음표시를 한 국어 문선文選. ······ ⑤ 국어·대만어 비교학습용 도서. ······"[66] 웨이젠공이 확립한 국어운동 방침을 거의 모두 계승하고 있음을 알 수 있다. 1949년 말 국민 정부가 타이완으로 이전한 이후에도 이 방침은 대체로 크게 바뀌지 않았다. 1947년 6월 웨이젠공은 대만성국어추행위원회 주임 위원직을 그만두었지만, 국민정부 교육부는 여전히 1948년 6월 웨이젠공과 허룽 두 사람에게 베이핑의 『국어소보國語小報』를 타이완으로 옮겨와 『국어일보國語日報』[67]로 이름을 바꾸어 발간하도록 명했다. 같은 해 10월 『국어일보』가 창간되면서 웨이젠공은 사장으로 임명되었다. 게다가 국민정부 교육부는 1948년 6월 타이베이에 '교육부 국어추행위원회 복건·대만지구 사무소[閩台區辦事處]'를 열고 웨이젠공을 타이베이시 상무 위원으로 임명하였다. 따라서 그는 타이완에 머무는 동안 시종 국어운동에서 벗어난 적이 없었다. 그리고 웨이젠공이 사장을 맡았던 『국어일보』가 전후 타이완의 국어운동 확충에 지대한 공헌을 하였음은 잘 알려진 사실이다.

---

65 역자 주 : 북벌 후 국민정부가 난징을 수도로 삼음에 따라 1928년 베이징을 베이핑 [北平]으로 개명하였으나, 1949년 중화인민공화국의 수도가 됨으로써 다시 베이징으로 불리게 된다.

66 張博宇主編, 何容校訂, 『慶祝台灣光復四十週年台灣地區國語推行資料彙編』(中)(南投 : 台灣省政府教育廳, 1987~1989), 56~61쪽.

67 역자 주 : 표준 중국어 보급을 위한 전업 專業 신문으로 현재 전 세계에서 유일하게 표제를 제외한 모든 문장에 주음부호를 표시하고 있는 중국어 신문이다.

제3장

매체 통제
– 대만성행정장관공서 선전위원회

1. 대만성행정장관공서 선전위원회의 설립과 업무 내용

1946년 12월에 거행한 대만성 참의회 제1회 제2차 대회의 한 업무보고는 첫머리에서 대만성행정장관공서 선전위원회(이하 선전위원회로 약칭함)의 설치 과정에 대해 다음과 같이 설명하였다.

> 본성은 50년간 식민지 지배 상태에 있었기 [淪陷] 때문에, 문화 사상 면에서 일본인 [敵人]이 남긴 해독이 매우 심하였다. 따라서 광복 후 문화 선전 업무는 매우 중요하였다. 본성은 이러한 실제 수요에 부응하여, 행정장관공서 내에 특별히 선전위원회를 설치하여 그 일을 주관하게 하였다.[68]

---

68 台灣省行政長官公署編,『台灣省參議會第一屆第二次大會台灣省行政長官公署施政報告』(台北 : 台灣省行政長官公署, 1946), 275쪽.

이 문단은 선전위원회 설립 목적을 아주 분명하게 말하고 있다. 대만 성행정장관공서가 설립된 날부터 선전위원회는 바로 그 조직의 한 기관 이었을 뿐 아니라 타이완의 접수에 참여하여 선전 사업을 접수하는 책 임을 맡았다.[69]

1945년 11월 1일 행정장관공서는 타이완에 대한 접수 사업을 시작하 였다. 그달 17일 선전위원회 주임 샤타오성[70]은 라디오방송을 통해 「선 전위원회의 사명」이란 제목의 담화를 발표하였다.

> 진의 장관은 선전 사업이 매우 중요하다고 생각해서 특별히 행정장관공서 내에 선전
> 위원회를 설치하여 선전에 관한 모든 사무를 주관하게 하였습니다. ……
> 우리는 선전이 행정 업무의 일부이며 그 임무는 '진상 보도 [報導眞相]'와 '여론의 수

---

69 당시 일본이 남겨놓은 선전 사업에 대한 주요 접수 상황은 아래와 같다.
(1)『대만신보 台灣新報』를 접수하여 행정장관공서의 기관지『신생보 新生報』로 개편한 일.
(2) 대만방송협회와 방송국 및 그 지사(국민정부의 '중앙방송사업관리처 中央廣播事業管 理處'가 접수)를 접수하여 '대만 라디오방송국 [廣播電台]'으로 개편한 일.
(3) 동맹통신사 同盟通信社와 그 지사를 국민정부의 '중앙통신사 中央通訊社'가 접수하여 '중앙통신사 대만 분사 分社'로 개편한 일.
(4) 선전위원회가 직접 접수한 것은 대만총독부 정보과 및 그 부속 기관인 대만영화협회와 대만보도사진협회인데, '선전위원회 영화제작소 [電影攝制廠]'로 개편하였다.
台灣省行政長官公署宣傳委員會編,『台灣一年來之宣傳』(台北 : 台灣省行政長官公 署宣傳委員會, 1946), 1~2쪽.

70 샤타오성(1899~1968)은 안후이성 [安徽省] 화이닝 [懷寧] 사람으로 안칭 [安慶] 육읍중 학 六邑中學, 우후 [蕪湖] 제오중학 第五中學, 북경대학에서 공부하고 1923년 중국청년당 에 가입하여 당내 요직을 역임하였다. 1934년 푸젠성으로 가서 푸젠성 정부에서 근무하였 는데, 당시 성 정부 주석은 천이였다. 푸톈현 [莆田縣] 현장과 성 주석 판공청 辦公廳 주임 을 맡았다. 1941년 천이가 행성원 비서장으로 전임되자 여름에 함께 충칭으로 가서 행정원 참사 參事가 되었다. 1944년 대만조사위원회가 설립되자 샤타오성은 그 위원 중 1명이 되었 다. 1945년 대만성행정장관공서 설립 후 선전위원회 주임 위원을 맡았다. 자세한 내용은 陳 正茂,「夏濤聲」,『傳記文學』56卷 3期(1990년 3月), 139~141쪽을 참고.

습 [調洽輿情]’에 있다고 생각합니다. …… 이제 ‘진상 보도’와 ‘여론 수습’ 두 가지 점으로써 이후 본회의 선전 업무 방침을 설명하고자 합니다. 대만은 50년간 조국과 격리되어 [隔別] 있었습니다. 대만 동포들은 조국의 과거 역사에 대해 잘 모를 뿐 아니라 현재 조국의 정치·경제·문화 및 기타 동태에 대해서도 매우 막연한 실정입니다. 그래서 우리는 반드시 중앙과 다른 각 성의 상황을, 시간과 장소에 관계없이, 대만 동포에게 소개함으로써 과거 일본의 50년 압제 하에 있던 대만 동포들이 점차 조국을 인식하고 이해하도록 할 것입니다. 그리하여 과거 일본인의 속임수 선전이 결과한 조국에 대한 (대만인의) 모든 부정확한 관념을 차차 일소시킬 것입니다. 이것이 앞으로 본회가 짊어질 첫 번째 사명입니다. ……

어떻게 하면 정부와 인민이 협조하여 일치하도록 할 수 있을까? 이는 매우 중요한 문제이기에 ‘여론 수습’ 업무도 대단히 중요합니다.

우리는 진의 장관의 지도하에 대만성 정부가 인민의 의견을 기꺼이 받아들여 여론의 향배로서 시정의 표준으로 삼을 수 있고, 동시에, 대만 동포들도 “아는 것을 말하지 않는 것이 없다” 태도를 바탕으로, 정부의 모든 조처에 대해 선의적이고 합리적인 비평과 의견을 밝히길 바라고 있습니다. 우리는 정부와 인민이 한마음으로 일치단결하여 삼민주의의 새로운 대만 건설을 향해 매진하도록 해야 합니다. 이것이 본회의 향후 두 번째 사명입니다.[71]

위의 인용문에서 알 수 있듯이 샤타오성이 말하는 선전위원회의 사명이라는 것은 선전을 통해 타이완인들에게 중국의 정치 상황과 문화를 새롭게 인식시키고, 나아가 정부와 인민의 의견을 소통시키는 교량 역할을 하는 것임을 알 수 있다.

---

71 夏濤聲, 「宣傳委員會之使命」, 台灣省行政長官公署祕書處編輯室編, 『廣播詞輯要 : 34年』(台北 : 台灣省行政長官公署祕書處編輯室, 1946), 61~63쪽.

총 6개 조문으로 이루어진 선전위원회의 조직 규정組織規程은 그 조직 상황과 업무 내용을 밝히고 있다.

제1조   본 규정은 대만성행정장관공서 조직조례 제5조의 규정 規定에 근거해 정한다.

제2조   대만성행정장관공서 선전위원회는 행정장관의 지휘 감독을 받아 아래 사항을 관장한다.

   1. 본서(즉 행정장관공서 – 역자)의 도서 출판에 관한 사항

   2. 본서의 신문 잡지 발행에 관한 사항

   3. 본서의 기자 안내 [招待] 및 뉴스 배포에 관한 사항

   4. 방송 지도 指導에 관한 사항

   5. 영화와 연극의 연출 및 지도에 관한 사항

   6. 슬라이드 [幻燈] 방영에 관한 사항

   7. 기타 관련 정령 政令 및 문화 선전 사항

제3조   본회는 간임 簡任[72]인 주임 위원 1인을 둔다. 3~7인의 위원을 두되 그 중 2인은 간임, 나머지는 천임 薦任[73]으로 한다. 아울러 주임 위원이 행정장관에게 본성의 공무원과 교사 중 5~11인을 파견하여 겸임 위원으로 삼을 수 있도록 제청하여 조직한다.

제4조   본회는 비서 1~2인, 전문 위원 [專員] 6~12인을 두어 모두 천임관을 임명한다. 간사 8~15인을 두어 위임관 [委任][74]을 임명하며 임시 직원 [雇員] 10~20인을 고용할 수 있다.[75]

---

72   역자 주 : 중화민국 시기의 제2등급 문관으로 '특임 特任'과 '천임 薦任' 사이의 식위.

73   역자 주 : 중화민국 시기의 제3등급 문관으로 '간임 簡任' 아래 '위임 委任' 위의 직위.

74   역자 주 : 중화민국 시기의 말단 문관.

75   『台灣省行政長官公署公報』1卷 2期(1945年 12月 5日), 1~2쪽.

제5조   본회의 회의 규칙 및 업무 처리 세칙은 따로 정한다.

제6조 본 규정은 공포일로부터 시행한다.

선전위원회의 조직 체계는 아래 표와 같다.

선전위원회 조직 체계

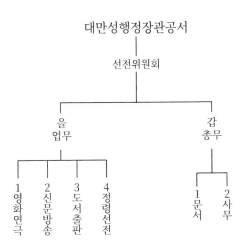

위 선전위원회의 조직규정과 조직 체계표를 통해 그 주요 업무 내용
은 조직 체계표의 을乙에 속하는 업무, 즉 ① 영화와 연극, ② 뉴스와 방
송, ③ 도서 출판, ④ 정령의 선전과 지도임을 알 수 있다. 그 구체적인
업무 내용은 「대만성행정장관공서 선전위원회 사무처리 세칙[辦事細則]」
에 다음과 같이 자세히 열거되어 있다.

정령선도조 政令宣導組의 직책 職責은 아래와 같다.

1. 각 현과 시의 정령 선전지도원 [宣導員] (배치) 계획과 훈련에 관한 사항

2. 각 현과 시의 정령 선전지도원 분산 파견 [分發]과 심사에 관한 사항

3. 각 현과 시의 정령 선전지도원 업무 지시에 관한 사항

4. 정령 해석 대강 大綱의 편찬 배포에 관한 사항

5. 각종 표어 標語・만화 漫畫・선전판 [宣傳牌]의 기획 [設計]에 관한 사항

6. 각종 좌담회의 소집에 관한 사항

7. 기타 정령의 선전・지도와 관련된 사항[76]

정령선도조의 주요 업무 내용이 "정령 선전지도원을 각 현과 시에 파견하여 정치제도와 법률의 선전 업무를 맡는" 것임을 알 수가 있다.

영화연극조 [電影戲劇組]의 직책은 아래와 같다.

1. 영화 제작과 방영에 관한 사항

2. 연극 연출에 관한 사항

3. 영화 연극의 등록과 심사에 관한 사항

4. 영화관 및 극장의 등록과 관리에 관한 사항

5. 슬라이드의 기획과 방영에 관한 사항

6. 영화 화보의 편집과 출판에 관한 사항

7. 국내외 뉴스 보도 사진의 수집과 전람에 관한 사항

도서출판조 圖書出版組의 직책은 아래와 같다.

1. 도서 간행물의 편집과 저술에 관한 사항

2. 도서 간행물의 출판 인쇄와 보관에 관한 사항

---

76 『台灣省行政長官公署公報』秋字頁833~848(1946年 8月 31日), 836쪽.

3. 도서 간행물 번역에 관한 사항

4. 불법 도서 간행물의 단속에 관한 사항

5. 도서 간행물의 발행과 증정 [贈閱]에 관한 사항

6. 본회 도서 간행물의 구매와 관리에 관한 사항

뉴스방송조 [新聞廣播組]의 직책은 아래와 같다.

1. 중국어와 영어 뉴스 배포에 관한 사항

2. 신문과 잡지의 등록과 심사에 관한 사항

3. 신문 기자 안내에 관한 사항

4. 신문사와 통신사 지도 指導에 관한 사항

5. 정령 뉴스의 편성과 방송에 관한 사항

6. 본 공서 각 기관 뉴스의 취재 및 연락에 관한 사항

7. 본성 내외 신문 뉴스 자료의 수집과 스크랩 및 보관에 관한 사항[77]

위에 열거한 영화 연극과 도서 출판 및 뉴스 방송 각 부문의 직책으로 부터 행정장관공서가 선전 매체에 대한 통제와 검열을 통해 '남아 있는 일본 문화의 해독'을 일소하고 선전물의 편집 출판을 통해 중화민족 의식을 타이완에 주입하고자 하였음을 알 수 있다.

위의 선전위원회 「사무처리 세칙」을 보면, 그 구체적 업무 내용은 샤 타오성이 말한 선전위원회의 양대 사명, 즉 '진상 보도'와 '여론 수습'과 는 분명한 모순이 있음을 알 수 있다. 즉 선전위원회 설립의 진정한 목적 이 결코 '여론 수습'이 아니라, '진상 보도'에 있을 뿐이고, 그것도 선전위

---

77 『台灣省行政長官公署公報』秋字頁833~848(1946年 8月 31日), 836~837쪽.

원회의 검열을 통과한 내용만이 진상으로 인정되었던 것이다. 그 의도
는 바로 선전 매체를 통제함으로써 문화 선전 사업의 목적을 달성하는
데 있었다. 그 설립 목적도 「대만 접관 계획 강요」 제1 통칙의 (4) "접수
후의 문화 시책은 민족의식을 강화하여 노예화된 사상을 일소하고", 제8
교육문화의 (46) "방송국·영화제작소·극장 등의 설치와 경비는 접수 후
에도 원상 유지를 원칙으로 하며", (51) "일본 점령 시 출판된 서적과 간
행물, 영화 등에서 본국과 본당을 헐뜯거나 역사를 왜곡한 것들은 일체
소각한다."등을 집행하는 것이었다.

2. 대만성행정장관공서 선전위원회의 철폐와 성과

선전위원회는 설립된 지 채 1년 5개월도 안 된 1947년 3월 15일 철폐
되었다. 그 직책 중 하나였던 정령의 선전과 지도는 민정처民政處 관할
로 귀속되었다.[78] 3월 19일 신문실新聞室을 설립하여 행정장관공서 비서
처 처장 장옌쩌[張延哲]가 신문실 주임을 겸임하고 선윈룽[沈雲龍]이 부
주임을 대리하면서[79] 선전위원회의 남은 사무를 처리하였다. 같은 해 5
월 행정장관공서가 해체되고 대만성 정부로 개편됨에 따라 신문실도 신
문처新聞處로 바뀌게 되었다. 선전위원회가 철폐 개편된 이유는 그 조직
기구가 이미 매우 방대한 업무량을 감당할 수 없었던 것도 있지만, '2·28

78 「台灣省行政長官公署代電」, 『台灣省行政長官公署公報』春字頁833~848(1947年 3月
   22日), 845쪽.

79 「台灣省行政長官公署公函」, 『台灣省行政長官公署公報』春字頁849~864(1947年 3月
   24日), 864쪽.

사건' 이후 타이완의 새로운 국면에 대응하기 위한 것이기도 했다. 1946년에 펴낸『대만성 각 기관 직원록台灣省各機關職員錄』에 따르면 당시 선전위원회는 주임 위원 외에 위원 6인, 비서 1인, 전문 위원 10인, 간사 16인으로 구성되어 있었다.[80] 선전위원회 위원으로 주임 비서를 겸임하고 개편 후 신문실 주임을 대리하였던 선원룽은 만년에 쓴 회고록에서 당시 선전위원회가 "업무에 눈코 뜰 새 없었고 인원 부족에 허덕였다."라고 하였다.[81] 선전위원회의 주된 업무는 정치제도와 법령의 선전·지도 및 선전 매체에 대한 통제였고, 이 통제는 주로 선전물에 대한 편집과 검열이었다. 여기서 정치제도와 법령의 선전·지도, 선전물의 편집 및 검열 세 방면으로 나누어 그 업무 성과를 살펴보기로 하자.

먼저 정치제도와 법령의 선전·지도 상황은 다음과 같다.

전후 초기 타이완인은 중국의 정치제도와 법령에 대해 전혀 알지 못했다. 행정장관공서는 타이완에서 중국의 법령을 실행하기 위해 각 현·시·구區·향鄕·진鎭에 정령 선전지도원을 두어 인민들에게 중국의 정치제도와 법령을 설명하게 하였는데, 선전위원회는 이들 정령 선전지도원의 훈련·파견·심사·지도를 책임졌다. 정령 선전지도원을 두게 된 연유에 관해 선전위원회는 아래와 같은 설명을 하고 있다.

> 본성은 일본의 50년 식민 지배를 받아서 일반 인민들이 본국의 정치제도와 법령에 대해 심히 모호하기에, 장관공서에서 민중들이 정령을 이해해서 잘 시행될 수 있도록 특별히 각 현·시·구·향·진에 정령 선전지도원을 두어 정령의 선전과 지도를 책임지게

80 台灣省行政長官公署人事室編,『台灣省各機關職員錄』(台北 : 台灣省行政長官公署人事室, 1946), 103~105쪽.
81 沈雲龍, 「初到台灣」, 『全民雜誌』 2期(1985年 10月), 10쪽.

하였다. 현재 모든 현 정부와 시 정부는 비서실 아래에 정령 선전지도계 [股]를 설치해 정령 선전지도원 3~5인을 두고 그 중 1인을 계장으로 지정하였다. 그리고 모든 현 관할 시[82]와 구청 [區署] 및 향과 진 사무소 [公所]에도 모두 정령 선전지도원 1인을 배치하였다.[83]

당시 정령 선전지도원은 각 현·시·구·향·진 정부의 타이완 공무원 중에서 선발하여 '대만성 지방행정간부훈련단地方行政幹部訓練團'[84]으로 보내 3개월의 훈련을 받도록 하였다. 주요 훈련 과목은 삼민주의, 국부國父(쑨원 - 저자) 유명[遺敎], 총재總裁(장제스 - 저자) 언행, 국어, 국문, 중국의 역사 지리, 문화 선전의 각종 법령에 대한 해설 및 요점 등이었다.[85] 천이는 정령 선전지도원의 훈련을 매우 중시하여 대만성 지방행정간부훈련단에서 훈련받던 정령 선전지도원들에게 일찍이 다음과 같은 훈시[訓話]를 하였다.

---

82 역자 주 : 행정장관공서는 접수 과정에서 기존의 타이완 지방 행정구획을 8개 현 縣과 9개 성 省 관할 시 市로 개편하고 현 아래에 시와 구 區를 두었는데, 현 관할 시로는 타이베이현에 속한 이란 [宜蘭]시와 화롄 [花蓮]현에 속한 화롄시가 있었다(臺灣省文獻委員會編印, 『臺灣史』(臺中, 1977), 755쪽.

83 台灣省行政長官公署編,『台灣省參議會第一屆第二次大會台灣省行政長官公署施政報告』(台北 : 台灣省行政長官公署, 1946), 276쪽.

84 '대만성 지방행정간부훈련단'은 1945년 11월 1일 성립되었고 천이가 훈련단 주임을 겸하였다. 훈련단의 설립 목적은 타이완 각급 정부의 타이완 출신 공무원·중등학교 교사·초등학교 교장과 교사들을 교대로 수용하여 3개월의 훈련을 통해 "그들이 삼민주의와 건국요령 建國要領을 이해하고 국어와 국문을 배워서 각종 전문 기능을 갖추도록 하는" 것이었다. 훈련단 설립 당시 '기업인원반 企業人員班'·'중등교사반 [中等師資班]'·'회계인원반 會計人員班'·'선전인원반 宣傳人員班'이 4개 반이 있었다. 상세한 내용은 「本團訓練大綱」,『台灣省地方行政幹部訓練團團報』1卷 1期(1946年 3月 1日), 4쪽을 참조.

85 「宣傳員訓練班訓練實施辦法」,『台灣省地方行政幹部訓練團團報』1卷 1期(1946年 3月 1日), 7~8쪽.

현재 대만의 모든 건설 사업 중에서 사람을 새롭게 만드는 일이 가장 중요합니다. 사람을 새롭게 만드는 일에는 원래 근본적 해결 [治本]과 일시적 해결 [治標] 두 가지 측면이 있습니다. 근본적 해결을 위해서는 당연히 교육에서부터 착수해야 하지만, 그렇게 하면, 시간이 너무 많이 걸립니다. 일시적 해결 방법은 바로 일군 [一批]의 사람들을 급히 훈련하여 눈앞의 급박한 수요에 대처하는 것입니다. …… 제가 이곳에 도착한 지 3개월이 되었고 그간 아주 많은 명령을 발표하였습니다마는 대만 동포들은 모두 그것을 그다지 명확하게 알지 못한다고 생각합니다. 그래서 저는 일군의 선전 인원을 훈련하여 정부의 법령을 충분히 설명함으로써 인민들이 이를 이해하고 그대로 따를 수 있기를 희망합니다. …… 이렇게 되어야만 비로소 우리의 정령이 소기의 효과를 거둘 수 있을 것입니다.[86]

천이의 이 훈시는 그가 선전 인원을 얼마나 중시하였는지를 나타낼 뿐 아니라 행정장관공서가 선전과 교육을 통해 사람을 새롭게 만드는 일에 착수하였음을 증명하고 있다. 이른바 "사람을 새롭게 만든다."라는 것이 바로 심리 건설 사업이자 문화재건 사업이었다.

1946년 말 타이완 각지에 배치된 정령 선전지도원은 총 347명이었다.[87] 당시 타이완의 현·시·구·향·진의 행정단위가 모두 398개였으니[88], 대략 지역마다 평균 1명의 정령 선전지도원을 둔 셈이다. 1947년 2월 '2·28 사건' 이후인 같은 해 4월 정령 선전지도원이 351명으로 늘어났으나, 행정장관공서는 여전히 그 수가 부족해 계속 늘릴 필요가 있다고 여

---

86 陳儀,「訓練與學習 – 中華民國35年2月7日對宣傳人員與會人員班講」,『台灣省地方行政幹部訓練團團報』1卷 2期(1946年 3月 16日), 17~18쪽.

87 台灣省行政長官公署宣傳委員會編,『台灣一年來之宣傳』, 3쪽.

88 台灣省新聞處編輯,『台灣指南』(台中 : 台灣省新聞處, 1948), 37쪽.

겼다. 게다가 정령 선전지도원의 업무 중점을 "해당 지역에서 민의를 정기적으로 수집하는" 것으로 바꾸도록 지시하였다.[89] 상의하달식의 정령 선전과 지도로부터 '민의 수집'으로의 전환은 정령의 선전과 지도가 저항에 부딪혀 소기의 효과를 거둘 수 없었기에, 행정장관공서가 부득이 상의하달식 일방통행을 상하 쌍방향 통행으로 바꾸어 민중의 의견을 청취하기 시작한 것이 틀림없었다.

다음으로 선전물의 편집 상황을 살펴보면 당시 선전위원회가 편집한 선전물은 종류가 아주 많았다. 타이완에서 실시하는 법령을 소개한 『정령 해석 대강[政令講解大綱]』, 중국 내지의 독자들에게 타이완의 정세를 보도하는 출판물, 타이완인들에게 중국 문화를 소개하는 종합 잡지 『대만월간台灣月刊』[90], 타이완 접수와 시정 상황을 소개한 『신대만건설총서新台灣建設叢書』[91] 외에도 타이완의 주요 뉴스를 수집하여 편성한 『대만통신台灣通訊』 주간 등이 있었다. 하지만 그중에서도 가장 중요한 선전물은 '선전 소책자[宣傳小冊]'였으니, 이는 타이완인들에게 중화민족 의식을 주입하기 위해 특별히 집필된 것이었다. 이러한 '선전 소책자'는 타이완성 전역의 공공기관과 학교, 민간 단체와 개인에게 발송되어서, 1946년 말까지 총 8종種에 31만 5천 책이 출판되었다.[92]

'선전 소책자'의 크기는 일본의 문고판 정도이지만, 그 내용은 매우 적

---

89 台灣省行政長官公署編, 『中華民國三十六年度台灣省行政長官公署工作計畫』(台北 : 台灣省行政長官公署, 1947), 10, 32쪽.

90 『대만월간』은 1946년 10월 창간되어 1947년 정간되었는데, 총 7기 期에 6책 冊이 출판되었다.

91 『신대만건설총서』는 총 20책으로 그 내용은 타이완 개황·법제·문서개혁·민정·재정·교육·농림·공업·광업·광물 礦物행정·교통·경무 警務·선전·인사행정·위생·지정 地政·양정 糧政·무역·회계 등으로 나뉘어져 있다.

92 台灣省行政長官公署宣傳委員會編, 『台灣一年來之宣傳』, 22쪽.

어서 책 1권당 10쪽 내외에 불과했다. 여기서 '선전 소책자'의 발행 의도를 좀 더 깊이 이해하기 위해 그 제1종인『국민혁명과 대만 광복』을 소개하면, 10쪽짜리 이 소책자 안에 다음과 같은 내용이 서술되어 있다.

대만이 광복된 요인은 물론 여러 가지 있겠지만, 그 근원을 쫓아 올라가 보면 역시 국부(國父)가 창도한 국민혁명의 혜택을 입은 것이라 하겠다. …… 대만이 일본에 할양된 것은 마관화약 馬關和約(즉 시모노세키 조약 – 역자)에서 규정한 바이고, 마관화약 체결은 갑오 중일전쟁의 결과였다. 중일전쟁 및 마관화약은 식민지 대만의 운명을 결정지었고, 또한 국부의 혁명정신을 자극하였다. ……

국부가 혁명에 진력하게 된 것은 중일전쟁과 마관화약의 영향을 크게 받았지만, 그 목적은 중국의 자유와 평등을 구하기 위해서이기도 했다. 그러므로 대만을 광복시키는 일은 당연히 그의 일생일대 숙원 중 하나였다. 그는 생전에 "고려(한국을 가리킴 – 역자)와 대만을 회복시켜 중화를 공고히 하자 [恢復高台, 鞏固中華]"라는 여덟 글자를 일본제국주의에 저항하는 대책으로 정하고 모든 동지에게 교시함으로써 그들이 국가를 위기에서 구하고 국가의 생존을 도모하는 [求亡圖存] 방침을 가질 수 있게 하였다. …… 현재 고려는 해방되고 대만은 광복되었으니, 국부의 이 유지 遺志는 완전히 실현되었다. 국민혁명의 위대한 지도자가 국부이며, 대만을 광복시킨 위대한 지도자도 국부임을 모두가 마땅히 알아야만 한다.[93]

'선전 소책자'의 내용은 국민혁명과 타이완 '광복'을 함께 연계시키고 있다. 그 의도는 이러한 선전을 통해 타이완인이 중국에 친밀감을 느낄 뿐 아니라 국민혁명이 국민정부 존재의 기반이기에 타이완인이 국민정

---

93 台灣省行政長官公署宣傳委員會編, '宣傳小冊 第一種'『國民革命與台灣光復』, 서지
    사항을 표시한 쪽은 없으나 "1946년 11월 14일 탈고했다"라는 문구가 적혀있다.

부를 인정하길 바란 것이 매우 분명했다.

마지막으로 검열 제도에 대해 살펴보자.

당시 신문과 잡지에 대한 뉴스 검열 제도는 비록 폐지되었지만, 발행하려면 반드시 발행 소재지 주관 관청에 등록 신청을 해야만 했다. 신청후 등록이 된 다음 심사 비준을 거쳐야 비로소 발행할 수 있었으니, 가히 "적극적인 관리에 효과적인 개방[積極管理, 有效開放]"이라고 할 만했다. 하지만 도서와 영화에 대해서는 도리어 엄격한 검열이 시행되었으니, 1946년 2월 행정장관공서가 공포한 「대만성행정장관공서 훈령」은 도서 검열에 대한 법률적 근거였다. 훈령의 내용은 다음과 같다.

> 본성은 50년이나 되는 오랜 식민 지배 기간 문화 사상 면에서 일본인 [敵人]이 남긴 해독이 매우 심하다. 시급히 조사하여 금지해야 하는 바, 서적에 대한 조사 금지 방법을 다음과 같이 규정한다.
>
> 1. 범례
>
>   (1) '황군 皇軍'의 전적 戰績을 찬양한 것
>
>   (2) 인민의 '대동아 大東亞'전쟁 참가를 선동한 것
>
>   (3) 우리나라 토지의 점령 상황을 보도하여 일본의 군사력을 자랑한 것
>
>   (4) '황민화' 봉공대 奉公隊의 활동을 선양 宣揚한 것
>
>   (5) 총리 總理(쑨원을 지칭함 - 역자)와 총재(장제스를 지칭함 - 역자) 및 우리나라 국책을 비방한 것
>
>   (6) 삼민주의를 왜곡한 것
>
>   (7) 우리나라의 권익을 침해한 것
>
>   (8) 범죄 방법을 선전하고 치안을 방해한 것 등의 도서·신문·잡지·화보는 모두 판매 금지한다.

2. 대만성 전역의 각 서점과 노점 책방에서는 즉시 스스로 검열하여 만약 상술한 각종 위법 도서·잡지·화보가 있다면 속히 자체 봉인 보관 [封存]해야 하며, 만약 감히 은닉했다가 드러나면, 엄중하게 처벌한다.

3. 대북시의 경우 본 공서 선전위원회가 경무처 警務處 및 헌병단 憲兵團과 공동으로 인원을 파견 검열대 [檢查隊]를 조직하여 검열을 실행한다. 아울러 봉인 보관하고 있는 수량을 조사하여 3월 10일 전까지 모아서 소각한다. 다른 시·현은 조사 금지 [查禁] 원칙을 초록 발송하여 각 서점과 노점 책방이 스스로 검열 봉인 보관하도록 전달하고, 각 시·현 정부가 상술한 방법과 시간에 맞춰 검열 실행 후 모아서 소각한다.[94]

영화 검열에 관해 행정장관공서는 같은 해 1월 「대만성 영화심사 임시 시행 방법」을 공포하여 영화 검열의 법률적 근거로 삼았다. 당시 영화에 대한 검열은 선전위원회와 중국국민당 대만성 집행위원회 선전처 宣傳處에서 함께 진행하였다. 일본 영화 상영을 전면 금지하면서, 별도로 다음과 같은 심사 기준을 제정하였다.

1. 삼민주의에 위반되지 않는 것
2. 국민정부의 정령에 위반되지 않는 것
3. 시대 정신에 어긋나지 않는 것
4. 풍속 교화를 손상하지 않는 것[95]

---

94 「台灣省行政長官公署訓令」, 台灣省行政長官公署宣傳委員會編, 『台灣省政令宣導人員手冊』, 123~124쪽.

95 「台灣省電影審查暫行辦法」, 『台灣省行政長官公署公報』 2卷 1期(1946年 1月 20日), 6쪽.

당시 정부가 공포한 자료에 따르면, 1946년 말까지 타이완성 전역에서 총 1,451종 47,511권의 도서를 소각하였다.[96] 한편 같은 해 10월까지 타이베이시에서도 836종 7,300책을 소각하였고, 다른 현과 시에서 1만여 책을 소각하였다.[97] 「대만성 영화심사 임시 시행 방법」 실시 이후 1946년 10월 말까지 총 501편의 영화를 검열하여 그중 47편을 불합격 처리하였다.[98] 당시 검열이 얼마나 엄격했는지는 도서 검열의 경우에서 엿볼 수 있으니, 선전위원회는 이 검열 제도를 통해 당시 타이완 언론 출판의 자유를 통제한 것이었다. 1947년 '2·28 사건' 발생 후 민간에서 조직한 '2·28 사건 처리위원회二二八事件處理委員會'가 제출한 32가지 정치 개혁 요구 중 '근본적으로 처리해야' 할 정치 관련 분야의 제11항項에서 "언론·출판·파업의 절대적 자유와 신문 발행 등록 신청 제도 폐지"를 요구하였고, 제20항의 요구도 '선전위원회의 폐지'였으니[99], 이는 선전위원회 설립 당시 예상치 못했던 일이었다.

요컨대 선전위원회의 역할은 바로 정령의 선전과 지도, 선전 매체에 대한 통제, 일본 문화와 사상의 '남아 있는 독소[遺毒]' 일소, 중국 문화의 선양을 통해 그 빠른 효과를 거두는 것이었다. 그리고 이러한 선전 사업을 교육과 서로 결합하는 일은 당시 문화재건 사업의 중요한 일환이었다.

---

96 台灣省行政長官公署宣傳委員會編,『台灣省行政工作概覽』(台北 : 台灣省行政長官公署宣傳委員會, 1946), 115쪽.

97 台灣省行政長官公署宣傳委員會編,『台灣一年來之宣傳』, 25쪽.

98 台灣省行政長官公署宣傳委員會編,『台灣一年來之宣傳』, 21쪽.

99 廖風德,「台灣光復與媒體接收」,『台灣史探索』(台北 : 台灣學生書局, 1996), 351~352쪽.

결어

선전위원회는 설립 당시 '여론 수습'과 '진상 보도'를 양대 사명으로 표방하였다. 그리고 타이완성의 모든 현·시·구·향·진에 정령 선전지도원을 두어 중국의 정치제도와 법령을 선전·지도하고, 더 나아가 도서 출판·영화 연극·뉴스 방송을 검열하며 선전물 편집을 맡는다는 구체적인 방법을 제시하였다. 다시 말해 선전 매체에 대한 통제와 중국 정치제도·법령 등의 선전 보급을 통하여 '일본 문화 사상의 남아 있는 독소'를 일소하고 중화민족 의식을 주입한다는 것이었다. 그러나 '2·28 사건'이 발생하고 민중의 원망이 폭발함으로써 '여론 수습' 사업이 실패했음을 보여주었고, 다른 한편 '2·28 사건 처리위원회'가 '신문 발행 등록 신청 제도 폐지', 나아가 '선전위원회 철폐'까지 요구함에 따라 '진상 보도'를 위해 실행한 매체 통제가 반감과 반대의 함성을 불러일으켰음을 뚜렷이 보여주었다.

제4장

교육·문화 내용의 재편
– 대만성편역관

1. 쉬셔우창의 타이완 부임

1장에서 이미 언급했듯이 행정장관공서의 전후 타이완 문화재건 정책을 집행한 전문기관은 세 곳이 있었다. 첫째는 국어를 보급하는 대만성국어추행위원회이고, 둘째는 중국 국내 정치제도와 법령의 선전·지도, 중국 문화의 선전과 도서 출판 및 매체 검열을 책임진 선전위원회이다. 셋째는 학교 교육과 사회 교육의 내용을 재편하는 책임을 맡은 대만성편역관인데, 당시 행정장관공서 장관이던 천이가 가장 중시한 곳이었다. 제1장에서 서술한 1946년 「대만성행정장관공서 시정방침」 보고에서 천이는 이미 대만성편역관(이하 편역관으로 줄임) 설립안을 정식으로 상정함으로써 전후 타이완 문화재건 사업의 일환으로 삼았다. 그렇지만 이 제안은 일찍이 1945년 3월 공포된 「대만 접관 계획 강요」 제8항 교육 문화의 (51)에 "편역 기관을 따로 설치하여 교과 참고용 및 필요한 서적과 도표를 편집하도록 한다."라고 명확히 적혀있던 것이었다. 편역관 설립을 준비하기 위해 천이는 직접 자신과 같은 일본 유학 배경을 가진 동향의 절친이자 1902년 일본 유학 이래 줄곧 긴밀히 왕래하였던 쉬셔우창에게 타이완에 와서 그 일을 맡아줄 것을 직접 요청하였다.

쉬셔우창(1883~1948)은 자가 계불季黻(혹은 季茀)인데, 저장성 샤오싱 사람으로, 일찍이 항저우[杭州] 구시서원求是書院을 졸업하였다. 1902년 9월 저장성에서 파견하는 공비公費 유학생 신분으로 일본에 유학하여 먼저 홍문학원弘文學院 속성보통과速成普通科에 입학하였다. 그곳에서 천이와 저우수런[周樹人](나중의 루쉰 - 저자)을 알게 되었다. 이후 세 사람의 깊은 우정은 죽을 때까지 변하지 않았다.[100] 1904년 3월, 홍문학원을 졸업한 쉬셔우창은 동경고등사범학교에 입학하여 '교육·지리·서양사'를 공부한 뒤 1908년 3월 졸업하였다. 이 기간 그는 직접 행동으로써 만주족 통치에 반대하였으니, 동향회 잡지인『절강보浙江報』(1903년 창간)의 편집 업무를 맡아 혁명사상을 고취할 것을 자임하고, 동시에 광복회光復會[101]와 그 후 성립된 중국동맹회中國同盟會(1905년)에 가입하였다. 쉬셔우창과 루쉰은 홍문학원에서 공부할 때 혁명을 통해서만 중국의 국민성을 개조할 수 있다고 생각하고, 유학 시절 후반기 루쉰과 함께 생활하며 문예 운동 준비에 착수하였지만, 성공하지 못했다. 같은 시기 루쉰 등 몇 사람과 함께 장타이옌[章太炎]의『설문해자주說文解字注』강의를 청강하

---

100 鈴木正夫,「陳儀についての覺え書 - 魯迅·許壽裳·郁達夫との關わりにおいて」,『橫濱市立大學論叢』40卷 2號(1989年 3月), 119~122쪽.

101 역자 주 : 청말 저장성 출신 차이위안페이, 타오청장 [陶成章], 장타이옌 등이 조직한 반청 反淸 혁명단체로 1904년 상하이에서 성립되었다. 중국동맹회에 편입되었다가 1910년 2월 결별하고 도쿄 [東京]에 광복회 총부 總部를 설립하여 독자 활동을 하였다.

였다.[102] 장타이옌과 구시서원에서 우연히 만난 차이위안페이[蔡元培][103]는 모두 쉬셔우창이 평생 가장 존경하던 스승이었다. 쉬셔우창은 원래 독일 유학의 뜻을 품고, 루쉰과 함께 독일학협회학교獨逸學協會學校[104]에서 운영하던 독일어전수학교獨逸語專修學校에서 잠깐 수업을 듣기도 했으나 그 바람을 실현할 수 없었다. 1909년 귀국하여 절강양급사범학교浙江兩級師範學校 교무주임[敎務長]으로 부임하였다. 그 후 귀국한 루쉰이 같은 학교에서 생리학과 화학 교사로 부임하면서 한동안 두 사람은 함께 근무하기도 하였다.

신해혁명 후 교육부 장관[敎育總長]에 취임한 차이위안페이는 즉시 쉬셔우창을 난징[南京][105] 교육부에 초빙하였고, 그곳에서 다시 루쉰과 함께 일하게 되었다. 수도 이전에 따라 쉬셔우창도 교육부와 함께 베이징으로 이주하여 교육부 보통교육사普通敎育司 제1과 과장科長을 맡았다. 그 이후로 항일전쟁 발발 때까지 장시성[江西省] 교육청장, 북경여자고등사범학교 北京女子高等師範學校[106] 교장, 중산대학 中山大學 교수, 중앙연구원 中

---

102 역자 주 : 장타이옌(1869~1936)은 1906년 출옥 후 도쿄에 가서 중국동맹회 기관지 『민보 民報』의 주필을 맡으면서 국학강습반 國學講習班을 열어 중국 유학생들을 대상으로 강의하였는데, 쉬셔우창이 그중 한 강좌를 수강했던 것 같다.

103 역자 주 : 차이위안페이(1868~1940)는 1901년 구시서원 등 저장성의 교육제도 현대화를 위해 항저우를 방문한 적이 있는데, 당시 개혁을 지지하는 학생이었던 쉬셔우창이 그와 마주친 것으로 보인다.

104 역자 주 : 독일의 문화와 학문을 가르칠 목적으로 독일학협회가 1883년 도쿄에 설립한 사립학교이다. 중등교육 과정의 '보통과'와 고등교육 과정인 '전수과 專修科'가 한 때 병설되기도 했다.

105 역자 주 : 1912년 1월 1일 성립된 중화민국 임시정부가 난징을 수도로 삼음에 따라 교육부를 포함한 정부 기관이 모두 난징에 자리 잡게 되었다.

106 역자 주 : 1908년 설립된 경사 京師여자사범학당이 1912년 북경여자사범학교로 개칭되었다. 1919년 북경여자고등사범학교로 개명되고 1924년 국립북경여자사범대학으로 승격하였다.

央研究院) 간사 겸 문서처 文書處 주임, 북평대학 北平大學[107] 여자문리학원 女子文理學院 원장 등의 요직을 두루 역임하였다. 그는 교육부와 북경여자사범대학[108] 및 광저우[廣州] 중산대학에 근무할 당시 교육 또는 정치 관련 중대 사건을 겪을 때마다 루쉰과 서로 손을 맞잡고 어려움을 피하지 않고, 맞서면서 고락을 함께 하였다. 1925년 북경여자사범대학의 교장 배척 운동으로 교육계의 신구 양파가 대립하던 이른바 여사대 女師大 사건 때, 쉬셔우창은 학생을 후원하여 면직된 루쉰을 지지하고 당시 교육부 장관인 장스자오[章士釗]에 반대함으로써 해고되기도 하였다. 1926년 3월 18일 북양정부 北洋政府 군대가 열강의 무력간섭과 정부의 외교 태도에 반대하여, 항위시위를 거행하는 군중에게 발포하여 다수의 사상자가 발생하는 사건이 있었다. 이 3·18 사건으로 인해 발부된 체포 영장 명단에는 쉬셔우창과 루쉰을 포함한 50명의 대학 교수가 있었는데, 두 사람은 힘든 도피 생활 끝에 각자 베이징에서 탈출하였다. 그밖에 1927년 4월 12일 장제스의 쿠데타[淸黨][109]로 말미암아 중산대학에서도 수십 명의 학생이 체포되었는데, 쉬셔우창과 루쉰은 학교 측이 나서서 이들의 체포를 막지 않은 것에 항의하여 사직하였다.

1937년 항일전쟁 발발 후인 10월 국민정부 교육부는 북평대학·북평

---

107 역자 주 : 1927년 북양정부가 베이징에 있는 9개 국립대학을 합병하여 만든 경사대학교를 1928년 8월 국민정부가 개명한 것인데, 북경대학 등의 반대로 인해 결국 의 醫·농 農·공 工·법상 法商·여자문리 5개 학원(단과대학)만 남게 된다.

108 역자 주 : 원서에는 북경여자고등사범학교로 되어있으나, 역사적 사실과 문맥으로 보아 오기가 분명해 바로잡았다.

109 역자 주 : 보통 '4·12 사건' 또는 '4·12 정변'이라고 하는데, 국민정부에서는 '동남청당 東南淸黨'이라고 일컫는다. 제1차 국공합작 하에 진행된 북벌 北伐 과정에서 장제스가 영도하는 중국국민당 우파 당원이 상하이 청방 靑幇의 도움을 받아 공인규찰대 工人糾察隊의 무장을 해제하고 중국공산당 당원과 일부 국민당 좌파들을 대거 체포 처형한 사건을 말한다.

사범대학·천진북양공학원天津北洋工學院을 합병하여 시안[西安]에 서안임시대학西安臨時大學을 세웠는데, 쉬서우창은 역사학과 학과장[主任] 겸 교무위원으로 초빙되었다. 1938년 전란戰亂이 한중漢中[110] 지역으로 확대되자 서안임시대학은 서북연합대학西北聯合大學으로 개명하였다. 쉬서우창은 이 대학 법상학원法商學院 원장도 겸임하였으나, 얼마 지나지 않아 교육부 장관 천리푸[陳立夫]의 간섭에 분노하여 원장직을 사퇴하고 역사학과 교수직만 맡았다. 1939년 서북연합대학이 서북대학으로 개편될 때, 쉬서우창은 사직하고 같은 해 겨울 윈난으로 가서 재차 중산대학 (전쟁의 피해로 중산대학은 광저우에서 윈난성 청장[澂江]으로 옮김 - 저자) 사범학원 교수가 되었다. 1940년 봄, 그는 청두[成都] 사립화서협화대학私立華西協和大學[111]의 초청에 응해(영국의 의화단 배상금으로 설치된 - 저자) 경자배관[庚款][112] 강좌 교수 신분으로 부임하였다. 하지만 1941년 여름 화서협화대학을 사직하고 충칭으로 가서 국민정부 고시원考試院 고선위원회考選委員會 간임簡任 비서를 맡았다가 곧이어 전문 위원이 됨으로써 다시금 공무원 생활을 시작하였다. 그리고 1945년 항일전쟁 승리 후 국민정부를 따라 난징으로 옮겨왔다.[113]

---

110 역자 주 : 산시성 [陝西省]의 남서쪽 한장 [漢江] 북안의 땅으로 쓰촨성과 후베이성에 이르는 요충지이다.

111 역자 주 : 1910년 미국·영국·캐나다의 교회조직에서 세운 화서협화대학이 1933년 중국 교육부의 등록 허가를 받은 이후의 명칭이다. 원서에는 사립화서대학으로 나오나 오기가 분명해 바로잡았다.

112 역자 주 : 1900년(庚子年) 의화단 세력이 베이징의 외국공사관 지역을 포위하자 8개국 연합군이 이를 진압하고 다음 해 청나라과 신축조약 辛丑條約을 체결하여 4억 5천만 냥의 배상금을 받기로 하였는데, 경자년에 일어난 일로 생긴 배상금이란 뜻에서 경자배관 庚子賠款(줄여서 庚款)이라고 부른다. 이후 미국을 시작으로 배상금 일부를 중국의 교육비(유학생 지원 등)로 기증하게 되니, 영국은 1926년 배상금 반환 결정을 하였다.

113 쉬서우창의 약력은 北岡正子·黃英哲, 「『許壽裳日記』解說」, 北岡正子·黃英哲·秦賢次

앞에서 지적했듯이 전후 초기 타이완은 일본어 문화권, 심지어 일본 문화권 상태에 처해있었다고 할 수 있다. 이런 상황에서 전후 초기 문화교육 사업을 추진하기 위해서는 타이완에 파견할 사람들의 교육 배경을 고려하지 않을 수 없었으니, 이를테면 일본에 유학하여 일본어에 능통하고 일본 문화에 대한 상당한 정도의 이해가 있어야 사업을 추진할 수 있기 때문이었다. 쉬셔우창이 천이의 초빙을 받아 타이완에서 문화교육 사업에 종사하게 된 까닭도 바로 위의 조건을 갖추었기 때문이었다. 사실 쉬셔우창 뿐 아니라 당시 타이완에서 교육과 문화사업을 주관했던 사람들도 모두 같은 배경을 갖고 있었으니, 그 명단은 아래 표와 같다.

직책	성명	출신 학교	출신지
행정장관공서 교육처장	판셔우캉 [范壽康]	도쿄제국대학	저장성 상위 [上虞]
대만대학 총장 [校長]	루즈훙 [陸志鴻]	도쿄제국대학	저장성
대만대학 교무처장 [教務長]	다이윈구이 [戴運軌]	교토제국대학	저장성
(대만)성립 省立사범학원 원장	리지구 [李季谷]	도쿄고등사범학교	저장성 사오싱 [紹興]
성립법상학원 원장	저우셴원 [周憲文]	교토제국대학	저장성 황엔 [黃岩]
성립대남 台南공업전문 [專科] 학교 총장	왕스안 [王石安]	교토제국대학	안후이성 퉁청 [桐城]
성립대중 台中농업전문학교 총장	저우진산 [周進三]	도쿄제국대학	저장성 성셴 [嵊縣]

자료 출처 : 章子惠, 『台灣時人誌』(台北 : 國光, 1947) ; 長官公署人事室編, 『台灣省各機關職員錄』 (台北 : 長官公署, 1946).

1946년 5월 1일 천이는 타이완에서 당시 난징의 국민정부 고시원 고

編, 『許壽裳日記 : 自1940年8月1日至1948年2月18日』(東京 : 東京大學東洋文化研究所 附屬東洋學文獻中心, 1993)의 내용을 그대로 따랐다. 「『許壽裳日記』解說」은 기본적으로 北京魯迅博物館魯迅研究室編, 『魯迅研究資料』卷22(北京 : 中國文聯, 1989)에 수록된 許世瑛의 「先君許壽裳年譜」에 근거하여 작성한 것으로 이후 다시 증보되었다.

선위원회 전문 위원을 맡고 있던 쉬셔우창에게 다음과 같은 전보를 보냈다.

대만 동포의 심리 건설을 촉진하기 위해 별도의 편역 기구를 설치하여 서적과 잡지를 대량으로 편찬 인쇄하고자 하니, 당신 [兄]이 이곳에 와서 주관해 주길 희망합니다. 전보로 회답 바랍니다.[114]

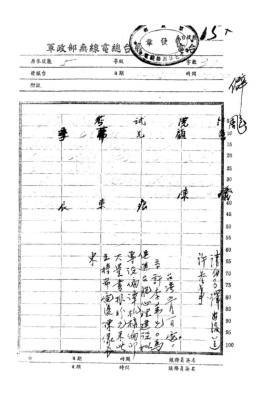

1946년 4월 1일 천이가 쉬셔우창에게 보낸 밀전 密電(출처 : 쉬셔우창 가족 제공).

---

114 쉬셔우창 가족 제공, 「천이가 쉬셔우창에게 보낸 전보」(1946년 5월 1일).

천이의 전보를 받은 쉬셔우창은 상당히 망설이다가 5월 4일 친구인 셰스엔[謝似顔]에게 다음과 같은 편지를 보냈다.

> 공흡 公洽(천이의 字 - 역자) 형의 밀전을 받았는데, 대략 "대만 동포의 심리 건설을 촉진하기 위해 별도의 편역 기구를 설치하여 서적과 잡지를 대량으로 편찬 인쇄하고자 하니 당신이 이곳에 와서 주관해 주길 바란다."라는 내용입니다. 나 [弟]로서는 광복된 대만을 살펴볼 수 있는 계기이기에 심히 원치 않는 바 아니지만, 기구를 설치한다고 하지만, 그 구체적인 사정을 알지 못하는 데다 개인적으로 여러 가지 걸림돌이 있고, 특히 경제적 어려움이 커서 망설이며 결정하지 못하고 있습니다.[115]

5월 13일 천이는 재차 타이완에서 쉬셔우창에게 다음과 같은 친필 편지[私函]를 보냈다.

> 전보와 편지 모두 잘 받았습니다.
>
> 당신이 대만에 와서 일하길 원한다니 매우 기쁩니다. 대만은 일본의 51년 통치를 받아서 문화적 상황이 다른 성 省과 차이가 있습니다. 다수의 인민이 일본어로 말하고 일본 글을 읽지만, 국어를 알아듣지 못하고, 국문도 읽지 못해서, 세계와 중국의 사정에 대해 매우 무지한 실정입니다. 그래서 대만 통치를 위해서는 심리 개조가 중요한 사업이나, 현재 가장 어려운 점은 먼저 심리 개조의 도구인 언어와 문자를 개조해야 하는 일입니다. 각 성에서 출판한 서적과 신문은 (대만인의·역자) 국문 수준 때문에 대부분 사용할 수가 없습니다. (따라서) 대만의 서적과 잡지는 2~3년 내 별도로 편찬 인쇄하여 대만인들에게 보급해야 합니다. 첫 번째로 편찬할 것은 중등학교와 초등학교의 국문과 역사

---

115 『許壽裳書信集』(杭州 : 浙江文藝出版社, 1999), 214~215쪽.

교과서(국정본과 검정본 모두 사용할 수 없음)이고, 두 번째 편찬할 것은 중등학교와 초등학교 교사들의 참고 도서, 예를 들면 중등 교사·초등 교사 등이 볼 수 있는 월간 月刊 같은 것입니다. 세 번째는 삼민주의와 정령 政令을 선전하기 위해 공무원과 민중들이 읽기에 적합한 소책자를 편찬해야 하고, 네 번째는 사전 등과 같은 일반 참고서입니다. 이상은 대만의 절박한 필요에 대응하기 위한 업무만 말한 것입니다. 한편 나는 [弟] 줄곧 현재 중국에 좋은 책이 너무 적다고 생각합니다. 대학생이나 중등 교사가 지식을 구하기 위해서는 외국 도서를 읽지 않으면 안 되는 것이 현실이니, 비용이 들 뿐 아니라 불편합니다. 나는 평소 '명저 500부 번역'의 뜻을 갖고 있었으니, 중국이 예전에 불경을 번역했던 것처럼 서양의 명저를 500~600부 번역함으로써 어떤 학문을 연구하는 학생이더라도, 각 학문마다 읽을 만한 1~20권의 명저가 있어야 한다고 생각합니다. ……

위에 열거한 다섯 가지 사업을 위해 나는 편역관을 설립하고자 합니다. 대만총독부는 규모가 크지만, 애석하게도 태반이 공습을 받아 파괴되어 버렸습니다. 기념으로 남겨놓기 위해 3년 계획으로 복구하여 대만성 문화관으로 만들려고 합니다. 그곳에 도서관·박물관·예술관·체육관 그리고 편역관도 포함하여 모두 5개 기관이 들어가게 될 것입니다. 편역관은 행정장관에 직속시키고 교육처 산하의 교재 敎材편집위원회를 편역관에 합병할 생각입니다. 그 편제와 예산은 당신이 도착한 후에 정하면 됩니다.

이 사업은 대만을 위해서나 국가 전체를 위해서나 모두 의의가 있으니, 당신이 5년계획으로 그것을 완성해 주길 바랍니다.[116]

이러한 편지 내용을 통해 쉬셔우창이 잠깐 고민한 끝에 결국 천이의 초빙을 받아들였음을 알 수 있다. 동시에 천이는 '심리 개조' 사업 즉 '탈일본화'와 '재중국화'의 문화재건 사업을 '타이완 통치'의 최우선 사업으

---

116 쉬셔우창 가족 제공, 「천이가 쉬셔우창에게 보낸 편지」(1946년 5월 13일).

로 설정하였으며, 열정과 이상을 품고, 편역관 업무에 대해서도 크게 기대하고 있었다는 점, 편역관의 조직과 사업 내용에 대해서도 나름의 청사진을 그리고 있었음을 이해할 수 있다.

쉬셔우창이 타이완에 간 것은 절친 천이의 강력한 요청 외에 또 다른 동기도 있었으니, 그의 딸 쉬스웨이[許世瑋]는 다음과 같이 증언하고 있다.

> 1946년 초여름 아버지께서 중경에서 상해로 돌아오셔서 가족들과 한자리에 모였다. …… 아버지께서는 우리에게 남경의 정치 분위기가 그에게 맞지 않아서 대만성 행정 장관 진의의 요청을 받아들여, 대만에 가서 편역관 관장을 맡기로 했다고 말씀하셨다. ……
>
> 아버지께서 대만에 가게되신 하나의 중요한 원인은 당시 대만을 비교적 안정된 지방으로 생각하고, (그곳에서-역자)『노신전 魯迅傳』과 『채원배전 蔡元培傳』의 집필이라는 그의 오랜 소원을 실현할 수 있기를 희망했기 때문이었다.[117]

이상의 설명으로부터 쉬셔우창이 타이완에 간 원인을 이해할 수 있다. 먼저 전후 국민정부의 타이완 문화재건 사업의 측면에서, 일본 유학 배경을 가진, 일본 문화와 일본어에 대한 어느 정도 이해와 조예가 있는 인재로서 타이완에서 문화사업에 종사해야 할 필요가 있었기 때문이었다. 다른 이유는 그와 천이 사이의 깊은 관계 때문이었다. 전통 시대 중국 사회에서는 동향과 동창 관계를 아주 중시하였다. 그랬기에 천이가 그에게 타이완에 와서 대만성편역관 관장을 맡아달라고 강력히 요청한 것이었다. 게다가 쉬스웨이의 말에 따르면, 쉬셔우창이 타이완의 안정

---

117 許世瑋, 「憶先父許壽裳」, 北京魯迅博物館魯迅研究室編, 『魯迅研究資料』 卷14(天津 : 天津人民出版社, 1984), 305~307쪽.

된 환경을 이용해 『노신전魯迅傳』과 『채원배전蔡元培傳』의 집필 계획을
실현하길 희망했다고 한다. 특히 『노신전』의 집필은 루쉰 사후에 쉬셔우
창이 오랫동안 염원했던 일이었다. 이는 그의 1940년 10월 19일 일기를
보면 알 수가 있다.

> 노신이 서거한 지 벌써 4주년이 되었구나. 고인을 회상하니 몹시 애통하도다. 그의 학
> 문과 문장, 기개와 덕행은 흠잡을 데 없고, 나를 깊이 알아주고 진실로 아껴준 세상에
> 둘도 없는 친구였지. 지난해 촉박하게 그의 연보 年譜를 완성했지만, 너무 간략해서 만
> 족스럽지 못하구나. 전기 傳記를 쓰고 싶으나, 겨를이 없어 허덕이는 데다 수중 [行篋]
> 에 그의 전집 全集도 없어서 착수할 수가 없으니, 훗날을 기약하는 수밖에.[118]

이 밖에 쉬셔우창은 1943년 야오펑즈[姚蓬子][119]로부터 『노신전』을 쓰
라는 재촉을 받기도 했다.[120]

타이완에 도착한 쉬셔우창은 전심전력을 다해 루쉰 관련 저술 활동을
진행함으로써 루쉰 사상을 타이완에 전파하는 데 막대한 공헌을 하였
다. 아울러 이를 편역관의 중요 업무인 타이완의 문화재건과 유기적으
로 결합하였다.

---

118 北岡正子·黃英哲·秦賢次編, 『許壽裳日記』, 38쪽.

119 역자 주 : 야오펑즈(1905~1969)는 저장성 주지 [諸暨] 출신의 중국문학가 겸 번역가이다. 중
국공산당에 가입했다 탈퇴한 후 국민정부에서 각종 위원을 맡았으며 중화인민공화국에서
는 번역과 창작, 교수로 일했다. 그의 아들 야오원위안 [姚文元]은 문화대혁명 시기에 활약
한 사인방 四人幇 중 한 명이다.

120 1943년 2월 23일 일기에 "얼마 전 왕야치우 [王冶秋]의 편지를 받았는데, 『노신전』을 빨리
집필하라는 야오펑즈의 부탁이 있었다고 하였다."라고 적혀있다. 北岡正子·黃英哲·秦賢
次編, 『許壽裳日記』, 120쪽.

2. 대만성편역관의 설립과 업무 내용

(1) 대만성편역관의 조직

　1946년 6월 25일 타이베이에 도착한 쉬셔우창은 27일 곧바로 「국립 편역관 조직조례國立編譯館組織條例」를 바탕으로 「대만성편역관 조직대 강 초안組織大綱草案」을 기초하고, 행정장 관공서에 심의를 요청하는 한편, 준비 기 구[籌備處]를 설치하여 설립준비를 시작했 다. 7월 8일 행정장관공서는 쉬셔우창을 정식으로 편역관 관장으로 임명함과 동시 에 행정장관공서 교육처의 교재편집위원 회[121]와 편집심사실[編審室]을 편역관에 합병시켰다. 8월 2일 「대만성편역관 조직 규정組織規程」을 공포하고, 8월 7일 편역 관 관방關防[122]을 확정하여 즉시 정식으로 사용하도록 하였다. 따라서 편역관은 엄

1946년 쉬셔우창이 대만성편역관 관장 에 부임했을 당시 사진(출처 : 許壽裳 著, 倪墨炎·陳九英編, 『許壽裳文集』 上, 上海 : 百家出版社, 2003, 2쪽).

121　교육처 교재편집위원회가 편역관에 합병될 때 직원 명단은 다음과 같다.
　　주임 위원 : 왕허칭 [王鶴清] ; 전임 위원: 주원수 [朱文叔]·정환 [鄭桓]·훙원 [洪塱]·장창 싱 [張常惺]·장차오룽 [蔣超龍] ; 전임 편집 : 먀오톈화 [繆天華]·양쑤 [楊肅]·린완엔 [林 萬燕]·린즈칭 [林子青]·사오위안자오 [邵元照]·장순즈 [張遜之]·리환빈 [李煥彬]·허추이 창 [何翠嬸]·황청선 [黃承燊] ; 일본 국적의 보조원 [助理員] : 가타세 히로시 [片瀨弘]·미 야타 야타로 [宮田彌太郎]·도미타 긴야 [富田金彌] ; 간사 幹事 : 쳰원자오 [錢文照] ; 서 기 書記 : 천쮜화 [陳佐華]·우민 [吳敏]·우쟈자오 [吳家照]·쉬스런 [徐世仁]·저우지원 [周 基文]·저우친이 [周勤宜](쉬셔우창 가족이 제공한 「敎育處敎材編輯委員會職員名冊」).
122　역자 주 : 공문서 등의 위조를 방지하기 위하여 두 종이에 걸쳐서 찍는 계인 契印 또는 할 인 割印.

밀히 말해 1946년 8월 7일에 정식 성립되었다고 할 수 있다.[123]

편역관의 설립은 천이가 「대만성행정장관공서 명령[슈]」을 반포하여 대만성 단행 법규인 「대만성편역관 조직규정」을 제정함으로써 법적 근거를 갖게 되었다.

1946년 8월 2일 공포된 「대만성편역관 조직규정」은 총 15조로 구성되었는데, 그 내용은 다음과 같다.

대만성행정장관공서령

지금 대만성편역관 조직규정을 제정하여 공포한다. 이에 명령한다.

대만성편역관 조직규정

제1조   대만성행정장관공서는 본성의 교육 도서 및 학술문화 서적을 편역하기 위해 특별히 대만성편역관(이하 본관으로 약칭함)을 설립한다.

제2조   본관은 아래의 각종 도서를 편역한다.

　　　1. 본성 각급 학교의 교과서 및 참고에 필요한 도서

　　　2. 본성 일반 민중에게 필요한 도서

　　　3. 사전류의 서적

　　　4. 세계 학술 명저

---

123 편역관 성립 초 직원 명단은 다음과 같다.
　　관장 쉬서우창 ; 편찬 겸 주임 비서 왕허칭 ; 편찬 겸 학교 교재조 敎材組 주임 주원수 ; 행정장관공서 참의 參議 겸 편찬 양윈핑 [楊雲萍] ; 행정장관공서 참의 겸 편찬 쟝치 [姜琦] ; 행정장관공서 참의 겸 편찬 선치다 [沈其達] ; 편찬 : 정환·셰스옌 ; 편심 編審 : 훙원·먀오톈화·린완옌·린즈칭·장순즈·사오위안자오·양쑤·차이전 [蔡鎭]·량쟈빈 [梁家彬] ; 간사 : 우쭈싱 [吳祖型]·딩스융 [丁士鏞]·첸원자오·랑어우니 [梁甌倪] ; 보조 간사 : 천광 [陳光]·판푸윈 [范福雲] ; 보조원 : 가타세 히로시·미야타 야타로·도미타 긴야 ; 회계원 : 저우정중 [周正中] ; 계원 [股員] : 첸사오황 [錢紹璜] ; 서기 : 후쉐옌 [胡學彦]·주구룽 [朱谷鎔]·우쟈시 [吳家熙]·천쥐화·저우친이·저우지위안·쉬스런·핑순린 [平訓麟](쉬서우창 가족이 제공한 35년 [1946] 8월 작성된「臺灣省編譯館職員一覽」).

5. 본성의 역사, 지리, 물산, 풍속 및 기타 각종 문헌 관련 도서

6. 기타 문명과 문화 및 수준 높은 학술 관련 도서

제3조　본관은 행정장관공서의 명령을 받들어 아래 각종 도서 및 기타 교육 용품을 심사할 수 있다.

1. 본성 각급 학교의 교과서 및 참고에 사용되는 도서

2. 본성의 사회 교육 및 일반 민중이 사용하는 도서

3. 본성 각급 학교에서 사용하는 기기 [儀器] 표본 및 기타 교육 용품

제4조　본관은 관장 1인을 두어 업무를 통합 관리하고 소속 직원을 지휘 감독하게 한다.

제5조　본관은 아래 각 조 組와 실 室을 두며 그 직무는 본관 사무처리 [辦事] 세칙에서 규정한다.

1. 학교교재조 學校敎材組

2. 사회도서조 社會圖書組

3. 명저편역조 名著編譯組

4. 대만연구조 台灣硏究組

5. 자료실

6. 비서실은 문서·출판·서무 庶務 3계 [股]로 나눈다.

제6조　본관은 편찬 10~15인, 편심 編審 25~30인, 비서 1인, 간사 10~15인, 보조 간사 10인을 두고, 특약 特約 편심 3~5인도 초빙할 수 있다.

제7조　본관의 각 조와 실에는 주임 1인을 둔다. 비서가 주임을 겸하는 비서실을 제외하고 나머지는 편찬이 겸임하여 해당 각 조와 실의 사무를 나누어 관리 [分掌]한다. 계장 3인, 계원 6인, 서기 8인이 문서·출판·서무 및 필사 대조 [繕校] 사무를 나누어 처리한다.

제8조　본관은 회계원 1인과 보조 회계 2인을 두어 본관의 세계 歲計 회계 및 통계 사

항을 관리토록 한다.

제9조   본관은 관장·편찬·편심 몇 명으로 구성된 도서 심사위원회를 설치하여 본관이
출판하려는 저작 원고 및 심사 명령을 받은 각종 도서나 기기 표본 및 기타 교
육 용품을 심사한다.

제10조   본관은 편찬위원회를 설치하여 본관의 편찬·편심·특약 편심 중 몇 명을 초빙
하여 구성한다.

제11조   본관은 필요할 경우 행정장관공서의 비준을 받아 각종 전문위원회를 설치하여
학술 전문가를 초빙, 위원직을 맡길 수 있다. 그 구성은 별도로 정한다.

제12조   본관은 자체 업무의 개발을 도모하고 내지 內地(중국 대륙을 말함 – 역자) 문화기관
과의 연락을 위하여 연락원 몇 명을 두어 본관의 대외 연락 사무를 처리할 수
있다. 그 방법은 별도로 정한다.

제13조   본국(즉 중국 – 역자) 학자가 자체 편역한 전문 서적 중 본 규정 제2조 각 항목의 규
정에 부합하고 본관의 심사를 거쳐 합격한 책은 본관에서 사례금을 적절히 책
정하여 전달한다. 그중 공헌도가 큰 책은 본인의 동의를 얻어 본관에서 출판하
고 인세와 장려금을 지급한다.

제14조   본관의 사무처리 세칙은 별도로 정한다.

제15조   본 규정은 공포일로부터 시행한다.[124]

그 후 이 조직규정은 다시 개정되어 1947년 2월 8일 공포되었다. 개
정된 조직규정 중에 처음 공포된 내용과 달라진 곳은 다음 몇 가지 밑줄
친 부분이다.

---

124 「台灣省編譯館組織規程」, 『台灣省行政長官公署公報』 秋字頁499~564(1946年 8月 2
日), 450~451쪽.

제 3조 본관은 행정장관공서의 명령, 또는 교육처의 위탁 및 인민의 신청을 받아 아래 각종 도서 및 기타 교육 용품을 심사할 수 있다.

제 5조 5. 자료실은 도서와 신문 두 과 課로 나눈다.

6. 비서실은 문서·출판·서무·인사 네 과로 나눈다.

제 6조 본관은 편찬 10~15인, 편심 25인, 비서 1인, 편집 10~15인, 보조 편집 10인을 두고 특약 편심 16~24인도 초빙할 수 있다.

제 7조 본관의 각 조와 실에는 주임 1인을 둔다. 비서가 주임을 겸하는 비서실을 제외하고 나머지는 편찬이 겸임하여 해당 각 조와 실의 사무를 나누어 관리한다. 과장 課長 6인과 과원 課員 8인이 문서·출판·서무·인사 및 도서·뉴스 사무를 나누어 처리하고, 서기 8인은 필사 대조의 사무를 맡는다.

제 8조 본관은 회계원 1인과 회계 보좌원 [佐理員] 2인을 두어 본관의 세계 회계 및 통계 사항을 관리토록 한다.

제 9조 본관은 관장·편찬·편심 몇 명으로 구성된 도서 심사위원회를 설치하여 본관이 편역하려는 도서 기획 및 편역이 완료되어 인쇄에 들어갈 저작 원고, 그리고 관외 館外의 각종 도서와 기기 표본 및 교육 용품을 심사한다. 그 구성 및 심사 규칙은 별도로 정한다.

제13조 아래 각 항목의 사실에 부합되는 경우 저작자가 인세를 적절히 떼거나 본관이 그 판권을 구입할 수 있다. 그 방법은 별도로 정한다.

(갑) 본관의 편역 인원이 만든 저작이 특수한 가치가 있다면 발행 때 저작자가 인세를 적절히 뗄 수 있다.

(을) 본국 학자가 자체 편역한 전문 서적 중 본 규정 제2조 각 항목의 규정에 부합하고 본관의 심사를 거쳐 합격한 책은 본관이 그 판권을 구입하거나 본관에서 (그 책을) 발행할 때 저작자가 인세를 적절히 뗄 수 있다.

(병) 본관의 특약 편심이 편역한 저작은 앞 항목의 규정에 근거하여 그 판권을

구입하거나 저작자가 인세를 적절히 뗄 뿐 아니라 별도로 장려금을 한차
례 지급할 수 있다.[125]

위의 예를 통해서 개정 후의 조직규정은 크게 변경된 것이 없고, 단지
제3조와 제9조에 열거된 편역관 업무를 확대하였고, 제5조에 열거된 행
정사무를 세분화하였으며, 제6조와 제7조, 제8조에 열거된 직원 호칭과
인원 편제를 약간 변경하였고 제13조에 열거된 업무를 구체화 했을 뿐
임을 알 수 있다. 개정 후 편역관 조직도는 다음과 같다(저자가 작성함).

대만성편역관 조직도

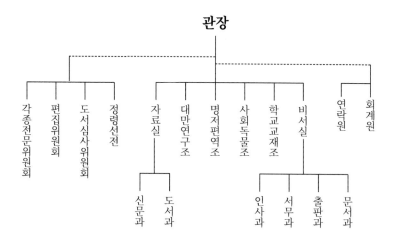

(2) 대만성편역관의 업무 내용

편역관의 업무 내용은 위에서 소개한 「대만성편역관 조직규정」에 명
확하게 규정規定되어 있다. 대체로 천이가 쉬셔우창에게 보낸 편지에서

125 「台灣省編譯館組織規程」, 『台灣省行政長官公署公報』春字頁511~526(1947年 2月 10
日), 516~517쪽.

말한 편역관 설립 구상을 좀 더 구체화한 것이라 할 수 있다. 그 업무는 학교교재·사회도서·명저편역·대만연구 4개 조로 나누어 추진되었다.

편역관 설립 3일째 되던 날인 8월 10일 관장 쉬서우창은 기자회견에서 편역관의 업무에 관해 다음과 같이 설명하였다.

본관 설립의 요지를 설명하자면 두 가지 점으로 귀결됩니다. 첫째, 대만 동포의 심리 건설을 촉진하는 것입니다. 대만은 교육이 잘 보급되어 일반 동포들이 대부분 최소 6년에서 8년간의 교육을 받았다고 알려져 있는데, 이 같은 상황은 다른 성에서는 보기 힘듭니다. 그러나 대만 동포가 과거 받았던 교육은 일본 중심의 교육이어서 (조국의 - 역자) 국어·국문·역사·지리에 대해 배울 기회가 특히 적었습니다. 그래서 우리는 대만 동포에게 보충 교육을 해야 할 의무와 책임이 있습니다. 본관의 사명은 바로 이러한 수요에 필요한 도서를 제공하는 데 있습니다.

둘째, 국가 전체 [全國]에 대해 문화를 함께 발전시키고 시범 연구를 진행할 책임이 있습니다. 대만의 학술문화는 이미 아주 탄탄한 기초를 가지고 있어서 각성의 모범이 될 자격이 있습니다. 게다가 본성은 정치적 환경이 뛰어나고, 농공업이 비교적 발달하여 민생 또한 비교적 안정되었으니, 국부의 삼민주의를 실행하기에 실로 가장 적합할 뿐 아니라 가장 쉽게 효과를 거둘 수가 있습니다. 과거 본성에서 자행되었던 일본 통치하의 군벌 침략주의는 당연히 근절해야 하지만, 순수한 학술적 연구는 도리어 그 가치를 말살할 수가 없으므로 마땅히 이를 받아들여 더욱 빛나고 성대하게 해야 합니다. 만약 과거 수십 년간 일본인 전문 학자가 이룬 대만 연구의 성과를 번역하고 정리하여 대만 연구총서로 편성한다면 적어도 큰 책으로 100권은 되리라 믿습니다.

위에서 말한 두 가지 취지에 맞추어 본관은 학교교재·사회도서·명저편역·대만연구 4개 조로 업무를 나누고자 합니다. 앞의 2개 조는 첫 번째 취지를 실현하고 뒤의 2개 조

는 두 번째 취지를 실현할 것입니다.[126]

쉬셔우창의 편역관 사업의 중점도 거의 천이의 구상에 따라, 그가 그린 청사진대로 집행하는 것이었다. 다만 주의할 것은 쉬셔우창 본인이 일본 식민지 시기 구축된 학술문화 자본을 전혀 부정하지 않았다는 점이다. 같은 해 9월 5일 그는 대만성 지방행정간부훈련단 강습생을 대상으로 한 강연 「대만 문화의 과거와 미래 전망」에서 다음과 같이 더욱 공개적으로 그런 생각을 밝히고 있다.

> 대만은 문화적으로 최소 두 가지 특징을 갖고 있는데, 이는 다른 성에서 볼 수 없거니와 다른 성의 모범이 될 수도 있는 것들입니다.
>
> ⑴ 삼민주의를 참되고 바르게 실행할 수 있는 기초입니다. …… 대만은 농업이 발달하고 교육이 보급되어 있으며 공업도 기초가 튼튼해서 민생주의를 쉽게 실현할 수 있습니다. 참으로 삼민주의를 실행할 수 있는 양호한 기초입니다. 이것이 대만 문화의 첫 번째 특색입니다.
>
> ⑵ 풍부한 학술 연구입니다. …… 대만에는 학술 연구의 풍조가 있으니, 일본인이 그 시범 역할을 했으며 일본인이 이룬 공적이라고도 말할 수 있습니다. 일본은 비록 침략 국가이지만, 그들의 학술은 우리가 보존할 필요가 있고, 전국의 학자들이 계속 연구하여 그것을 더욱 빛내고 확대하여 우리 건국의 용도로 삼을 필요가 있습니다. 대만에 관한 일본인의 연구는 매우 많고 그들의 저작도 매우 풍부합니다. 이미 출판된 것은 말할 것도 없고, 원고를 작성해 놓고도 출판되지 못한 것도 적지 않습니다. 조만간 일부 일본 학자들이 본국으로 송환되기 때문에, 그것들을 끄집어내어 우리가 번역 교정

---

126 許壽裳, 「招待新聞記者談話稿: 省編譯館的趣旨和工作」, 1946年 8月 10日(쉬셔우창 가족 제공).

하여 출판함으로써, 사회에 공헌할 수 있게 되기를 희망합니다. 그 외에 자료는 이미
다 찾았으나 원고를 아직 집필하지 못한 것도 있는데, 이 역시 집필할 수 있기를 바랍
니다. 대만에 대한 그들의 연구 예컨대, 지형·식물·기상·광산 및 인문학 등에 분과학
문별 연구도 상당합니다. 식물 분야에만 30여 종의 서적이 있고, 동물에 대한 연구 저
작은 더욱 많아서, 과거 '페스트'가 발생했을 때, 즉시 벼룩과 쥐 등을 연구한 전문 서
적이 출판될 정도였습니다. 이는 우리나라 다른 성에 없는 바일 뿐 아니라 세계 여러
나라에서도 아주 보기 드문 일입니다. 우리는 이러한 귀중한 자료를 주목하지 않거나
소홀히 해서는 안 됩니다. 더 나아가 잘 유지하고 계속 발전시켜야만 합니다. 이것이
우리나라 학술을 빛내고 세계 문화에 공헌하는 일이니, 대만 문화의 두 번째 특색이기
도 합니다.[127]

위 강연에서 쉬셔우창은 일본이 타이완에 남긴 학술 성과를 마땅히
계승해야 한다고 명확히 말하고 있는 것이다.

전후 초기 타이완에 와서 교육문화 사업을 수행했던 천이와 쉬셔우창
을 포함한 중국 관료들은 대부분 일본 유학 경험을 가진 '지일파知日派'
들이었다. 그들은 타이완의 문화재건 사업을 시작할 때부터 일본이 타
이완에 남긴 학술문화 자본을 계승하는 문제도 생각하고 있었다. 이 때
문에 행정장관공서는 타이완 접수 직후인 1945년 11월 3일 「대만성행
정장관공서 및 소속 각 기관의 일본 국적 직원 징용 임시 방법[台灣省行
政長官公署暨所屬各機關徵用日籍員工暫行辦法]」을 공포하여 일본인 기술자
와 학술연구자들을 징용徵用하기로 하였다.[128] 이 일본인 학술연구자의

---

127 許壽裳,「台灣文化的過去與未來的展望」,『台灣省地方行政幹部訓練團團刊』2卷 4期
(1946年 10月), 244~245쪽.
128 상세한 내용은 湯熙勇,「台灣光復初期的公敎人員任用方法 : 留用台籍·羅致外省籍及

징용은 일본이 남겨놓은 학술문화 계승을 염두에 둔 포석이었다고 할 수 있다. 쉬셔우창도 천이의 구상과 지시, 타이완에 대한 스스로의 인식에 근거하여, 동시에 일본 학자도 징용해서, 편역관 사업을 앞서 말한 4개 조로 나누어 구체적으로 추진하였다.

아래에서는 학교교재조, 사회도서조, 명저편역조, 대만연구조의 순으로 편역관의 업무 내용을 차례로 검토하고자 한다.

1) 학교교재조

천이는 학교교재조의 업무에 대해 다음과 같이 지시하였다.

> 편역관은 비록 4개 조로 나누어져 있고 그 업무들이 모두 중요하지만, 내년(1947년 - 저자) 특히 상반기에는 중등학교와 초등학교 교과서 문제에 특별히 중점을 두길 바란다. 지난번 교육처에서 펴낸 중등과 초등 교과서를 두루 시험 삼아 사용해 본 결과, 대부분 너무 어려워서 교육과 학습 모두가 곤란하다고 한다. 이미 편집된 각 교과서를 편역관이 검토해 수정거나 새로 편집하여 반드시 국어 국문 수준이 아직 다른 성 학생에 미치지 못하는 본성 학생에게 적합하게 하라. 이들 새 교과서는 여름방학 이전에 편집 완료하여 가을 학기부터 사용할 수 있도록 하라. 한편으로 교과서 참고용 도서나 교수법[敎學法]에 대한 책을 만들어서 교사들이 사용할 수 있도록 하기 바란다. 각 학교 교사 가운데 교수 경험이 풍부하고 편집 능력이 있는 자들도 참여할 수 있게 하라.[129]

徵用日人(1945.10~1947.5)」,『人文及社會科學集刊』4卷 1期(1991年 11月), 391~425쪽.

[129] 「台灣省編譯館工作概況：台‘三十五’字第一四七號通知」, 1947年 1月 18日(쉬셔우창 가족 제공). 그 일부 내용은『台灣年鑑：民國三十六年』(台北：台灣新生報社, 1947), K85~K92쪽.

학교교재조는 이전의 행정장관공서 교육처 소속의 교재편집위원회를 편역관에 합병하여 이루어진 것이으로서, 업무 내용은 교과서를 편집하는 것이었다. 쉬셔우창은 동경고등사범학교 동창이며 편역관 편찬인 청징[程璟]에게 해당 조 주임을 겸직해줄 것을 부탁했다. 당시 편집하려던 교과서는 다음 여덟 가지가 있었다.

(1) 광복 초등소학 光復初等小學 교과서. 국어·상식 常識·산술 算術·음악 교과서 및 각과 교수법, 총 8종.

(2) 광복 고등소학 [高小] 교과서. 국어·역사·지리·산술·공민 公民·자연·음악 교과서 및 각과 교수법, 총 14종.

(3) 광복 산지국민학교 山地國民學校 교과서. 광복소학교 교과서를 개편한 것으로 향토 교재를 약간 늘리고 교수법도 편집하였다.

(4) 광복 초중 初中 교과서. 국문·본국사 本國史·외국사·물리·음악·공민·실용문 [應用文]·영어·산술·대수 代數·기하 幾何·생리위생 生理衛生·화학·동물·식물·광물지질 礦物地質·본국지리·외국지리 교과서 및 각과 교수지침 [指引], 총 36종.

(5) 광복 고중 高中 교과서. 국문·본국 지리·공민·국학 개론 國學槪論·영어·삼각 三角·평면기하 平面幾何·입체기하 立體幾何·갑조용 甲組用 대수·을조용 乙組用 해석기하 解析幾何·생물·광물·화학·물리·본국사·외국사·외국 지리·자연지리·음악 등 총 21종 교과서.

(6) 광복 사범 師範 교과서. 교육 개론·교육행정·교육심리·소학 각과 교수법 [小學各科教學法]·조사와 통계 [測驗與統計]·사회교육, 총 6종.

(7) 광복 직업학교 職業學校 교과서. 농업 과목·공업 과목·상업 과목·수산 과목·가사 家事 과목, 총 5종.

(8) 국민학교 성인반 成人班 및 부녀반 婦女班 교과서. 초급 국어·초급 공민 상식·초급

산술·고급 국어·고급 공민 상식·고급 직업 상식·고급 산술 등 총 7종.[130]

위에 열거한 여러 종류의 교과서로부터 학교교재조의 주요 업무가 당시 타이완의 초등·중등·사범 교육에 적합한 교과서를 편찬하는 것이며 원주민 교육을 위한 교과서 문제도 고민했음을 알 수 있다. 그렇다면 교과서 편집 방침은 또 어떠했는가? 학교교재조가 교정校訂한 교과서 ― 초급소학용『국어』에 그 편집 방침이 분명히 밝혀져 있다.

> 이 책은 행정장관공서의 삼민주의 새로운 대만 건설 [三民主義新臺灣建設]이라는 시정방침에 호응하기 위해 민족의식의 환기, 민족정신의 발양, 국민도덕의 도야에 특별히 중점을 두었다.[131]

이 교과서 제1과의 제목은 「우리는 중국의 소년이다[我們是中國的少年]」인데, 그 내용은 다음과 같다.

> 우리는 중국의 소년으로,
> 민족중흥의 책임이 우리의 두 어깨에 걸려있다.
> 위대한 시대는 우리에게 엄격한 훈련을 요구한다.
> 우리의 신체는 사자 獅子처럼 강하고;
> 우리의 의지는 강철처럼 단단하도다.
> 용감하게 나아갈 뿐 구차하게 살지 [苟全] 않겠다.
> 앞으로! 앞으로! 앞으로!

---

130 「台灣省編譯館工作槪況 : 台'三十五'字第一四七號通知」, 1947年 1月 18日.

131 「初小國語編輯大要」, 初級小學適用『國語』第8冊(台北 : 台灣書店, 1946).

세계의 정의를 쟁취하고 민족의 영원한 생명을 추구하자!

우리는 중국의 소년이다! 우리는 중국의 소년이다!

제2과 「어떻게 새로운 대만의 소년이 될 것인가[怎樣做新台灣的少年]」
의 내용은 다음과 같다.

새로 태어난 대만은 꼼꼼히 보살펴야 하고 힘써 건설해야만 한다. 이 책임은 우리 새
로운 대만의 소년들 몸에 있다.

우리 새로운 대만의 소년은 마땅히 어떻게 새로운 대만의 소년이 되어야 하는가?

첫째, 우리의 지식을 아리산 阿里山[132]의 자원 [寶藏]처럼 풍부하게 해야 한다. ……

둘째, 우리의 품격을 신고산 新高山[133]의 주봉 主峯처럼 숭고하게 해야 한다. ……

셋째, 우리의 공헌 貢獻을 일월담 日月潭[134]의 동력 動力처럼 위대하게 해야 한다.

노력하자! 새로운 대만의 소년들이여! 분발하자! 새로운 대만의 소년들이여![135]

---

132 역자 주 : 타이완 자이현 [嘉義縣] 동부에 있는 산(맥)으로 일찍이 식민지 시기 일본이 임
    업 林業 철도를 부설하여 목재를 수송할 정도로 임산 林産 자원이 풍부하였기에 이런 표현
    을 쓴 것 같다.

133 역자 주 : 타이완 중부에 있는 산(맥)으로 일본이 타이완을 영유한 뒤 그 주봉(3.952m)이 일
    본에서 가장 높은 후지산(3,776m)보다 더 높아서 신고산이란 이름을 붙였다. 타이완을 접
    수한 국민정부가 1947년 11월에 위산 [玉山]으로 개명하기 전이었기 때문에 여전히 신고산
    이라고 쓴 것이다.

134 역자 주 : 타이완 난터우현 [南投縣]에 있는 호수로 일제 식민지 시기에 댐을 만들어 수력발
    전을 하였기에 동력이란 표현을 쓴 것 같다.

135 「初小國語編輯大要」, 初級小學適用『國語』第8冊, 1~4쪽. 제3과 이하의 목차는 다음과
    같다. 제3과 대만, 제4과 정성공 鄭成功(1), 제5과 정성공(2), 제6과 항구 전투 [港戰], 제7과
    상륙 [登陸], 제8과 공습 空襲(1), 제9과 공습(2), 제10과 포수 砲手, 제11과 봄날 경치가 좋
    구나 [春光好], 제12과 봄이 왔다 [春天來了], 제13과 개미 [螞蟻], 제14과 꿀벌 노래 [蜜蜂
    歌], 제15과 작은 동물의 자기방어 [小動物的自衛](1), 제16과 작은 동물의 자기방어(2), 제
    17과 까치가 둥지를 짓다 [喜鵲做巢], 제18과 연설은 어떻게 하나 [怎樣演說], 제19과 국어
    통일 [統一國語], 제20과 장주석의 결심 [蔣主席的決心], 제21과 유엔 [聯合國], 제22과

즉 중국으로 반환된 이후 타이완의 어린 학생은 '중국'의 소년이라며 '새로운 타이완'의 소년들에게 민족의식을 단도직입적으로 주입하고 있다. 위의 설명으로부터 학교교재조의 업무가 교육 내용 재편을 통하여 문화재건의 일부 임무를 분담하는 것이었음을 알 수가 있다.

2) 사회도서조

사회도서조의 업무에 대하여 천이는 다음과 같은 지시를 하였다.

> 사회도서조는 우선 본성인 本省人[136]을 대상으로 문장이 평이하고 글자 수가 많지 않은 도서를 편찬해야 한다.[137]

사회도서조의 업무 내용은 사회 일반의 대중용 도서를 편집하는 것이었으니, 쉬셔우창은 동경고등사범학교 동창이며 편역관 편찬인 셰스옌에게 조 주임을 겸직하게 했다.

당시 사회도서조가 편집하려던 대중용 도서는 '광복문고 光復文庫'로 총칭되었는데, 편집 기획된 '광복문고'는 간행과 미간행을 포함하여[138]

루스벨트 대통령 [羅斯福總統], 제23과 게시판에 담긴 사연 [公告牌上的故事], 제24과 대총통이 고난을 겪다 [大總統受罪], 제25과 메모 [便條], 제26과 온천욕 溫泉浴, 제27과 신고산 등반 [登新高山](1), 제28과 신고산 등반(2), 제29과 바다 위에서 일출을 보다 [海上看日出], 제30과 여름방학이 되었다 [暑假到了].

136 역자 주 : 1945년 일본이 항복하기 이전 타이완에 정착해 살던 한족(閩南人, 客家人)과 원주민을 그 이후, 특히 중국국민당이 타이완으로 철수할 때 중국 대륙 각 성에서 이주한 사람(外省人)과 구별하기 위해 붙인 명칭이다.

137 「台灣省編譯館工作槪況」, 1947年 1月 18日.

138 「台灣省編譯館工作槪況」, 1947年 1月 18日. 필자의 조사에 따르면 1947년 5월 편역관 철폐 때까지 '광복문고'는 대략 8종의 책만 출판되었다.

다음 〈표 1〉과 같다.

〈표 1〉

서명	내용	편집자 編集者	간행/미간행 구분
국어와 국문을 어떻게 배울까? [怎樣學習國語和國文]	일본식 문장을 교정 矯正하기 위해 표준적인 국어를 그림으로 풀어 대신 비교함으로써 타이완 동포가 국어 국문을 배우는 것을 돕고자 함.	쉬서우창	'광복문고' 제1종으로 1947년 5월 간행됨.
일본 개조론 日本改造論	다양한 측면에서 일본의 죄악과 잘못을 폭로하는 한편. 이후 일본의 개조 방향을 제시함.	주윈잉 [朱雲影]	'광복문고' 제5종으로 1947년 5월 간행됨.
중국 명인 전기 中國名人傳記	왕충 王充·장건 張騫·정성공 등의 전기	마푸광 [馬婦光] 셰캉 [謝康]	마푸광이 편저한『왕충전』으로 책명을 바꾸어 '광복문고' 제4종으로 1947년 4월 간행됨.
노신과 그의 아큐정전 [魯迅及其阿Q正傳]	중국 신문학의 개창자 [開山鼻祖]를 소개함.	황청선	미간행
통속 가곡집 通俗歌曲集	간단하고 알기 쉬우면서도 우아한 쉬운 소재를 선택하여 민중의 애국관을 배양함.	왕페이위안 [汪培元]	미간행
미국의 여자 [美國的女子]	부녀의 위생 업무 및 사람을 대하는 상식을 알려주는 내용	랑어우니	책명을『부녀의 생활 [婦女的生活]』로 바꾸어 '광복문고' 제7종으로 1947년 5월 간행됨.
고금문선 150편 [古今文選百五十編]	사람들이 필독해야 할 고금문선 150편을 발췌 강독 [選讀]함.	양나이판 [楊乃藩]	미간행
중·일문 동음이의자휘 中日文同音異義字彙	중문과 일문 중의 동음이의자를 중문으로 번역하고 발음을 붙임.	장창싱	미간행
대만 300년사 [台灣三百年史]	명나라 말부터 당시까지의 타이완 역사 변천을 서술함.	셰캉	미간행

서명	내용	편집자 編集者	간행/미간행 구분
대동 서명 및 기타 [大同西銘及其他]	장주석(장제스 - 역자)이 공무원 필독서로 지정한 책에 알기 쉬운 해석을 붙임.	세캉	미간행
통속 물리학 通俗物理學	일상에서 보이는 현상을 흥미 위주로 물리 지식을 사용해 해석함.	푸푸 [傅溥]	미간행
중국 고사집 中國故事集(上)	민간 이야기와 유명인 이야기로 나누어 소개함.	차이전	미간행
용문 龍門 (동화집)	마귀 魔鬼의 제자 [門徒] 등 12편을 수록함.	위안성스 [袁聖時]	'광복문고' 제8종으로 1947년 6월 간행됨.
중국의 현재 지리 상황 [中國地理現狀]	중국의 기본 지리 지식을 소개하는 일반 도서	황푸구이 [皇甫珪]	미간행
유명전과 대만 [劉銘傳與台灣]	류밍촨의 생애 및 타이완에서의 사적 事蹟을 서술함.	양원핑	미간행
제2차세계대전 이야기 [第二次世界大戰故事]	2차 세계대전 중 감동적인 몇몇 사실을 선정 편집하여, 재미있는 문예 文藝 이야기로 집필함.	자오잉뤄 [趙英若]	미간행
경전 상식 [經典淺說]	사서오경에 관한 내용을 설명함.	황청선	책명을 『사서 상식 [四書淺說]』로 바꾸어 '광복문고' 제6종으로 1947년 5월 간행됨.
중국사 통론 中國史通論	간략한 필치로 중국 역사의 개요를 서술함.	량쟈빈	미간행
중국 발명 사략 中國發明史略	역대 발명의 역사 사실을 서술함.	탕촨지 [唐傳基]	미간행
삼민주의 상식 [三民主義淺說]		루잉팡 [盧英芳]	미간행
우리나라의 헌법 [我國的憲法]		주이루 [朱毅如]	미간행

이밖에 예정된 편집 목록에는 없으나 출판된 '광복문고'로는 제2종 『문장부호의 의의와 사용법[標點符號的意義和用法]』(黃承燊編, 1947년 4월)과

제3종 『간추린 실용문[簡明應用文]』(楊乃藩編, 1947년 4월)이 있다. '광복문고' 편집 인쇄의 목적에 관해서는 쉬서우창이 집필한 「'광복문고' 편집 인쇄의 취지」에 명확하게 나와 있다.

> 대만성편역관은 본성 동포들이 조국의 문화적 교양을 충분히 받아들일 수 있는 일종의 정신적 식량을 보편적으로 제공하기 위해 성립되었다. 따라서 [본 편역관은-역자] 중등학교 및 초등학교 교과서를 편집 인쇄하는 한편, 많은 사회 도서를 선정 편집하여, 본성의 일반 민중(초중등 교사, 대학생, 중고등학생, 공무원 및 가정주부, 농공상 農工商 각계를 포함)에게 제공함으로써 그들이 조국의 문화·주의 主義·국책 國策·정령 등 모든 필수적인 실용 지식을 분명히 이해할 수 있도록 할 것이다. 이것이 바로 본관이 현재 '광복문고'를 편집 인쇄하는 취지이다.[139]

이상의 '광복문고'의 내용 요지와 편집 인쇄 취지를 통해 사회도서조의 임무가 대중용 도서인 '광복문고'를 편집·보급함으로써 일본어 도서와 그 내용을 대체하려는 것이었음을 알 수 있다. '광복 문고'의 내용과 간행 순서를 보면 물론 중국어와 중문의 보급을 최우선 사항으로 고려하였지만 중국 문화의 전파도 중시하였다. 그 내용은 주로 중국 역대 명사名士, 유가 경전, 중국의 역사와 지리를 소개하는 것이었지만 그중에는 일본에 대한 비판과 여성 교육도 포함하는 등 내용이 매우 다양하였다. '광복문고'의 도서 목록을 보면 사회도서조가 루쉰을 소개하고자 중국 문화의 일환으로 루쉰과 그의 작품을 전파할 계획도 있었다는 것을

---

[139] 許壽裳, 「光復文庫'編印的旨趣」. 모든 '광복문고'의 속표지 아래에 상술한 글이 인쇄되어 있는데, 본 인용문은 '광복문고' 제1종 許壽裳, 『怎樣學習國語和國文』(台北 : 台灣書店, 1947)에서 가져왔다.

알 수 있으니, 이는 바로 쉬셔우창의 염원이기도 하였다. 쉬셔우창이 루쉰 사상 전파와 타이완의 문화재건을 어떻게 유기적으로 결합하였는지에 관해서는 이 책 6장에서 다시 상세히 서술하겠다.

3) 명저편역조

명저편역조의 업무에 관하여 천이는 다음과 같은 지시를 내렸다.

> 명저 편역은 우선 대학생과 연구자들이 반드시 깊이 연구해야 할 전문 학술 명저 번역에 역량을 집중시키는 것이 가장 좋다. 먼저 각 학문 분야의 전문가들에게 청하여 각 학문별로 필독 명저를 몇 권씩 선정하게 한 후, 이를 모아 반드시 번역해야 할 명저 목록을 편집하고, 인력과 경비를 참작하여 체계적으로 하나씩 번역하도록 한다. 다만 이미 번역본이 있는 경우 번역을 미룰 수 있다.[140]

명저편역조의 업무 방침은 처음부터 매우 명확하였다.

> 명저란 광의의 의미로 해석해서, 전문적인 학술 서적만이 아니라. 창작 작품도 포함해야 한다. 명저편역조의 사업 계획은 바로 이런 원칙에 근거한다. 한편으로 인력 부족 때문에 필수적인 분과학문 [門類]을 모두 포함할 수가 없고, 다른 한편 독서 능력 양성을 위해 연구자에게 입문의 도구를 제공하는 것이 현재로선 더 중요할 수 있기 때문에, 본조의 업무는 창작 작품 번역에 더욱 중점을 둔다. …… 창작 명저의 번역은 국문 능력을 배양하는 데 매우 큰 효과가 있으니, 이는 기본적인 업무이다.[141]

쉬셔우창은 명저편역조의 업무를 위해 과거 루쉰이 창립한 문학 단체

---

140 「台灣省編譯館工作概況」, 1947年 1月 18日.
141 「台灣省編譯館工作概況」, 1947年 1月 18日.

'미명사未名社'의 주요 멤버이자 러시아 문학자인 리지예[李霽野]를 초청하여 편역관 편찬 겸 해당 조의 주임을 맡겼다. 당시 명저편역조가 편역하려던 도서 목록은 다음 〈표 2〉와 같다.[142]

〈표 2〉

서명	내용	원저자	역자	간행/미간행 구분
우마르 시역 [莪黙詩譯]	우마르는 중세 페르시아의 시인으로 그의 루바이야트 (Rubaiyat, 魯拜集)는 세계적인 명저이다. 지금 절구 絶句 형식으로 번역을 시도하고자 함.	페르시아 : 우마르 하이얌(Omar Khayyám)	리지예	미간행
나의 학생 생활 [我的學生生活]	19세기 초 러시아 대학생과 중등학교 학생의 생활을 서술.	구 러시아 [舊俄] : 亞克沙拜夫[143]	리주녠 [李竹年] (李何林)	미간행
새와 짐승 [烏與獸]	현대의 탁월한 자연 연구자인 저자가 새와 짐승도 인성 人性에 가까운 생활을 한다고 쓴 매우 흥미로운 책.	영국 : 윌리엄 헨리 허드슨(William Henry Hudson)	류원전 [劉文貞]	1947년 6월 간행됨
이녹 아든 (Enoch Arden, 伊諾克 亞敦)	원저는 Tennyson의 뛰어난 작품으로 문장이 아름답고, 소박하며 줄거리가 슬프고 구성지다. 모두 12절로 구성되어 있다.	영국 : 알프레드 테니슨(Alfred Tennyson)	류스모 [劉世模]	미간행
가치론 價値論	철학의 관점에서 진선미 眞善美 세 방면의 가치문제를 토론하고 있음.		진츙잉 [金瓊英]	미간행

---

142 「台灣省編譯館工作概況」, 1947年 1月 18日.

143 역자 주 : 저자 亞克沙拜夫의 원명은 찾지 못했다.

서명	내용	원저자	역자	간행/미간행 구분
미학의 이상 [美學的理想]	다른 사람의 인생 이상을 보며 자신과 비교해 생각하는 것은 흥미로운 일이다.		진충잉	미간행[144]
사계수필 四季隨筆145	느낀 대로 적은 짧은 글로 저자의 문학·예술·인생·사회 각 방면에 대한 견해를 묘사하고 있음,	영국 : 조지 기싱 (George Robert Gissing)	리지에	1947년 6월 간행됨
논어 금역 論語今譯	공자와 제자 간의 대화 및 자질구레한 이야기를 기록하고 있음.		먀오톈화 [繆天華]	미간행

〈표 2〉의 도서 목록을 보면 명저편역조가 번역 하려던 것은 창작 명저가 가장 많을 뿐 아니라 문학 작품에 편중되어 있어서, 시가詩歌·소설·산문은 물론 페르시아·러시아·영국 등의 문학에까지 미치고 있다. 그 외 철학 및 중국 유가 경전 저작을 편집 소개하는 계획도 가지고 있었다. 명저편역조의 설립 목적에는 명저를 편집·번역하여 소개함으로써 대학생과 연구자의 연구 흥미를 환기하려는 생각이 있었다. 또 다른 동기는 사회 도서 보급의 경우와 마찬가지로 명저의 보급을 통해 일본어 도서를 대체하고, 서양 문화와 중국 문화 지식을 이입移入시키려는 데 있었다. 타이완인의 중국어 해독 능력을 제고하려는 의도와 동시에 문화 내용의 재건이라는 목적을 이루고자 하였던 것이다.

---

144 역자 주 : 원서에는 원저자 부분이 비어있는데, 『사계수필』 서지사항 쪽에 소개된 출판 예정 리스트를 보면 '法國德司比爾著論文集'이라 적혀있어 프랑스인 저자의 논문집임을 알 수 있으나 德司比爾의 원명은 찾지 못했다.

145 역자 주 : 원 서명은 『헨리 라이크로프의 사문서』(The private papers of Henry Ryecrof)이다.

4) 대만연구조

대만연구조의 업무에 관해 천이는 어떤 지시도 하지 않았으니, 쉬셔우창 본인의 구상에 따라 입안된 것이었다. 쉬셔우창이 남긴 대만성편역관 관련 원시자료 중 「(편역관) 경비 및 인사人事」라는 표제의 문건이 하나 있다. '상해합자회사上海合資會社 상창양행祥昌洋行' 편지지 뒷면에 적힌 것이다. 추측컨대, 상하이 또는 다른 도시에서 비행기를 타고 타이완에 오기 전에 작성한 문건으로 보인다. 이 문건에는 편역관의 업무에 관한 구체적 내용 여섯 항목이 열거되어 있다. "① 초등학교[小學] 교과서, ② 중등학교[中學] 교과서 (중략), ③ 중등학교 교사용 참고서[參考用書] (중략), ④ 자전字典 (중략), ⑤ 정령 추진 및 공민 훈련을 위한 책 (중략), ⑥ 전문 서적의 번역, 타이완에 현존하는 특수 연구 및 자료(예컨대 어문·역사 지리·정치 경제·교육·자연과학·농업·공업 등)를 수집하여 정리 종합하거나 원서 그대로 번역한다. 이런 종류의 서적 편찬은 대만 시정施政의 참고용 뿐 아니라, 일반 학술계에서도 꼭 필요한 일이다."[146] 이를 통해 쉬셔우창이 타이완에 오기 이전에 이미 편역관에서 타이완 연구를 진행하고자 구상 하였음을 알 수 있다. 쉬셔우창은 6월 25일 타이완에 도착하였는데, 7월 2일『공상일보工商日報』는 쉬셔우창의 타이완 도착과 편역관 관장으로 임명될 것이라는 소식을 보도하였다. 보도 중에는 쉬셔우창이 중앙사中央社[147] 기자에게 말한 편역관 업무의 다섯 가지 중점, 즉 ① 중등·초등학교 국어와 역사 교과서의 편집 제작, ② 중등·초등학교 교사용 참고서의 편집 제작, ③ 일반 도서의 편집 제작, ④ 자전의 편집 제작, ⑤

---

146 「(編譯館)經費及人事」(쉬셔우창 가족 제공).

147 역자 주 : 중앙통신사의 준말로 1924년 중국국민당이 광저우에서 설립하였고 1949년 국민 정부를 따라 타이완으로 옮겨왔다.

세계 명저의 선정 번역[148]이 나열되어 있다. 그 외 대만대학과 협력하여 타이완과 타이완의 자원에 관한 연구도 할 계획이라고 하였다.[149] 7월 3일 쉬셔우창은 「대만성편역관 조직대강 초안」과 예산을 천이에게 올렸는데, 이 조직대강 초안에서 편역관에 교재敎材·총서叢書·역저譯著·대만연구·남양南洋연구 5개 조와 자료실·행정실[辦公室]을 설치하겠다고 명확히 제시하고 있다.[150] 『공상일보』가 보도한 쉬셔우창의 타이완 도착 후의 공개담화 및 그의 타이완 문화에 대한 인식을 통해 대만연구조의 설립 목적이 바로 일본의 타이완 연구의 학술 문화 자본을 접수하고, 이를 다시 정리 편역함으로써 타이완 시정에 참고를 제공하거나 중국 학술 연구에 유용한 재료로 삼기 위한 데 있었고, 그 구상은 타이완에 오기 전에 이미 싹트고 있었음을 알 수 있다. 쉬셔우창은 타이완 도착 후 즉시 일본의 타이완 연구 성과를 적극적으로 접수하기 시작하였는데, 7월 11일 일기에 "저녁 무렵 『현대주간現代週刊』[151] (사무실 - 역자)에 가서 다푸達夫(陳兼善, 당시 대만대학 동물학과 교수 겸 대만성 박물관 관장 - 저자), 씨천錫琛(章錫琛, 상하이 개명서점開明書店 창설자 - 저자), 커챵克剛(吳克剛, 당시 대만대학 경제학과 교수 겸 대만성 도서관 관장 - 저자), 딩잉廷英(馬廷英, 당시 대만대학 지질학과 교수 겸 대만성 해양연구소 소장 - 저자) 등과 대화를 나누었는데, 대만 연구는 일본 전문가들이 귀국하기 전에 대학과 협력하여 진행하는 게 가장 좋다고들

---

148 역자 주 : 원서에는 選擇으로 적혀있는데, 選譯의 오타로 보여 수정 번역하였다.

149 「許壽裳來臺將任編譯館長」, 『工商日報』 第2版, 中華民國 35년 7월 2일(화요일).

150 「台灣省編譯館組織大綱草案」(쉬셔우창 가족 제공).

151 역자 주 : 1945년 12월 타이베이에서 창간된 잡지로 우커강 [吳克剛]이 주편을 맡았고 1946년 11월 정간되기까지 현대주간사, 동방출판사 東方出版社, 대만개명서국 台灣開明書局이 이어가며 총 32기를 발행하였다.

했다."라고 적었다.[152] 7월 24일 일기에는 "오후 다푸의 차를 타고 박물관에 가서 인창允臟(范壽康 : 당시 행정장관공서 교육처장 - 저자)의 소개로 야마나카 쇼[山中樵](전 대만총독부 도서관 관장 - 저자)를 간단히 방문하고 이치무라 사카에[市村榮]와 류진꺼우劉金狗(두 사람 모두 전 대만총독부 도서관 직원 - 저자)도 만났다. 야마나카는 (자기가 - 역자) 알고 있는 바를 글로 써주기로 하고, 이치무라가 쓴『대만 관련 자료 해설[台灣關係資料小解]』이란 책을 나에게 주었다."라고 썼다.[153] 저명한 타이완 선사시대 역사 연구자이자 전 대북사범학교 교수로 타이완 광복 후 편역관 편심으로 징용되었던 고쿠부나오이치[國分直一][154]도 대만연구조 설치의 의의를 다음과 같이 밝힌 적이 있다.

> 대만성편역관의 대만연구조 설립은 마땅히 주목해야 할 의의가 있다. 그것은 일본 문화 접수와 번역 진용 강화를 목표로 하였으니, 일본 (식민지 - 역자) 시대에 끝내지 못한 연구를 완성하여 그 성과를 학계에 제공하려는 의도가 다분히 있었다.[155]

코쿠부가 쉬셔우창의 대만연구조 설치 의도를 정확히 간파한 것이었

---

152 『許壽裳日記』, 224쪽.

153 『許壽裳日記』, 225쪽.

154 역자 주 : 고쿠부 나오이치(1908~2001)는 도쿄에서 태어났으나 체신공무원 부친을 따라 타이완에서 자랐다. 1933년 경도제국대학 사학과를 졸업하고 대북일여고 台北一高女, 대북고등학교에 근무하면서 타이완 평포족의 민속을 연구했다. 1945년 징용되어 대만대학에서 관련 연구를 진행했고 1948년 귀국 후 경도교육대학 등에서 교수를 지냈다. 『壺を祀る村: 南方台湾民俗考』(東京 : 三省堂, 1944), 『台湾の民俗』(東京 : 岩崎美術社, 1968) 등의 저술이 있다.

155 國分直一,「戰後台灣における史學民族學界 : 主として中國內地系學者の動きについて」,『台灣考古民族誌』(東京 : 慶友社, 1981), 4쪽.

다. 쉬셔우창은 대만연구조 주임직을 당시 편역관 편찬인 양윈핑[楊雲萍]에게 맡아주길 요청하였다.[156] 양윈핑(1905~2000)은 타이베이 스린[士林]의 부유한 가정에서 태어나 1921년 대북제일중학교台北第一中學校에 입학하였고 재학 중 문학잡지『인인人人』을 창간하였다. 이후 도쿄로 유학가서 1928년 일본대학 문학부 예과豫科를 졸업하고 1931년에는 문화학원文化學院 문학부 창작과創作科를 졸업하였다. 문화학원 재학 중 유명소설가와 평론가인 기쿠치 간[菊池寬]·고바야시 히데오[小林秀雄]·가와바타 야스나리[川端康成] 등의 가르침을 받았다. 타이완에 돌아온 후 타이완 문화계에서 활동하며 여러 편의 문학·역사 관련 글을 발표하였다. 쉬셔우창은 양윈핑을 초빙하고, 별도로 일부 일본 학자도 징용하였는데, 이들 일본 국적자의 전공과 그들이 대만연구조에서 맡은 업무는 다음과 같다. 남양 언어와 타이완 원주민 언어 전문가로 대북제국대학 교수였

---

156 양윈핑의 회고에 따르면 그가 편역관에 근무하게 된 과정은 다음과 같다. "타이완 광복 후 유미견 游彌堅 선생이 대만문화협진회 台灣文化協進會를 설립하여『대만문화 台灣文化』월간과『내외요문 內外要聞』순간 旬刊을 창간하였는데, 내가 그 주편 主編을 맡았다. 협진회의 사무실은 대북시 중산당 中山堂 3층에 있었다. 하루는 홍염추 洪炎秋 선생이 갑자기 방문하여 계불 季茀 허수상 선생이 나를 보잔다고 했다. …… 우리는 첫 만남에서 의기투합하였다. …… 그는 편역관의 목적과 규모 및 처우에 대해 상세히 설명하였다. 그는 북경에 있을 때 이미 나의 중문과 일문 저작을 보았다고 말했다. 나에게 편역관에 참여해 달라고 하면서 나의 명함을 보고 내가 장관공서 참의 參議임 알고도 겸임할 수 있다고 말했다. 그 어르신의 열정과 성의에 나는 즉시 그러겠다고 답했다."[「許壽裳先生的追憶」,『中外雜誌』30卷 4期(1981年 10月)]. 양윈핑은 (2차 세계대전) 종전 직후 곧바로『민보 民報』(1945年 10月 14~16日)에「문헌의 접수 [文獻的接收](上)(中)(下)」를 발표하여 국민정부가 타이완을 접수할 때 물자·기재 器材·건물·설비 외에 도서와 기록물 [檔案] 등 문헌에 대해서도 매우 진지하게 고려해야 한다고 호소하였다. 특히 대만총독부·대만총독부 도서관·남방자료관·대북제국대학의 기록물 문헌과 도서를 접수하는데 주의해야 한다고 호소하였다. 그가 행정장관공서 참의로 초빙된 것이 이 글 발표와 관련이 있다고들 말하는데, 이로써 보건대 쉬셔우창이 양윈핑에게 편역관 편찬과 대만연구조 주임을 겸하게 요청했던 까닭을 충분히 이해할 수 있다.

던 아사이 에린[淺井惠倫]은 인문과학 방면의 연구 업무, 특히 평포족平埔族[157] 언어 연구를 맡았다. 고고학과 타이완 선사시대 역사 전문가로 대북사범학교 교수였던 고쿠부 나오이치는 타이완 선사시대 역사 연구를 맡아 선사시대 유적을 발굴 채집하였다. 타이완 민속 전문가인 이케다 도시오[池田敏雄]는 타이완 본성인의 민속자료와 관습[舊慣]자료의 분류 정리를 맡았다. 그밖에 타이완 곤충 전문가로 대북제국대학 교수였던 시라키 도쿠이치[素木得一]는 열대·아열대 자원 및 곤충 관련 문헌 목록의 편찬과 자연과학 방면의 연구 업무를 맡았다. 표본 제작 판화가인 다테이시 데쓰오미[立石鐵臣]는 선사시대 자료의 도판 제작과 제본[裝訂] 편집을 맡았고, 전 남방자료관南方資料館 사서 司書(도서 관리원 - 저자)였던 하타구치 스에히로[畠口末廣][158]는 세계 각지에서 간행 중인 타이완 관련 문헌의 종합목록 편찬을 맡았다. 대만성 도서관에서 편역관으로 전근 징용된 일본인 다케시타 만키치[竹下萬吉]와 다케시타 리쓰코[竹下律子]는 시라키 도쿠이치의 조수를 맡았다.[159] 대만연구조가 징용한 일본인 중에는 학자와 전문가 외에 도서관 전문 인력도 있었던 것이다.

그렇다면 대만연구조의 구체적인 업무 내용은 무엇이었는가? 「대만성편역관 1947년도 업무 계획」에 따르면 대만연구조의 업무 계획은 다음과 같다.

---

157 역자 주 : 17세기 한인 이주 이전 타이완 서부 평원지대에 살던 원주민 집단으로 청대에는 '화번 化番', '숙번 熟番'이라 불렀고 일제시대부터 고사족(고산족)에 상대되는 의미로 평포족이라 불리게 되었다.

158 역자 주 : 원서에 '畺口'로 적혀있으나, 일본에 '畺口'라는 성 姓이 없어서 드물지만 가장 비슷한 글자의 성인 '畠口'로 대신하였다.

159 양원핑·아사이 에린·고쿠부 나오이치·이케다 도시오·다테이시 데쓰오미는 모두 전쟁 이전 『민속대만 民俗台灣』의 동인 同仁이었다. 전후에 아사이 에린 등이 편역관의 직무를 맡아 대만연구조의 업무를 지탱한 것은 모두 양원핑과의 관계 때문이었다.

1. 대만 문헌 목록의 편집 인쇄.

2. 대만 연구총서의 편찬 발행. 내용은 역사·지리·언어·문학·민속·종교·농업·공업·
   동물·식물·기상·지질·의학 등의 항목으로 나눔.

3. 대만 옛날 문헌의 영인 影印.

4. 대만 선사시대 유적의 발굴과 연구.

5. 대만 민속에 관한 연구.

6. 대만 고산족 高山族 언어에 관한 연구.

7. 대만 관련 학보 學報의 출판.

8. 대만 지리의 편집 저술.

9. 대만 역사의 편집 저술.

10. 본성 일본 통치 시대 기록물에 대한 조사.

11. 대만 경제연감의 편찬 발행.

12. 기타.[160]

위에서 설명한 대만연구조의 업무 내용을 보면 타이완 연구 자료의
조사와 복각復刻 외에, 오늘날의 소위 인류학·사회학·정치학·경제학·역
사학·식물학·동물학 등의 학문까지도 그 연구 범위에 포함하고 있음을
알 수 있다. 학제적 타이완 연구이자 전방위의 '인문과학'·'사회과학'·'자
연과학'적인 타이완 연구라고 할 수 있다. 대만연구조는 성립 즉시 적극
적으로 업무를 전개하여, 당시 신문에 그 구체적인 업무 내용이 보도되
기도 하였다. 예컨대 1946년 9월 7일 『인민도보 人民導報』는 대만성편역
관이 대만성 도서관에 소장된 『대만통지 台灣通志』원고본을 교정 출판할

---

160 「台灣省編譯館三十六年度工作計畫」(쉬서우창 가족 제공).

계획이라는 소식을 보도하였다.[161] 1946년 12월 6일 『민보民報』는 대만 성편역관 대만연구조가 신주현[新竹縣] 위안리[苑裡]와 허우룽디[後龍底] 두 곳에서 선사 유적을 발굴하고 있다는 소식을 보도하였다.[162] 한편 당 시 대만연구조가 교정 편집하려 계획한 타이완 연구총서는 다음 〈표 3〉 과 같다.[163]

〈표 3〉

서명	내용	편역자
유구 망국 실록 琉球亡國實錄	원 서명은 『유구견문록 琉球見聞錄』 또는 『폐번사 건 廢藩事件』인데, 유구의 옛 번사 藩士 키샤바 쵸 우켄 [喜舍場朝賢]이 지은 책으로 유구 멸망의 사 실을 매우 상세히 기록하고 있음.	량쟈빈
과거 대만 거주 일본인의 과학 활동 및 그 성과 [過去日人在台灣之科學 活動及其成績]	과거 일본인이 타이완에서 쓴 저작과 발명 및 건설, 즉 생물·의학·공업 및 광업· 지질 등 각 분야의 과학 활동 및 그 성취를 서술함.	장창싱[164]
대만부현지 예문지 색인 台灣府縣志藝文志索引	대만전지 台灣全志에 색인이 없기 때문에, 이 책을 편집하여 검색에 편리하게 함.	라이즈칭 [賴子淸]
말라리아 특론 [瘧疾特論]	말라리아는 타이완 의학계에서 매우 중시하였는데, 이 책은 대만대학 의학원 醫學院 교수였던 모리시타 가오루 [森下薫]가 쓴 것이다.	렌신성 [廉新生]
대만 곤충지 台灣昆蟲誌	지구상에 존재하는 곤충 약 40만 종류를 기초로 타이완에 서식하는 곤충에 대해 속 屬마다 1종 種씩 기록하여 설명하고 있음.	시라키 도쿠이치
고산족 언어 집성 高山族語言集成	상편 上篇은 평포족 언어이고, 하편 下篇은 고산족 언어임.	아사이 에린 쑨젠중 [孫建中]

---

161 「編譯館校印 台灣通志」, 『人民導報』, 1946年 9月 7日.

162 「挖掘先史遺物 省編譯館台灣研究組」, 『民報』, 1946年 12月 6日.

163 「台灣省編譯館工作概況」, 1947年 1月 18日.

164 역자 주 : 여기서는 편역자로 되어있으나 뒤편 대만연구조의 성과에서는 저자로 나온다.

서명	내용	편역자
대만 선사시대 연구 [台灣先史時代之研究]	타이완 선사시대 유적을 실제 조사하고 수집한 자료를 근거로, 문화를 연구하고 체계를 고찰함.	고쿠부 나오이치
대북 분지의 농가 [台北盆地之農家]		고쿠부 나오이치 장량뱌오 [張樑標]
대만 민속 연구 台灣民俗研究	푸젠성 출신 타이완인의 개인 생활상 여러 의식을 출산 양육, 성년, 혼인, 장례 4부로 나누어 설명함	이케다 도시오 장량뱌오
대만통지 台灣通志	원래는 청대 清代 장사철 蔣師徹·설소원 薛紹元 등이 편찬한 것으로, 대만성 도서관에 소장된 것을 편역관이 베껴서 교감 校勘하고 문장부호를 붙임.	
소유구 만지 小琉球漫誌	청대 주사개 朱仕玠가 지은 타이완의 풍물 風物과 시문 詩文을 고루 갖추고 있는 10권으로 된 책. 구하기 어려운데, 대만대학 도서관에서 빌려 베껴쓴 뒤 교감하고 문장부호를 붙임.	
사서간정 使署間情	원본은 청대 육십칠 六十七(居魯)이 많은 타이완의 예문 藝文을 수집하여 편집한 4권으로 된 책이다. 지방지에 수록되지 않은 내용이 많아서 편역관이 '양씨습정재 楊氏習靜齋'에서 빌려 베낌.	

대만연구조의 설립 목적은 주로 일본학자의 타이완 연구를 정리·번역하고, 아울러 그것을 계속하려는 것이었다. 일본인의 학술 유산을 계승하려는 것이었던 셈이다. 앞서 언급한 쉬셔우창이 편역관 성립 기자회견에서 한 발언과 대만성 지방행정간부훈련단 강습생에게 한 강연을 통해 대만연구조의 설립 목적이 바로 일본의 타이완 연구를 접수하여 정리, 편역함으로써 이후 중국 학술 연구를 발전시키는 데 유용한 재료로 삼으려고 한 것임을 알 수 있다. 일본인의 학술 연구를 '중국화'하는, 즉 식민 통치 시기의 타이완 연구 성과를 번역을 통해 중문으로 바꾸고, 자료화 하는 접수 구상은 전후 타이완 문화재건 정책 중 재생[再造]을 통해 접수하는 '탈일본화'·'재중국화'의 이념에 전혀 어긋나는 것은 아니었다.

이상 서술한 바로부터 편역관의 4개 조가 각각 분담한 업무 내용은 서로 다르지만, 실제로는 서로 보완적이었음을 잘 이해할 수 있다. 학교 교재조의 주요 임무는 당시 타이완의 초등·중등 및 사범 교육용 교과서를 편집하는 것이었다. 이를 통해 중문과 중국어 교육을 촉진하는 한편 교육 내용을 재구성함으로써 타이완 학생에게 중화민족 의식을 주입하고자 한 것이다. 사회도서조의 주요 임무는 대중용 도서를 편집하는 것이었다. 즉 대중용 도서인 '광복문고'를 보급함으로써 중문과 중국어 보급에 역점을 두면서도, 문화 내용을 새롭게 구성하여 중국 문화를 이식하고자 하였다. 따라서 이들 두 조의 업무를 통해 학교 교육과 사회 교육부터 타이완의 문화재건 사업을 진행하려고 한 것임을 알 수 있다. 명저번역조의 임무는 세계적 명저와 명작을 편찬 번역하는 것이었다. 그 목적은 대학생과 연구자들이 이를 읽고 시야를 넓혀 연구에 흥미를 느끼기록 하는 것이었지만, 궁극적으로는 사회도서조와 마찬가지로 문화 내용의 재편이라는 목적을 달성하고자 한 것이었다. 대만연구조의 임무는 일본의 학술·문화유산만이 아니라 연구 풍조를 계승하려는 의도도 있었다. 명저번역조와 대만연구조의 임무를 통해 편역관이 문화재건 사업을 전개할 때 타이완을 어떻게 중국화할 것인지 고민하면서, 동시에 번역이라는 방법을 접수에 활용함으로써 세계 학술문화의 소개와 계승을 염두에 두고, 교육과 연구 두 가지 일을 병행하여 문화재건을 수행하고자 했음을 발견할 수 있다. 이런 점에서 편역관은 교육과 연구라는 이중의 기능을 겸하고 있었던 것이다.

3. 대만성편역관의 철폐와 성과

(1) 대만성편역관의 철폐

1947년 2월 타이완에서 2·28 사건이 발생한 후, 국민정부 행정원은 4월 22일 행정장관공서를 철폐하고 성 정부로 개조하기로 하였다. 아울러 장관공서 행정장관 천이를 경질하고 대신 웨이다오밍을 파견하여 대만성 정부 주석을 맡도록 하였다. 이에 따라 5월 11일 천이가 타이완을 떠나고 5월 15일 웨이다오밍이 타이완에 도착해 새로 부임하였다. 다음 날 개최된 성 정부 위원회 제1차 정무회의政務會議에서 편역관을 철폐하고 그 업무를 성 정부 교육청이 인수하기로 의결하였다.[165] 이리하여 편역관은 성립된 지 10개월 만에 철폐되고 말았다. 쉬셔우창은 편역관이 철폐된 다음 날(5월 17일) 일기에 다음과 같이 적었다.

---

[165] 『台灣省政府公報』, 1947年 5月 17日, 16쪽.
대만성편역관 철폐 한 달 전 직원 명단은 다음과 같다(철폐될 때의 직원 명단은 보이지 않음).
관장 : 쉬셔우창 ; 편찬 : 리지예·츄첸 [秋謙]·푸푸·셰스옌·청징·장웨이잉 [章微穎]·장이칭 [張一淸]·정환·주윈잉·저우쉐푸 [周學普]·양원핑·선치다·쟝치·쑨페이랑·장시린 [章熙林] ; 편심 : 셰캉·마푸광·먀오톈화·훙윈·양쑤·량쟈빈·장창싱·차이젠·진츙잉·황청선·주이루·자오잉뤄·리추녠(李何林)·류스모·우탕 [吳棠]·허추이창·량어우니·고쿠부 나오이치·진밍뤄 [金溟若]·황준 [黃濬] ; 편집 : 위안성스·롄신성·딩스융·류원전·라이즈칭·장랑바오·왕페이위안·쑨졘중·저우쟈펑 [周家風]·천스잉 [陳嗣英]·왕서우펑 [王守豊]·리수뉘 [黎淑懦]·다테이시 데쓰오미·황징궁 [黃敬恭] ; 보조 편집 : 천광·류한차이 [劉瀚才]·왕화탕 [王化棠]·저우이수 [周一粟]·라오서우하오 [饒壽浩]·뤼지정 [呂基正]·쉬진 [許進]·저우웨이칭 [周渭淸]·양롄 [楊蓮] ; 출납원 出納員 : 왕화탕이 겸임 ; 회계원 : 예녜순 [葉臬孫] ; 회계 보좌 [佐理] : 양페이윈 [楊佩雲] ; 과원 課員 : 랴오루이잉 [廖瑞英]·허이쥔 [何亦娟]·황딩슈 [黃鼎修]·저우친이·정딩투 [鄭丁塗]·차이츄펑 [蔡秋楓]·지셴천 [紀顯臣] ; 서기 : 후쉐옌·왕뤼빙 [汪履冰]·류윈후이 [劉蘊輝]·저우지원·리관타오 [李觀濤]·저우메이성 [周梅生]·중지후이 [鍾季輝]·정웨잉 [鄭月英]·리량청 [李兩成]·웨이리화 [魏麗華]·선쟈쥐 [沈家駒]·오사키 모모코 [大崎百百子]·다케시타 리쓰코·푸스쑹 [傅時松]·정전수이 [鄭貞燧](쉬셔우창 가족이 제공한「台灣省編譯館職員一覽」, 1947年 4月).

『신생보』와『성 정부 공보 公報』에 어제 제1차 정무회의 의결을 거쳐 편역관이 폐지되었다는 기사가 실렸지만, (당사자인 내가 - 역자) 사전에 전혀 들은 바가 없었으니 이상하다. 나 개인으로서는 이제 책임을 면할 수 있게 되어 감사한 일이지만, 하나의 문화 사업 기관 전체가 갑자기 철폐되는 것은 대만 문화에 손실이라고 말하지 않을 수 없다.[166]

편역관 철폐 이유에 대해서는 여러 설이 분분하여 일치된 결론을 내리기 어렵다. 예컨대 당시 신문에서는 "편역관은 천이가 사람을 쓰기 위해 기관을 설치[因人設事]한 것이고 경비가 너무 많이 든 데 비해 성과가 없으며 사상에도 문제가 있었기" 때문이라고 보도하였다.[167] 여기서 말하는 '사람을 쓰기 위해[因人]'는 당연히 쉬셔우창을 가리킨다. 한편 당시 편역관의 편심을 지낸 리허린[李何林]은 훗날 편역관의 급작스런 폐지 결정은 웨이다오밍이 난징에서 받아 온 국민당 CC파[168]의 지령에 따른 것이니, 쉬셔우창이 CC파가 주도하는 파시스트 교육정책에 항상 반대해 왔기 때문이라고 지적하기도 하였다.[169]

편역관의 설립 및 그 구체적인 실현은 앞서 말한 바와 같이, 천이 개인의 구상에서 나왔다고 말할 수 있을 뿐 아니라, 그 설립의 법적 근거도 천이가 행정장관의 입법권을 이용하여 타이완성에서만 시행되는 법규를 제정한 것이어서, 제도적으로 상당히 취약하였다. 사실상 천이가 교

---

166 『許壽裳日記』, 250쪽.

167 『星濱日報』, 1948年 3月 4日.

168 역자 주 : 중앙구락부조직(中央俱樂部組織, Central Club)의 영문 약자로 1930~1950년대 중국국민당의 주요 파벌이다. 일부에서는 이 파벌의 리더인 천리푸 [陳立夫]와 천궈푸 [陳果夫] 형제의 영문 성 Chen의 이니셜에서 따온 것이라고도 한다.

169 李何林, 『李何林選集』(合肥 : 安徽文藝出版社, 1985), 52쪽.

체될 때 이미 편역관의 운명도 짐작할 수 있는 것이었다. 더욱이 행정장
관공서가 철폐되고 성 정부로 개조될 때 타이완의 행정기관 전체가 재
조정되었으니[170], 편역관의 철폐는 단지 행정기관 조정의 일환에 불과한
것이었을 수도 있다.

---

170 대만성정부의 조직 체계는 아래와 같다.

대만성정부 조직 체계

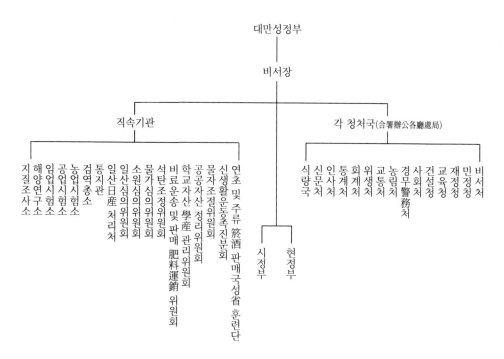

자료 출처: 台灣省政府編,『民國三十八年台灣省政紀要 : 第三種 機構調整槪況』(台北 : 台灣省政府,
1949).

1947년 5월 대만성편역관 철폐 직전에 찍은 직원 단체 사진. 아래에서 위로 넷째 줄 오른쪽 2번째 사람이 양윈핑, 셋째 줄 왼쪽 3번째가 위안커 [袁珂], 4번째가 리지예, 6번째가 아사이 에린, 7번째가 쉬셔우창, 둘째 줄 오른쪽 2번째가 리허린, 맨 윗줄 오른쪽 3번째가 이케다 도시오, 5번째가 고쿠부 나오이치이다 (출처 : 쉬셔우창 가족 제공).

(2) 대만성편역관의 성과

편역관의 업무 내용은 앞서 2절에서 이미 상세히 설명하였지만, 고쿠부 나오이치 역시 편역관의 전체 업무에 대해 다음과 같이 간결하면서 개괄적인 묘사를 한 적이 있다.

중국이 대만을 접수한 후 설립된 대만성편역관의 업무는 일본(식민지 - 역자) 시대 문교국 文敎局 편집과 編輯課가 했던 교육 관련 도서의 편집뿐 아니라 광대한 민중을 교화한다는 목적도 있어서 외국 명저를 편집·번역 소개하였고, 특히 대만 연구가 그 주요

사업이어서 규모가 상당히 컸다.[171]

애초 천이가 쉬셔우창에게 보낸 편지에서 편역관의 업무를 쉬셔우창이 "5년에 걸쳐 그것을 완성해 주길" 바란다고 했듯이, 천이도 편역관 사업이 시간이 걸릴뿐더러 규모가 방대하다는 것을 알았다. 그러나 설립(1946년 8월 7일)부터 실제 운영과 철폐(1947년 5월 16일)까지, 1년도 안 되는 짧은 시간이었기 때문에 큰 성과를 내었다고 말하기는 어렵다. 게다가 당시 타이완과 중국의 문화적 격절隔絶때문에, 당장 언어상의 불통을 해소할 수도 없는 상황이었다. 쉬셔우창은 루쉰의 미망인 쉬광핑[許廣平]에게 보낸 편지(1947년 4월 19일)에서 다음과 같이 적었다.

> 요즘 일을 처리하는데 어려움 중 가장 큰 장애는 어문의 장벽입니다. 대만 동포 모두가 일어를 말하고 일본 글을 읽지만, 국어와 국문 수준이 너무 낮기 때문입니다. 현재 비록 이를 개선하기 위해 힘을 쏟고 있지만 그 효과는 아직 미미합니다.[172]

이 편지에서도 쉬셔우창의 편역관 사업 진행이 결코 아주 순조롭지 않았음을 드러내고 있지만, 편역관 자체의 조건 역시 문제가 겹겹이 쌓여 있었다. 1946년 「대만성편역관 9월 업무보고」 중에서 '관무館務 행정' 부문에 관해 다음과 같이 설명하고 있다.

> 1. 관사館舍 확충 계획. 현재 본관은 본성 문화관(옛 총독부) 청사가 수리 완료될 때까지 명에 따라 용구가 龍口街에 있는 교육회관을 잠시 빌려 업무를 보고 있다. 그렇지

---

171 國分直一,「戰後台灣における史學民族學界」, 3쪽.
172 「許壽裳先生書簡抄」,『新文學史料』總第19期(1983年 第2期), 69쪽.

만 그곳은 원래 교육처 각 과에서 빌려 쓰고 있기 때문에, 본관은 2층의 작은 사무실 두 곳에 옹색하게 처해 있다. 사람은 많은데 공간이 좁아서 일하기에 매우 불편하다.

2. 직원 주택 준비. 본관에서 새로 초빙한 사람이 매우 많기 때문에 직원 주택을 시급히 준비해서 생활의 안정을 기해야 한다.

3. 업무 요원의 보충. 본관에서 초빙한 사람들은 오는 길이 멀고, 여행하기도 어렵다. 그래서 이번 달에 부임한 사람이 7명에 불과하다.[173]

그 외 편역관 사업은 접수할 대상도 없었기 때문에 쉬서우창은 다음과 같이 탄식하였다.

본성의 편역 사업은 처음부터 시작해야 하는 업무라고 말할 수 있다. 다른 부문과 다른 기관은 모두 접수할 사업이 있지만, 편역 사업만은 접수할 방법이 없을뿐더러 접수해서도 안 된다.[174]

이상의 설명을 통해 창립 초기 편역관의 객관적 조건이 결코 좋지 못했고, 사업 자체가 거의 처음부터 시작해야 하는 일이기에 단기간 내에 성과를 거두기가 어려웠다는 것을 알 수 있다.

1947년 6월 24일 성 교육청은 편심위원회編審委員會로 개조된 편역관을 접수하였다. 당시 인계 사무를 맡은 편역관 편찬 장웨이잉[章微穎]은 다음과 같이 증언하고 있다.

173 「台灣省編譯館九月度工作報告」, 1946年 9月 30日(쉬서우창 가족 제공).
174 許壽裳, 「台灣省編譯事業的拓荒工作」, 『台灣月報』 3·4期合刊(1947年 1月), 61쪽.

인계 당시 이미 인쇄된 도서 20여 종을 제외하고 300여 만자에 달하는 원고가 있었는데, 모두 편역 초고 草稿이거나 아직 완성하지 못한 것들이었다.[175]

다음 날인 6월 25일 관장 쉬셔우창은 일기에 다음과 같이 썼다.

대만에 온 지 꼭 1년이 되었다. 편역관 사업을 준비하면서 처음에는 공간이 협소하고, 대륙 내지 교통이 막혀, 초빙한 사람들도 늦게 도착하였기 때문에 업무를 수행하기 어려웠다. 올해 1월에 와서야 각종 사업을 시작할 수 있었는데, 바로 2·28 사건이 발생하여 1개월간 업무가 중단되었고, 5월 16일 성 정무회의 의결로 철폐되었다는 통보를 받았다. 이처럼 급작스럽고, 또 그 이유도 알 수 없는데다, 내 의견을 표현할 기회조차 없었으니 비분함을 금치 못하겠다! 편역관의 업무 중 특별 안건으로 인계한 게 거의 30건이고, 특별 안건으로 인계한 현금이 150여만 원이었다. 나를 알아주든 나를 벌하든 따를 뿐이다.[176]

요컨대 위의 설명을 통해 편역관의 구체적인 성과는 대략 도서 20여 종의 간행과 300여만 자의 미완성 원고였음을 알 수 있다. 편역관의 학교교재조·사회도서조·명저편역조 업무는 교육청 편심위원회가 인수하였고, 대만연구조의 업무는 1948년 6월 성립된 대만성 통지관通志館이 인수하였다. 그 후 1949년 6월 대만성 통지관은 대만성 문헌위원회文獻委員會로 개편되었고, 대만성 문헌위원회는 2002년 다시 '국사관 대만문헌관國史館台灣文獻館'으로 개편되었다.

---

175 章微穎, 「36年6月 台灣省編譯館結束, 賦短章呈翁師座」(쉬셔우창 가족 제공)
176 『許壽裳日記』, 254쪽.

결어

편역관은 전후 타이완 문화재건을 집행하는 기관 중 하나로 학교교재조·사회도서조·명저편역조·대만연구조를 산하에 두었다. 그중 학교교재조의 임무는 타이완의 초등·중등·사범학교 학생의 중국어 수준에 적합한 교과서를 편찬하여 중국 어문 교육을 추진하고 아울러 교육 내용을 통해 타이완 학생에게 중화 민족의식을 주입하는 것이었다. 사회도서조의 임무는 대중 도서인 '광복문고'를 편집하여 보급함으로써 중국어문을 널리 보급하는 외에 '광복문고'의 문화 내용을 통해 중국 문화를 전파하는 것이었다. 명저편역조의 임무는 세계적 명저와 명작을 번역하는 것이었다. 그 목적은 대학생과 연구자들이 이들 명저와 명작을 읽음으로써 시야를 확대하고 연구심을 환기하려는데 있었다. 대만연구조의 임무는 일본학자가 남긴 타이완 연구 성과를 정리·번역하고 접수하는 것이었다. 이들 4개 조의 업무 내용 중 가장 주목할 만한 것은 대만연구조의 업무로, 편역관 관장 쉬셔우창은 일본이 남긴 타이완에 대한 학술적 연구를 접수하고 이를 중문으로 번역하여 관련 지식을 재생산함으로써, 중국 학술 연구의 일부로 삼아야 한다고 주장했다. 다시 말해 일본인의 타이완 연구를 번역하여 '중국화'하는 전용을 접수 책략으로 삼은 것이니, 이는 바로 '탈일본화', '재중국화'라는 타이완 문화재건 방침에 부합하는 것이기도 하였다. 대만연구조의 업무 내용과 성과[177]를 보면 선사시대 사적 발굴을 위한 현장 조사를 진행한 것 외에도 문헌자료를 초록鈔錄·복각하고 번역하는 등 그 연구 범위가 오늘날 타이완 연구를 망

---

177 편역관 철폐 후 양윈핑은 「近事雜記(6)」, 『台灣文化』 2卷 5期(1947年 8月), 12쪽에서 대만연구조가 거의 대부분 완성한 성과를 아래와 같이 열거하고 있다.

라하고 있으니, 2차 세계대전 종전 후 중국이 정부 차원에서 한 타이완 연구의 출발점이라 말할 수 있을 것이다.

편역(저)자	서명/편명 篇名
량쟈빈 저	수나라 때의 유구는 대만이 분명 아님에 관한 연구 [隋代琉求確非台灣考]
이와오 세이치 [岩生成一] 저, 정환 역	명말 일본에 머물던 Captain 이단과 정지룡 [明末旅日甲必丹李旦與鄭芝龍]
고쿠부 나오이치 저, 장랑뱌오 역	대만 선사시대 장화 모양 석기 연구 [台灣先史時代靴形石器考]
고쿠부 나오이치 저, 장랑뱌오 역	원리 후룽저 신석기시대 유적지 발굴 사전 보고 [苑裡後龍底新石器時代遺址發掘預報]
고쿠부 나오이치 저	대북 분지의 농가 [台北盆地之農家]
아오키 분이치로[靑木文一郎] 저, 장랑뱌오 역	쥐 떼 퇴치 연구 [鼠族驅除考]
W. Eberhard 원저, 가나세키 다케오 역주	활 쏘는 사람 [射人]
이케다 도시오 저, 장랑뱌오 역	복건성 출신 대만인의 출산과 양육 습관 [福建系台灣人的産育習俗]
아사이 에린 저, 쑨젠중 역	위트레흐트 대학 소장 평포족 어휘 [Utrecht大學所藏台灣平埔語彙]
모리시타 가오루 저, 렌신성 역	말라리아 특론 [瘧疾特論]
라이즈칭 편	대만부현지 예문지 색인 台灣府縣志藝文志索引
시라키 도쿠이치 저	대만 곤충의 모습 [台灣昆蟲相]
정환 편역	대만의 기상 [台灣氣象]
장창싱 저	과거 일본인이 대만에서 한 과학 활동 및 그 성과 [過去日人在台灣之科學活動及其成績]
진밍뤄 저	대만 문치무비 연혁사략 台灣文治武備沿革史略
다테이시 데쓰오미 저	석기 도보 石器圖譜

양원핑은 서목 書目 후기에서 "위에 열거한 것 중 한두 편을 제외한 나머지는 모두 완성되었다. …… 그 외 『대만통지 台灣通志』・『소유구만지 小琉球漫志』・『사서간정 使署間情』 등을 전사 [傳抄] 교감하였으며 『대만 관계 문헌목록 台灣關係文獻目錄』을 편집하기도 했다."라고 언급하였다.

제5장

신문화 체제의 확립
– 대만문화협진회

1. 대만문화협진회의 성립

대만문화협진회(이하 '협진회'로 약칭함)는 1946년 6월 16일 타이베이에서 성립한 문화단체이다. 앞장에서 설명한 대만성편역관과 함께 전후 대만에서 '탈일본화'·'재중국화'의 문화재건 활동 및 새로운 문화 체제 건립 과정에서 중요한 역할을 하였다. 협진회 성립을 위한 준비 활동은 이미 1945년 11월부터 시작되었다. 준비 책임자는 당시 타이베이 시장 여우미젠[游彌堅]이었다. 그는 협진회 성립 후 초대 이사장을 맡기도 하였다. 당시 여우미젠은 『신생보』에 협진회의 창립 취지를 다음과 같이 밝혔다.

> 대만은 일본의 통치를 받은 지 꼭 51년이 되었다. …… 모든 문화·사상·언론이 다 압
> 제를 받아서 마치 콩나물처럼 하늘의 해를 보지 못하고, 성장의 여지도 없었다. 제국
> 주의의 고압적 통치 아래에서 하루하루 파시즘의 세균을 길렀으니, 대만인은 이 50년

동안 파시즘의 독소에 심하게 마취되었고, 대만 사회에서 제국주의의 영향도 매우 만연되었다.

현재 대만은 비록 광복되었지만, …… 그 독소는 하루아침에 깨끗하게 제거할 수 있는 것이 아니고, 독의 뿌리 [毒根]도 하루 사이에 말끔하게 뽑아 버릴 수 없다. 조속히 삼민주의의 이상을 실현하기 위해 우리는 이러한 독소를 어떻게 제거하고 독의 뿌리를 뽑아 없앨 것인가? 어떻게 우리의 노예화된 관념을 바꿔서 정부의 새로운 대만 건설에 협조할 것인가? 이점이 우리가 마땅히 생각하고 노력해야 할 부분이다. 대만문화협진회의 창설 동기도 여기에 있다. 대만문화협진회의 목적은 삼민주의 정신을 선양하고 민주정치 사상을 고취하여 노예화된 대만 문화를 변화시키며, 정부가 추진하는 정책에 협조하고 국문과 국어를 전수하여 익히게 함과 아울러 여러 가지 사회봉사 활동을 하는 것이다.[178]

반년 정도의 준비 후 이듬해 6월 16일, 정식 성립대회를 개최하게 되었는데, 그 전날 『신생보』에 다음과 같은 보도가 실렸다.

본성의 문학·미술·연극·음악·교육·학술 등 여러 문화를 향상시켜 민주화의 세계 [彼岸]에 도달하기 위해서, 우선 다수의 뜻있는 사람 [有志之士]을 모아 대만문화협진회 설립 주비처 籌備處를 성립시킨 바 있다. 준비 작업이 순조롭게 진행되어서 16일(일요일) 오후 2시 대북시 중산당 中山堂에서 성립대회를 열기로 확정되었다.[179] (원문은 일어)

협진회가 정식 성립된 후 발표한 설립 취지는 다음과 같다.

---

178 游彌堅, 「台灣文化協進會創立的宗旨」, 『新生報』, 1945年 11月 20日.

179 『新生報』, 1946年 6月 12日.

본회는 문화 교육에 열성적인 동지와 단체를 연합함으로써 정부에 협조하고 삼민주의를 선양하며, 민주 사상을 전파하고 대만 문화를 개조하며, 국어와 국문을 보급할 것을 취지로 한다.[180]

이사장 여우미젠도 「문협의 사명」을 다음과 같이 천명하였다.

광복 후 대만의 문화계는 마치 폭풍 후 고요처럼 쥐 죽은 듯 하면서도 바람 앞에 의지할 곳 없는 모양이었다. 이는 큰 난리 후 응당 있을 수 있는 상황이지만, 노쇠하여 쇠락했다기 보다는 오히려 시기를 기다려 약동하고자 하는 새 생명의 역량을 품은 것이었다. 일시적으로 표현의 도구를 잃고 발휘할 수 있는 공간을 찾지 못했을 뿐이다.

일단 객관적 조건이 바뀌면 자연스럽게 내재적인 감정과 흐름도 개조되어야 하며, 일체에 대한 새로운 인식이 필요하다. 새로운 세계는 새로운 관념을 만들고, 동시에 새로운 관념으로 새로운 세계를 만들어야 한다. …… 이러한 대변동을 만나면 사람들은 어찌할 바를 모르고 동요할 수밖에 없다. 새로운 세계에 대한 인식이 아직 명확해지기 전에, 새로운 관념을 만들어 낼 수는 없을까? 모든 게 흔들리고 변화 과정에 있는 이것이 현재 대만 문화계가 고민하고 침묵하는 원인이며, 동시에 이 침묵은 고민의 상징이고 이 고민이야말로 새로운 탄생 [新生]의 역량이기도 하다. …… 이 고민은 바로 무한한 성장의 힘과 혁명성을 함축하고 있다. 이것이 바로 새로운 대만, 새로운 중국, 나아가 새로운 세계의 새로운 문화를 준비 [醞釀]하는 효모이다.

이러한 효모는 모두 순화될 필요가 있으며, 또 그것을 발효하고 생장시킬 수 있는 양호한 공간을 필요로 한다. 이 사명을 달성하기 위해 우리 문화협진회의 동인들은 대만 문화계의 충실한 심부름꾼 역할을 하고자 한다. 말하자면 우리 문화계의 동지들이 함

---

[180] 「台灣文化協進會的章程」第2條,『台灣文化』1卷 1期(1946年 9月), 28쪽.

께 모여 문화협진회를 조직함으로써 대만 문화계의 여러 선생들이 부문별로 단체를 결성하고, 많은 개인이 양조 釀造하고 있는 효모를 공동의 공간으로 들고 와 파종하게 함으로써 아름다운 꽃을 피우고 아름다운 열매를 맺게 하려는 것이다. 이 공동의 공간은 문학적인 것도 있고, 음악적인 것도 있고, 미술적인 것도 있고, 또 …… 계속 개척해 나가 끊임없이 발전하게 하는 것이다. 우리 문화협진회의 동인들은 그저 충실한 심부름꾼의 임무를 지키면서 정성스럽게 대만 문화계를 위해 봉사할 뿐이다. ……

우리나라는 삼민주의의 국가이다. 금후의 세계도 삼민주의 세계여야 한다. 따라서 우리가 필요로 하는 새로운 문화도 삼민주의 문화여야 한다. 삼민주의 문화는 무엇인가? 이것은 새로 태어난 대만에 절박하게 필요한 문화이자 새 중국이 필요로 하는 문화이다. 그리고 대만은 이 새로운 문화의 어린 싹을 키우는 묘포 苗圃가 되려 하는 것이니, 우리는 이 영광된 사명을 지고 있음을 잊지 말고 노력할 뿐! 자중 自重할 뿐![181]

이상 여우미젠 본인이 진술한 협진회의 취지와 사명, 『신생보』의 보도 및 협진회가 대외적으로 공포한 성립 취지를 통해서, 협진회의 설립 동기가 전후 타이완 문화계의 객관적 조건 변화를 고려하여 타이완 문화계를 전면 재편할 필요가 있다는 것, 다시 말하면 전후 타이완 전체 문화 체제의 구조적 변동 과정에서 솔선하여 타이완성 전체의 문화계 인사들을 통합 개편함으로써 문학·미술·음악·연극·교육·학술 등 모든 문화의 측면에서 일본이 남긴 문화 자본을 일소하려는 정부 정책에 협조하려는 데 있음을 대략 이해할 수 있다. 그리고 이들 일본 문화 자본은 이 일의 책임자[主事者]인 여우미젠의 눈에는 '독소毒素 또는 독의 뿌리[毒根]'였고, 일본화는 '노예화'와 같은 것이었다.

---

181 游彌堅, 「文協的使命」, 『台灣文化』 1卷 1期(1946年 9月), 1쪽.

이제 협진회의 조직을 좀 더 분석해 보자. 협진회의 조직 규정은 모두 7조항으로 아래와 같다.

(一) 본회는 15인에서 20인의 이사를 두고, 이사회를 조직하여 회의 사무를 총괄 [綜理]한다. 이사는 회원대회 또는 회원 대표대회에서 선출하며, 이들은 5인의 상무이사를 호선하여 중요 회의 사무를 주재토록 한다. 아울러 상무이사 중 1인을 호선하여 이사장으로 삼는다.

(二) 본회는 5인에서 10인의 감사를 두어 감사회를 조직하여 회의 사무를 감찰한다. 감사는 회원대회 또는 회원 대표대회에서 선출하며, 감사 중 3인을 호선하여 상무감사로 삼는다.

(三) 감사의 임기는 1년으로 하되 연임할 수 있으며, 상무이사·감사·이사장도 같다.

(四) 본회는 이사회에서 명예이사와 고문을 초빙할 수 있다.

(五) 본회는 총간사 1인을 두는데, 이사장이 이사회에 초빙을 제청한다. 총간사는 본회의 일체 결의안 및 일상 사무를 처리한다.

(六) 본회는 총무·교육·선전·연구·편집·복무 服務 등 6개의 조 組를 설치하고 각 조에 주임 1인을 두는데, 이사장이 이사회에 초빙을 제청한다. 각 조 주임은 각 해당 조의 일을 분장하며, 주임 이하의 직원은 이사장이 임용한다.

(七) 본회는 각종 위원회를 설치할 수 있는데, 그 규정은 따로 정한다.[182]

이러한 조직 장정에 따르면, 협진회의 조직 체계는 아래 표와 같다(저자가 제작).

---

[182] 「台灣文化協進會章程」第六條, 『台灣文化』1卷 1期(1946年 9月), 29쪽.

대만문화협진회 조직체계

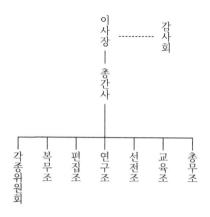

협진회의 회무會務는 이사장이 총괄하고, 중요 회무는 이사 중에서 호
선한 5명의 상무이사가 집행하게 되어있었지만, 실제로는 상무이사들이
호선으로 뽑은 이사장이 회무를 집행하였다. 이사장은 다시 총간사를
통해 집행하였는데, 최종 실무 활동은 총무조·복무조·편집조·연구조·선
전조·교육조 및 각종 위원회가 실제 책임졌고, 총간사와 각 조의 주임도
사실상 모두 이사회의 이사가 겸임했다. 따라서 이사회야말로 협진회의
회의 사무를 통괄·추진·집행하는 최고기구였다.
  협진회 성립 당시 이사와 감사 명단은 아래 표와 같다.

직무	성명	관직	기타
이사장	여우미젠	대북시 시장	전 前 대만조사위원회 위원
상무이사	우커강 [吳克剛]	대만성 도서관 관장	국립대만대학 교수
상무이사	천젠산 [陳兼善]	대만성 박물관 관장	
상무이사	린청루 [林呈祿]		동방 東方출판사 사장
상무이사	황치루이(黃啓瑞)	대북시 교육국 국장	

직무	성명	관직	기타
이사	린셴탕 [林獻堂]	국민참정회 참정원	
이사	린마오성 [林茂生]	국민참정회 참정원	국립대만대학 교수
이사	뤄완린 [羅萬拎]	국민참정회 참정원	
이사	판셔우캉	행정장관공서 교육처	처장
이사	류커밍 [劉克明]	대만성 교육회 감사	
이사	린쯔구이 [林紫貴]		중국국민당 대만집행위원 겸 선전처 처장
이사	사오충샤오 [邵沖霄]	행정장관공서 참의	
이사	양원핑	행정장관공서 참의	겸 협진회 편집조 주임
이사	천이숭 [陳逸松]	국민참정회 참정원	
이사	천샤오신 [陳紹馨]		국립대만대학 교수 겸 협진회 연구조 주임
이사	쉬춘칭 [徐春卿]	대북시 참의회 참의원	
이사	린충 [林忠]	국민참정회 참정원	전 대만 조사위원회 전문위원 [專員]
이사	롄전둥 [連振東]	대만성 참의회 비서장	
이사	쉬나이창 (許乃昌)		겸 협진회 총간사
이사	왕바이위안 [王白淵]		겸 협진회 교육조·복무조 주임
이사	쑤신 [蘇新]		겸 협진회 선전조 주임
상무감사	리완쥐 [李萬居]	대만성 참의회 참의원 겸 부비서장	전 대만조사위원회 위원
상무감사	황춘칭 [黃純靑]	대만성 참의회 참의원	
상무감사	수웨이량 [蘇維梁]	대만성 참의회 참의원	
감사	류밍차오 [劉明朝]	국민대회 대표	
감사	저우옌셔우 [周延壽]	대북시 참의회 의장	
감사	우춘린 [吳春霖]	대북시 참의회 참의원	
감사	셰어 [謝娥]	국민대회 대표	

『台灣文化』1卷 1期(1946年 9月) ; 章子惠,『台灣時人誌』(台北 : 國光, 1947) ; 陳鳴鐘·陳興唐主編, 『台灣光復和光復後五年省情』(上)에 근거하여 만듦.

위의 이사와 감사 명단을 보면, 정부 쪽의 대북시 시장, 대북시 교육국 국장, 행정장관공서 교육처 처장, 행정장관공서 참의, 대만성 도서관 관장, 대만성 박물관 관장, 민의기관(국민참정회, 국민대회, 대만성 참의회, 타이베이시 참의회)의 대표 등과 함께 민간출판사 사장, 대학교수 등도 있다. 그 중 이사장 여우미젠, 이사 린충, 상무감사 리완쥐는 전 대만성조사위원회 위원이기도 했다. 제1장에서 설명한 것처럼 이 조사위원회는 장제스의 명령에 따라 1944년 4월 충칭에서 성립되었는데(1945년 8월 해체), 그 주요 임무는 「대만 접관 계획 강요」의 제정 등 타이완을 접수·통치하기 위한 준비를 하는 것이었다. 이들은 이러한 「대만 접관 계획 강요」의 초안 작성부터 행정장관공서의 설치, 타이완의 접수·통치 과정에 모두 실제 참여하였기 때문에, 전후 국민정부가 타이완에서 어떻게 문화를 재건하고 새로운 문화 체제를 다시 건립해야 할지에 대해서도 잘 이해하고 있었다. 협진회의 성립 취지와 조직 구성원의 명단을 함께 살펴보면 의심할 여지없이 협진회는 사실상 정부, 즉 장관행정공서의 외곽단체이며, 국민정부는 이 조직과 활동을 전후 타이완의 새로운 문화 체제를 건립하는 사업의 일환으로 삼았음을 알 수 있다.

협진회 조직 구성원의 경력을 좀 더 살펴보면 매우 재미있는 사실을 발견할 수 있다. 즉 협진회 활동을 책임지고 집행한 이사 겸 총간사인 쉬나이창, 이사 겸 선전조 주임인 쑤신[183], 이사 겸 교육조·복무조 주임인

---

183 역자주 ; 쑤신(1907~1981)은 사회운동가로 1927년 대만공산당 설립 과정에 참여하였다. 1928년 대만공산당(일본공산당 대만 민족 지부)이 성립되자 정식 당원이 되었다. 1931년 같은 당의 중앙상무위원 겸 서기국장 선전부장을 맡았으나, 그해 9월 체포되어 12년 징역형을 받았다. 1943년 출옥하였다. 전후에는 잡지 『정경보 政經報』와 신문 『인민도보』의 편집장을 맡았다. 1947년 ‘2·28 사건’ 후 중국으로 도피하였다.

왕바이위안[184], 이 세 사람은 전전戰前에 좌익활동가로 활약했었다. 그리고 이사 겸 편집조 주임인 양원평과 이사 겸 연구조 주임인 천사오신 역시 전전 문화계에서 활약했던 인사이다. 또 양원평은 곧이어 설립되는 대만성편역관 편찬 겸 대만연구조 주임을 겸임하였다. 양과 천 두 사람은 전전에 기본적으로 자산계급을 대표하는 민족운동과 좌우 양파를 아우른 대만문화협회에서 각종 계몽운동에 참여한 적이 있었다. 협진회와 대만문화협회 모두 이처럼 경험이 풍부한 활동가를 재편하고 통합하여, 각종 문화 활동을 전개하였다는 점에서 방법은 다르나 결과는 같은[異曲同工] 기묘함을 갖고 있다.

2. 대만문화협진회의 활동

협진회가 공시한 「대만문화협진회 업무 요람」은 다음과 같다.

1. 문화강좌 : '대만역사 강좌' 등과 같은 학술강좌를 개최한다.
2. 문화좌담회 : 문화·학술 관련 좌담회를 개최한다.
3. 간행물 출간 : 월간 『대만문화 台灣文化』, 반월간 『내외요문 內外要聞』 및 각종 단행본을 출간한다.

---

184 역자주 : 왕바이위안(1902~1965)은 사회운동가이자 시인이다. 1925년 동경미술학교에 입학하였다. 1932년 '일본 무산계급 문화연맹' 계열의 타이완 유학생 좌익 문화단체인 '대만인문화권 台灣人文化圈'에 참가했다는 이유로 이와테 [岩手]여자사범학교 교사로 재직 중 체포 투옥되었다. 그 후 상하이로 건너가 상해미술전문학교에서 교편을 잡았다. 1937년 다시 항일분자 혐의로 체포 투옥되어 타이완으로 송환되었다. 전후 『신생보』 편역부 編譯部 주임을 맡았다.

4. 음악 사업 : 매년 정기적으로 대만성 음악 연주대회와 대만성 음악 경연대회를 열고 수시로 개인 연주회 등을 개최한다.

5. 전람회 개최 : 미술 및 기타 전람회를 개최한다.

6. 국어보급 사업 : 국어 보습반 補習班·국어강연 경연대회 등을 개최한다.

7. 초대소 경영 : 대북시 남창가 南昌街 1024번지에서 문화교육계 인사의 식사와 숙박을 제공한다.

8. 문화 상황 안내 : 각계 인사를 대신하여 대만성 내외의 문화·교육 등과 관련된 상황을 조사한다.

9. 도서·잡지 대행 : 남경과 상해 등지의 출판물을 대신 취급하고 주문한다.

10. 기타 업무 : 기타 각종 문화사업을 수시로 시행한다.[185]

「대만문화협진회 업무 요람」을 통해, 협진회의 구체적 활동 내용이 문화를 중심으로 한 사업들이며 창립 취지에 따라 행사되었음을 분명히 알 수 있다. 이러한 활동은 모두 위의 조직 규정 제6항에 열거된 총무·교육·선전·연구·편집·복무 각 조와 각종 위원회가 분담하여 집행하였다.

아래에서 필자는 「대만문화협진회 업무 요람」에 따라 협진회의 활동 내용을 단계적으로 검토하되, 편리를 위해 먼저 협진회 활동 내용을 아래와 같이 연표로 만든 다음, 이 연표에 근거하여 「대만문화협진회 업무 요람」과 대조하면서 그 활동 내용을 검토하고자 한다.

---

185 「台灣文化協進會業務要覽」, 許壽裳, 『魯迅的思想與生活』(台北 : 台灣文化協進會, 1947), 뒤표지.

대만문화협진회 활동 연표(1946. 6 ~ 1948. 12)

년 월 일	활동 내용
1946. 6.16	성립대회 거행.
6.28	화가 린메이수 [林妹殊]의 중국화 [國畵] 개인 전시회 개최.
7.4	제1차 문학위원회 간담회를 개최하여 6가지 사항을 토론. 1. 타이완 문학의 현 단계 사업 2. 표현 형식과 언어 문제 3. 민요의 수집과 창작 문제 4. 문학작품의 발표기관 문제 5. 타이완 문학상 (제정) 문제 6. 국내 문학의 연구 및 그 출판 문제
8.10	제1차 음악위원회 간담회를 개최하여 4가지 사항을 토론. 1. 현재 타이완의 음악교육 문제 2. 타이완 가요 문제 3. 고악 古樂 문제 4. 여가 이용 대중합창단 (창단) 방안
8.22	화가 천톈샤오 [陳天嘯] 강연회 개최, 제목은 '중국화학사개설 中國畫學史槪說'.
8.23~30	'타이완 역사 강좌' 개최. 90여 명이 참가했으며 강사는 다음과 같다. 행정장관공서 참의, 편역관 편찬 양원핑 고웅 [高雄]시 시장 · · · · · · · · · · · · 셰둥민 [謝東閔] 고웅 지방법원 판사 [推事] · · · · · 다이옌후이 [戴炎輝] 국립대만대학 교수, 문학박사 · · 이와오 세이치[186] 국립대만대학 교수 · · · · · · · · · · · 도미타 요시로(富田芳郎)[187] 사범학교 교수 · · · · · · · · · · · · · · · 고쿠부 나오이치 성 참의회 비서장 · · · · · · · · · · · · · 렌전둥 국립대만대학 교수 · · · · · · · · · · · 천샤오신

---

186 역자 주 : 이와오 세이치(1900~1988)는 도쿄에서 태어나 동경제국대학 사학과를 졸업하고 사료편찬소에서 일했다. 1929년 대북제국대학 조교수로 부임하여 남양 역사를 연구했다. 1936년 교수로 승진했고 패전 후 대만대학에 남았으나 1946년 해임되었다. 귀국 후 동경대학 문학부 교수를 지내다 퇴임했다. 『南洋日本町の硏究』(南亜文化硏究所, 1940) 등을 저술했다.

187 역자 주 : 도미타 요시로(1895~1982)는 삿포로 출신으로 동경고등사범과 동북제국대학 지질학과를 졸업하고 1925년부터 나라 [奈良]여자고등사범 교수로 있다가 1931년 대북제국대학 지리학부로 전임했다. 타이완의 지질구조를 연구했고 「타이완의 지형발달사」로 대북제국대학에서 박사학위를 받았다. 패전 후 동북대학 교수를 지냈다. 『植民地理』(叢文閣, 1937), 『台湾郷鎮之地理学的硏究』((台湾風物出版社, 1955), 『台湾地形発達史の硏

년 월 일	활동 내용
9.15	기관지 『대만문화』 창간.
9.17	미술 좌담회 거행.
9.27	연극관계자 간담회 거행.
10.19	광복 1주년 기념 음악 연주회 거행.
10.20	음악 좌담회 거행.
10.26	제1차 복장 服裝 문제 간담회 거행.
10.29	대만 라디오방송국과 공동으로 우정쳰 [伍正謙] 교수의 독창회 개최.
11.22	제2차 복장 문제 간담회 거행.
12.12	대만 라디오방송국과 공동으로 정청유 [鄭曾祐]·정후이 [鄭慧] 남매의 국악 연주회 개최.
1947. 1.22	행정장관공서 교육처와 고미술 전람회 공동 개최.
5.20	협진회 초대소 정식 개업.
6. 2	대북 민교관 民敎館·대만성 교육회·대만성국어추행위원회·대만성 도서관·대만성 박물관 등과 공동으로 둔황 [燉煌] 미술 전람회 개최.
6.25	제1회 학생 국어 연설 경연대회 개최.
6.27	기독교청년회와 음악 연주회 공동 주최.
7.10	쩡쯔런 [曾子仁]의 중국화 전람회 공동 주최.
7.23~8.31	하계 [暑期] 국문 강습회 개최.
7.28~8.31	미술 강좌 개최.
8.26	민요 좌담회 거행.
9.14	판메이보 [潘美波]와 왕런이 [王人藝]의 음악 연주회 거행.
9.19	실험 소극단의 차오위 [曹禺]의 「원야 原野」 공연을 주최.
10. 5	마공위 [馬公愚]·팡쮜왕 [龐左王]·쉬완핑 [徐晩蘋] 3인의 서화전 주최.
11. 8	대만성 음악 경연대회 개최.
11.29	제2회 대만성 음악 연주대회 개최.

究』(古今書院, 1972) 등을 썼다.

년 월 일	활동 내용
12.12~20	'중국 현대문학 강좌' 개최, 100명 이상의 청중이 참가했으며 강사는 다음과 같다. 　1. 중국 신문학 발전 개략 槪略 　　국립대만대학 부교수　　　리주녠(리허린) 　2. 신구 문학의 변천 [新舊文學之演變] 　　국립대만대학 교수　　　타이징눙 [臺靜農] 　3. 서양 문학의 소개 　　국립대만대학 교수　　　리지에 　4. 산문 散文 　　국립대만대학 문학원장　　　첸거촨 [錢歌川]
	5. 시가 詩歌 　　국립대만대학 부교수　　　레이스위 [雷石楡] 　6. 희극 　　관중연출공사 觀衆演出公司 이사 理事 시췬 [洗群] 　7. 소설 　　국립대만대학 교수　　　황더스 [黃得時]
1948.1.13	신춘 新春 음악 만회 晩會 개최.
4.2	타이완 가요 연주회 개최.
4.4	아동 음악 연주회 개최.
5.19	제4회 문화 강좌(음악 강좌) 개최. 　강사는 리진투 [李金土]·리빈순 [李濱蓀]·수얼화 [蕭而化]·차이장린 [蔡江霖].
6.7~17	제5회 문화 강좌 '50년 이래의 타이완' 개최. 　정치운동, 사법제도의 변천, 법제 法制, 쌀과 설탕, 무역, 금융, 재정과 식민지정책, 타이완인 정치 지위의 변천, 인구와 사회생활, 문화 등의 과목으로 진행. 　강사는 우싼롄 [吳三連]·황옌위 [黃演渥]·다이옌후이·천펑위안 [陳逢源]·황더스·가오탕판 [高湯盤]·장한위 [張漢裕]·천샤오신·양윈핑.
6.11	대만성 예술건설협회와 공동으로 장차이 [張才]의 사진 개인전을 찬조.
7.3	제1회 문예 작품 낭송회를 개최, 회원 50여 명이 참가. 　마오둔 [矛盾]의 「백양예찬 白楊禮讚」(산문), 딩시린 [丁西林]의 「압박 壓迫」(단막극), 「노신어록 魯迅語錄」, 아이칭 [艾靑]의 「태양을 향하여 [向太陽]」를 낭송.
7.7	제2차 문예 작품 낭송회 개최. 　루쉰의 「희생모 犧牲謨」(산문), 궈모뤄 [郭沫若]의 「굴원 屈原」(극본 중 한 단락), 딩예 [丁耶], 「외조부의 천하 [外祖父的天下]」(시)를 낭송.
8.1	리창쑨 [李昌蓀]·웨이치셴 [魏啓賢]의 음악 연주회 개최.
8.6	화가 주준붜 [朱俊佛]·뤼붜팅 [呂佛庭]의 중국화 전시회 개최.

년 월 일	활동 내용
8.7	제3차 문예 작품 낭송회 개최. 「공작새 동남으로 날다 [孔雀東南飛]」(古詩), 「로미오와 줄리엣」(세익스피어 극, 차오위 역) 낭송.
8.21	제4차 문예 작품 낭송회 개최. 주쯔칭 [朱自淸]의 「뒷모습 [背影]」(산문), 라오서 [老舍]의 「낙타상자 駱駝祥子」(소설 일부) 낭송
9.4	소프라노 후쉐구 [胡雪谷]와 알토 장신메이 [江心美]의 음악회 개최. 제5차 문예 작품 낭송회 개최. 장톈이 [張天翼]의 「꿀벌 [蜜蜂]」(산문), 바진 [巴金]의 「환항초 還鄕草」 낭송.
10.17	제1회 만돌린 음악 만회 찬조.
11.5	대만 라디오방송국과 국악 연주회 공동 개최. 중앙 라디오방송국 방송악단 타이완 방문 국악 연주대 演奏隊가 연출.
11.14	제2회 대만성 음악 경연대회 개최.
11.24	대북 성악연구회 聲樂硏究會의 음악회 연출 찬조.
11.28	대만 라디오방송국과 '가요 연주회' 공동 진행.
12.5	제2회 대만성 음악 경연대회 입상자 연주회 개최.

『台灣文化』의 「本會日誌」[協進會日誌] 1卷 1期(1946年 9月 15日)부터 4卷 1期(1949年 3月 1日)까지를 근거로 작성하였다. 「본회일지」는 4권 1기까지 실려 있고 1948년 12월까지의 활동을 기술하고 있기 때문에 이 연표는 1948년 12월까지를 대상으로 하였다.

(1) 문화 강좌

협진회는 2년 반 동안 모두 5차례의 문화 강좌, 즉 '타이완 역사 강좌', '미술 강좌', '중국 현대문학 강좌', '음악 강좌', '50년 이래의 타이완'을 개최하였으니, 역사·미술·문학·음악을 포괄하는 내용이었다. 강좌 내용과 관련하여, 비록 남겨진 기록은 없지만, '중국 현대문학 강좌'의 제목인 '중국 신문학 발전 개략', '신구 문학의 변천', '산문', '시가', '희극' 등에서 볼 수 있듯이 '미술 강좌'와 '음악 강좌'의 내용도 '중국 현대문학 강좌'와 같이 중국의 문학·미술·음악 등 중국문화를 소개하는 내용이었을 것이라고 추측할 수 있다. 그리고 '역사 강좌'도 두 차례 있었는데, 그 내용은 타이완의 역사·정치·사법·사회·경제·문화 등 영역을 포함한 다양한 각도에서 당시 사람들이 타이완의 특수한 역사적 상황을 이해하도록 모색하는 것이었다. 결국 문화 강좌의 목적은 중국문화의 내용을 소개 전파하고, 타이완 역사의 특수한 처지에 대한 이해를 구함으로써 일본이 남긴 문화 자본을 대신하려는 데 있었다.

(2) 문화 좌담회

2년 반 동안 협진회는 '미술 좌담회', '음악 좌담회' 그리고 '민요 좌담회' 등 모두 3차례의 좌담회를 열었다.

'미술 좌담회'와 '음악 좌담회', '민요 좌담회'는 모두 이사장인 여우미젠이 직접 주도했고 총간사 쉬나이창, 총무주임 선샹청[沈相成], 교육조 겸 복무조 주임 왕바이옌, 선전조 주임 쑤신, 연구조 주임 천샤오신, 편집조 주임 양윈핑 등도 거의 다 출석했고, 참석자 모두 당시 미술계와 음악계에서 활약하던 인사들이었다.

'미술 좌담회'에서는 타이완 미술계의 과거와 현재 및 미래 동향, 전람회의 운용 문제, 미술 연구 기관을 어떻게 만들 것인지, 미술의 핵심을 어떻게 구성할지, 미술교육을 어떻게 추진할지 등의 주제를 토론했다.[188]

'음악 좌담회'에서는 과거 타이완의 음악 및 음악 연주회와 경연대회의 정기적 개최 방안, 어떻게 중국 국내 음악가와 교류를 진행할지, 타이완 민중이 일본노래 부르는 것을 금지한 결과 민중들이 부를 노래가 없어져 버린 것, 그리고 대중음악의 고민을 어떻게 해결할지 등을 주제로

---

188 「美術座談會記錄」, 『台灣文化』 1卷 3期(1946年 12月).

토론하였다.[189]

'민요 좌담회'에서는 타이완의 민요를 어떻게 정리하고, 새로운 민요를 창작하여 일본가요를 대체할지에 대해 토론하였다.[190]

첫 번째 좌담회에서 이사장 여우미젠은 협진회가 좌담회를 여는 목적을 다음과 같이 분명히 밝혔다.

> 대만 광복 후 새 대만과 새 중국의 새로운 문화를 어떻게 건설할지는 당연히 큰 문제이고, 대만은 새 중국의 새로운 문화 건설을 위해 기초를 닦을 필요가 있다. 그러므로 어떻게 해야 대만의 문화가 새 중국 문화의 씨앗이 되어 열매를 맺을 수 있을지를 음악과 미술 등 예술 각 분야의 인사들이 반드시 역량을 집중하여 서로 연찬 研鑽해야 한다.[191]

바꾸어 말하면, 좌담회의 목적은 바로 타이완의 문화계 인사들을 모아 함께 새로운 타이완 문화를 모색하는 것이었다. 또 그들은 타이완에 여전히 쌓여있는 일본의 문화 자본이 상당히 두터우며 전후 타이완의 문화 건설과 전후 중국의 문화 건설이 밀접하게 연관되어 있음을 의식하였기에, 협진회가 모색해 낸 새로운 타이완의 새로운 문화가 새로운 중국 문화의 씨앗이 될 수도 있다는 희망을 강하게 품었다.

이상의 세 좌담회 외에도 협진회는 '문학위원회 간담회'와 '음악위원회 간담회' 및 '연극관계자 간담회' 그리고 두 차례의 '복장 문제 간담회'를 개최하였다.

---

189 위와 같음.
190 「民謠座談會紀錄」, 『台灣文化』 2卷 8期(1947年 11月).
191 「美術座談會紀錄」, 20쪽.

토론 사항을 기록으로 남기지 않은 '연극관계자 간담회'를 제외하고 '음악위원회 간담회'의 토론 사항(토론 내용은 기록이 남아있지 않음) 중 '민요의 수집과 창작 문제', '현재 타이완 음악교육의 문제', '타이완 가요 문제', '고악古樂 문제', '여가 이용 대중합창단(창단) 방안'들은 모두 '음악 좌담회'의 토론 사항과 관련된 것이고, '문학위원회 간담회'의 토론 사항(토론 내용은 기록이 남아있지 않음)인 '타이완 문학의 현 단계 사업', '표현 형식과 언어 문제', '문학작품의 발표기관 문제', '국내 문학의 연구 및 그 출판 문제' 등은 모두 전후 타이완의 문학 체제와 문학 영역의 구조적 변화를 반영하고 있다.

그 외 '복장 문제 간담회'와 관련하여 『신생보』는 좌담회의 결론을 다음과 같이 보도하고 있다.

> 대만문화협진회는 인민의 복장 개선 사업 추진을 위해 22일 오전 9시, 중산당에 있는 동회同會의 사무실에서 제2차 복장 문제 간담회를 개최하고, …… 각계의 복장을 개선하기 위하여 먼저 일반시민·농민·상인·학생의 복장 각 1종을 만든 후에 공개 전람회를 거행하여 각계 인사의 비평을 요청하기로 하였다. 그런 후에 각 방면으로 (확대) 추진하기로 하고 이러한 복장을 문화복文化服이라 부르기로 하였다.[192]

'문화복' 제작을 계획하였다는 점을 통하여 협진회가 타이완의 문화 재건 사업, 새로운 문화 체제의 건립 및 일본이 남긴 문화 자본 제거에 온 힘을 다했으며, 총체적인 문화 측면에서 시작하여 철저하게 타이완의 문화를 개조하려 했음을 알 수가 있다.

---

192 『新生報』, 1946年 11月 23日.

『대만문화』 창간호(1권 1기)(1949년 9월) 표지

(3) 정기간행물의 출판

협진회는 출범 이후인 1946년 9월 15일 기관지 『대만문화』를 창간했다. 『대만문화』의 내용은 문학·예술·역사·교육·사회·정치 등을 두루 포함하는 일종의 종합잡지였다. 창간호의 〈후기〉에서도 다음과 같이 선언하였다.

> 말할 필요도 없이 본지는 '대만문화협진회'의 기관지이다. 그러나 우리는 본지를 빌려 본회를 선전하려는 것은 아니다. 본회의 사업 기록과 소식을 일부 싣기는 하겠지만, 우리는 '종합문화잡지'를 편집하는 태도로 임하고자 한다.[193]

---

193 『台灣文化』1卷 1期(1946年 9月), 32쪽.

그러나 이 '종합문화잡지'로서의 성격은 4권 1기(1949년 3월)까지만 유지되었고, 5권 1기(1949년 7월)에 다음과 같은 공고를 게재하였다.

> 본간은 이번 간기부터 편집 방침을 바꾸어 종전처럼 일반성 논문•평론•문예 작품 등은 싣지 않을 예정이다. 대만과 관련된 연구 논문과 자료 등의 원고만을 선별하여 편집할 것이다.[194]

따라서 5권 1기부터 마지막 호인 6권 3, 4 합병호(1950년 12월)까지, 『대만문화』는 타이완 연구의 전문학술지로 변모한 것이다.

『대만문화』는 1950년 12월 정간되기까지 모두 6권 27기, 총 26책이 발행되었다. '종합문화잡지' 시기는 창간호인 1권 1기(1946년 9월)부터 4권 1기까지 모두 4권 21기, 총 21책이다. 1권 2기, 1권 3기, 2권 1기, 2권 2기, 2권 3기의 편집인은 대만문화협진회로 표기되어 있지만, 실제 편집 사무는 선전조 주임 쑤신이 맡았던 것 같고[195] 나머지 호의 편집인은 모두 양윈핑으로 되어있다. 협진회의 편집조 주임이자 편역관의 편찬 겸 대만연구조 주임인 양윈핑이 편집을 맡은 것이다. 그러나 5권 1기부터는 별도의 편집인 표시가 없는데, 편집 책임자는 연구조 주임 천샤오신이었다.[196] 아래의 도표는 '종합문화잡지' 시기 『대만문화』에 실린 글의 내용을 종류별로 나누고(표 1), 나아가 가장 많이 실린 문예 관련 문장을 그 종류와 작자의 신분에 따라 다시 분류하여 설명해 본 것이다(표 2). 『대만문화』의 내용과 작자 신분에 대한 분석을 통해, 협진회의 활동

---

194 『台灣文化』5卷 1期(1949年 7月), 54쪽.

195 蘇新, 『未歸的國共鬪魂』(台北 : 時報文化, 1993), 67~68쪽.

196 秦賢次, 「『台灣文化』復刻說明」, 『台灣文化』復刻本(台北 : 傳文文化, 1994).

및 당시 문학 영역의 특색을 더 깊이 이해하는 데 도움이 될 수 있을 것이다.

<표 1> 내용 분류표(숫자는 문장의 편수를 표시)

권기	문예류	정치류	사회류	교육류	역사학류
1권	34	0	0	4	2
2권	82	0	11	2	3
3권	80	3	3	1	5
4권	9	0	0	0	0
합계	205	3	14	7	10

<표 2> 문예류 문장의 종류 및 작자 신분(숫자는 문장의 편수, 괄호 안의 숫자는 번역 편수를 표시)

종류별	작품 수(번역 작품)	중국인	타이완인	신분 불명
문예평론 및 문예 소개	83(4)	16	10	3
신시 新詩	20(6)	8	2	1
구시 舊詩	4	2	1	
희극	13(1)	2	2	
소설	10	1	6	
수필·산문	64	18	2	3
가요	11		4	4
합계	205(11)	47	27	11

〈표 1〉의 문예류는 문예평론, 창작문학, 번역 등의 작품을 말한다. 예컨대 두룽즈[杜容之]의 「항전 중의 우리나라 문학[抗戰中我國文學]」(1권 1기), 양원핑의 「타이완 신문학운동 회고」, 천옌챠오[陳煙僑]의 「루쉰 선생과 중국의 신흥 목각 예술」(1권 2기), 황룽찬[黃榮燦]의 「판화가 : 케테 콜비츠(Käthe Kollwitz)」(2권 1기), 뤄링즈[羅靈智]의 「신곡 神曲으로부터 단테를

말하다」(2권 9기), 장둥팡[張冬芳]의 「단편소설 : 아차녀阿猜女」(2권 1기), 리지예의 「오마르 하이얌(Omar Khayyam) 시선詩選」(3권 1기) 등이 모두 문예류에 속한다. 정치류는 당시 정치에 대한 평론 성격의 문장으로 홍옌츄[洪炎秋]의 「부패[貪汚]를 말한다」(3권 1기), 쉬씨우후[許秀湖]의 「폭로와 비방, 송덕, 경하의 광고[攻訐·頌德·慶賀的廣告]」(3권 8기) 등이다. 사회류는 사회문제에 관한 것과 사회학 연구 논문 등을 가리키는데, 예컨대 푸샹린[傅尚霖]의 「중국 사회문제의 체계」(2권 4기), 천샤오신의 「타이완 현상의 사회학적 고찰」(2권 5기)와 같은 것이다. 교육류는 당시의 교육 현상 및 교육정책 설계에 대한 의견을 제기한 문장으로, 예컨대 판서우캉의 「본성 교육사업의 현상 및 금후 추세」(1권 1기), 우커강의 「야간대학을 말한다」(1권 1기), 양나이판의 「타이완 고등교육의 전망」(1권 3기) 등이 그것이다. 역사학류는 역사학 관련 연구 논문을 가리키는 것으로, 예컨대 이와오 세이치의 「화이변태華夷變態」(1권 3기), 쉬스잉[許世瑛]의 「왕도王導의 정치 업적과 진원제晉元帝의 중흥」(2권 9기), 천샤오신의 「타이완 사료의 정리」(3권 7기) 등이다. 〈표 1〉을 통해서 『대만문화』에 게재된 문장은 문예류가 205편으로 단연 많고, 그 다음이 14편인 사회류이며, 이하 역사류·교육류·정치류 순임을 알 수 있다. 『대만문화』는 분명 '종합문화잡지'였지만, 문예를 위주로 하는 '종합문화잡지'였던 셈이다.

〈표 2〉에서 문예평론과 문예 소개는 넓은 의미에서 문학·음악·미술 등 예술에 관한 평론 및 동향 소개, 그리고 작자 자신의 창작을 포함한다. 예컨대 앞서 언급한 「항전 중의 우리나라 문학」, 「대만 신문학운동 회고」, 「노신 선생과 중국의 신흥 목각 예술」, 「판화가 : 케테 콜비츠」, 「신곡으로부터 단테를 말하다」 등이 모두 여기에 속한다. 또 외국인의 저작을 번역한 것도 있으니, 예컨대 프랑스 사람 제라드 드 라카제 뒤티

에(Gêrard de Lacazo Duthiers Duthiers)의 작품을 쭈허후諸侯(천위칭[陳瑜淸])
가 번역한 「참 문예와 가짜 문예」(3권 2, 3, 5기)가 그것이다. 신시에는 창작
도 있으니, 왕바이옌의 「나의 시[我的詩]」(1권 1기), 양원핑의 「청동기와 매
화[靑銅器與梅花]」(2권 2기)와 같은 것이다. 번역 작품으로는, 앞서 언급한
「오마르 하이얌 시선」은 영국 번역가 E. Fitzgerald의 번역 시집 『오마르
하이얌의 사행시(Rubaiyat of Umar Khayyam)』를 번역한 것이었다. 구시舊詩
에는 톈화[天華]의 「모우暮雨」(2권 1기), 「구시 양수兩首」(2권 5기) 등이 있
다. 희극에는 뤼쑤상[呂訴上]의 「대만 연극 개혁론」(2권 2~4기), 왕바이옌
의 「대만 연극의 과거와 현재」(2권 3기) 등 희극평론과 함께 천다위[陳大
禹]의 「적막한 효가산[寂寞曉家山]」(3권 5~7기) 등 창작 극본, 한한밍[韓罕明]
이 번역한 스타니슬랍스키(Konstantin Sergeyevich Stanislavski)의 「극장론劇
場論」(3권 5기) 등도 있다. 소설은 모두 창작이었는데, 앞서 소개한 장둥팡
의 「단편소설 : 아차녀」(2권 1기), 장류[江流](본명은 중리허[鐘理和])의 「삶과
죽음[生與死]」(1권 1기), 츄핑톈[邱平田](본명은 쑤신)의 「농촌 자위대」(2권 2기)
등이 그러하다. 수필과 산문도 모두 창작 작품이었으니, 양나이판의 「수
필 – 저자거리의 소리 3제[市聲三題]」(1권 2기), 레이스위의 「수상隨想」(2
권 1기), 웨이간[昧橄](본명은 쳰거촨)의 「전시 수도의 자잘한 기억[戰都零憶]」
(2권 9기) 등이다. 가요에는 우신룽[吳新榮]의 「무사출초가霧社出草歌」, 황
어우보[黃鷗波]의 「작은 개미[小螞蟻]」(1권 3기), 「작은 거미[小蜘蛛]」 등과
같은 창작도 있지만, 린칭웨[林淸月]의 「민간가요」(3권 6·8·9기)처럼 채집
정리한 것도 있었다.

　〈표 2〉를 통해서 문예류 문장 중에서는 문예평론 및 작가와 작품, 문
예 동향에 대한 소개가 가장 많고, 그 다음이 수필과 산문임을 알 수 있
다. 작자의 신분을 보면 1945년 이후 중국에서 타이완으로 건너온 작가

가 다수인데, 특히 쉬셔우창·타이징눙·리허린(리주녠)·리지예·레이스위·리러원[黎烈文]·황룽찬·위안성스 등은 주목할 만하다. 그 중 쉬셔우창은 루쉰의 평생 좋은 친구였고, 타이징눙과 리지예 또한 1925년 루쉰이 베이징에서 창립한 문학 결사인 '미명사'의 구성원이었다. 황룽찬은 루쉰의 목각 사상을 전파하는 일에 일생을 바쳤으니, 위에 언급한 사람들 모두 루쉰 사상의 영향을 받아 쉬셔우창을 중심으로 타이완에 5·4 신문학과 신문화를 전파하는 데 힘썼다.

『대만문화』의 내용은 특히 5·4 이래 중국의 신문화, 신문학의 소개에 관하여 매우 적극적인 태도를 보였다. 예컨대 창간호인 1권 1기에 실린 총 12편의 문장 중 교육류가 2편, 문예류가 10편이었다. 문예류 10편 중에서 「항전 중의 우리나라 문학」, 「대만 신문학운동 회고」, 「중국에서의 신흥 목각 예술」 등 3편은 문예평론과 소개인데, 그중 2편이 중국의 신문화와 신문학 소개였던 셈이다.

「항전 중의 우리나라 문학」은 항일전쟁 시기 중국 국방 문학의 흥기와 침체 과정을 소개한 것이다. 「중국에서의 신흥 목각 예술」은 루쉰이 1928년 '조화사朝化社'를 조직한 이후 중국에서 목각 운동의 발전 상황을 소개한 것이다. 이러한 글을 실은 의도에 대해 창간호 「후기」에서 솔직하게 다음과 같이 표명하고 있다.

두용지 선생의 「항전 중의 우리나라 문학」과 황영찬 선생의 「중국에서의 신흥 목각 예술」 등은 모두 고심하여 쓴 역작이다. 두·황 두 선생의 내지 內地 문화 소개는 확실히 매우 중요한 작업으로, 본성과 내지의 문화교류라는 의미에서 우리는 앞으로도 이

러한 문장을 더 많이 실을 생각이다.[197]

이로써 『대만문화』에 '내지 문화 소개' 문장을 실은 동기가 바로 "본성과 내지의 문화적 교류", 즉 타이완과 중국의 문화교류를 위한 것이었음을 알 수 있다. 1946년 10월 루쉰 서거 10주년을 맞이하여 『대만문화』는 창간호 다음간기인 1권 2기(1946년 11월 발행)에 '루쉰 서거 10주년 특집'을 제작하였으니[198], 편집 「후기」에서 다음과 같이 밝히고 있다.

> 일제 [日人]시대 본성에서 우리는 노신을 공공연히 추도할 수 없었다. 작년에도 광복을 축하하는데 겨를이 없어서 노신의 기일 忌日을 생각해 낸 사람은 거의 없었다. 올해 우리가 노신을 공공연히 추모하는 것은 광복 후 처음이라 할 수 있기에, 『대만문화』도 이번에 특집 기념호를 꾸미게 되었다. 우리는 이 '노신 기념 특집'이 대만문화에 공헌하는 바가 분명 적지 않을 것으로 믿는다.[199]

---

197 『台灣文化』1卷 1期(1946年 9月), 32쪽.

198 '루쉰 서거 10주년 특집'에는 다음과 같은 글들이 수록되었다. 양원핑, 「루쉰을 기념함」, 쉬셔우창, 「루쉰의 정신」, 가오거 [高歌] 역, 「아그네스 스메들리가 기록한 루쉰」, 천옌챠오, 「루쉰 선생과 중국의 신흥 목각 예술」, 톈한 [田漢], 「루쉰 선생을 오래도록 기억함」, 황롱찬, 「루쉰 선생을 애도함 – 그는 중국 제일의 사상가이다」, 레이스위, 「타이완에서 루쉰 선생을 처음 기념하는 소감」, 셰스옌, 「루쉰의 구시 모음」, 그 외 루쉰의 친필 원고와 생전 사진, 그가 사용했던 책상 사진이 실려있다.

199 『台灣文化』1卷 2期(1946年 11月), 21쪽.

版出會進協化文灣台
期二第　　　卷一第
輯特年週十世逝迅魯

台湾文化

中華民國三十五年十一月一日

『台灣文化』1卷 2期(1946年 11月) 표지. '루쉰 서거 10주년 특집'으로 꾸며졌다.

협진회의 기관지인『대만문화』가 '루쉰 특집'을 제작한 것은 그 의의
가 매우 크다. 그것은 단순히 "루쉰을 기념하기" 위한 것만이 아니라 "내
지 문화를 소개하고" 내지 문화와 교류하기 위한 것이며, 동시에 협진회
내부에 루쉰으로 대표되는 5·4 신문화·신문학 정신을 전후 타이완 문
화의 내용으로 삼을 수 있다고 생각하는 사람이 있었다는 것을 보여준
다.『대만문화』내에는 확실히 중국의 신문화·신문학에 대한 논술이 적
지 않았으니, 앞서 언급한 사람 중에 루쉰 사상의 영향을 받은 대륙에서
건너온 작가들이 적지 않았다. 그들은『대만문화』에서 위의 내용을 반복
해서 끊임없이 토론하였는데, 그 의도는 5·4 신문화와 신문학 그리고 전
후 타이완 문화에 대한 루쉰의 중요성을 규범화하고 전파하려는 데 있
었다. 그 영향력 면에서 1920년대 타이완에서 일었던 제1차 루쉰 전파

고조기에 이은 제2차 루쉰 전파 고조기라 할 정도였다. 그들은 루쉰 사상의 전파를 통해 타이완에서 또 하나의 새로운 5·4운동을 불러일으킴으로써 5·4 신문화·신문학 중심의 새로운 문화 체제와 새로운 문학 체제를 건립하고자 하였다. 협진회는 이후 양원펑이 편집하고 쉬셔우창이 저술한 『루쉰의 사상과 생활』(1947)을 출판하였다. 이를 통해서 루쉰 사상이 협진회의 문화 활동에 줄 곧 매우 크게 영향을 미쳤음을 볼 수 있다.

물론 『대만문화』의 논술에 상술한 경향이 있었지만, 같은 시기에 타이완 문화계가 타이완 신문학운동의 전통을 잊어서는 안 된다고 호소하는 문장도 등장하였다. 양원펑은 「타이완 신문학운동 회고」라는 글에서 다음과 같이 직언하였다.

> 지금은 이미 모두 잊어버린 것 같지만, 대만에서도 일찍이 열렬하고 진지한 신문학운동이 펼쳐진 바 있다. 일부 관념상의 망각만으로 역사상 엄연히 있었던 사실을 부정할 수는 없다.
>
> 결론부터 미리 말하면, 대만의 신문학운동은 당시 여전히 일본의 통치를 받는 상황에서, 중국 신문학운동의 운동과 성취의 영향을 받아 촉진되었다. 다만 당연하지만, 그럼에도 대만의 특색을 얼마쯤 유지하고자 했었다.[200]

양씨는 이 글에서 1920년대에서, 타이완 각 신문·잡지의 '한문란漢文欄'이 일본 당국에 의해 폐지되는 1937년까지 타이완 신문화운동의 전체적인 발전 과정을 상세하게 묘사하였다. 양씨의 의도는 일본 통치하

---

[200] 楊雲萍, 「台灣新文學運動的回顧」, 『台灣文化』 1卷 1期, 10쪽.

에서든 중국의 영향 아래에서든, 타이완은 자기 자신의 특색을 유지할 수 있으며 전후의 '내지 문화 소개'나 '내지 문화와의 교류' 과정에서도 여전히 스스로 타이완 특색을 유지해야 함을 타이완 문화계에 상기시키려는 데 있었다.

상술한 〈표 2〉에서 보듯이 『대만문화』의 저자 중 중국 작가가 타이완 작가보다 많은데, 이 또한 전후 타이완이 문화 체제의 재편에 따라 문학 영역도 함께 바뀌었으며 중국에서 타이완으로 건너온 작가와 중문으로 작품을 쓰는 것이 타이완 문학의 주류가 되었음을 반영한다. 양원핑이 비록 타이완 신문화운동의 전통을 보존할 것을 호소하였지만, 대단한 기세[排山倒海]로 밀려오는 5·4 신문화·신문학운동에 대한 엄청나게 많은 논술을 막아 낼 수는 없었으니, 타이완의 신문학 전통은 거의 중국 5·4 신문학의 홍수에 삼켜져 버리고 말았다. 이러한 현상을 초래한 근본 원인은 타이완 작가가 일제 통치 시기 쌓아온 문화자본, 특히 가장 기본인 언어능력이 하루아침에 쓸모없게 되어버린 데 있었다.[201] 당시 『민보』의 사설[社論] 「문예가는 어디에?」는 바로 단번에 정곡을 찌르듯 지적하고 있다.

> 본성 문예계가 쇠퇴하여 부진하게 된 중요한 원인을 우리가 모르는 것도 아니요 이해하지 못하는 것도 아니다. 바로 언어와 문자에 익숙하지 못하기 때문이니, 바꾸어 말하면 '수단[工具]'를 충분히 운용하지 못하는 소치이다. 말할 필요도 없이 문예란 언어

---

201 일제 초기부터 전후에 이르는 타이완의 문화 체제·문학 체제·문학 영역의 변천에 관해서는 장쑹성[張誦聖]의 간단명료하고 뛰어난 논의가 있다. 張誦聖, 「'文學體制'與現·當代中國/台灣文學 : 一個方法學的初步審思」, 『文學場域的變遷 : 當代台灣小說論』(台北 : 聯合文學, 2001), 135~155쪽.

와 문자로 표현하는 것이다. 그래서 이 원인은 매우 엄중하고도 중대하다.[202]

전후 타이완 작가들은 어쩔 수 없이 일본어 글쓰기를 그만두어야 했지만, 중국어 글쓰기 능력을 하루아침에 습득할 수 있는 것이 아니었다. 이는 『대만문화』의 출신별 작자 수의 차이에 반영되었고, 전후 초기 타이완의 문학 영역에도 반영되었다. 그 외 『대만문화』의 고쿠부 나오이치 ·가나세키 다케오·이와오 세이치 등 일본인 작자도 그 존재를 무시할 수 없다. 당시 고쿠부·가나세키·이와오는 여전히 타이완에 남아 징용된 상태였다. 『대만문화』는 5권 1기부터 타이완 연구 전문 학술잡지로 바뀌어 최종호인 6권 3, 4기 합병호까지 30편의 타이완 연구 논문을 실었는데, 가나세키와 고쿠부의 논문이 6편으로 5분의 1을 차지할 정도였다. 이와오의 논문도 '종합문화잡지' 시기의 『대만문화』에 발표되었다. 게다가 고쿠부와 이와오 모두 협진회가 주최한 '대만역사강좌'(1946년 8월 30일)의 강사로 나선 적이 있었다. 편역관과 마찬가지로 협진회도 일본 학술연구의 유산을 완전히 부정하지 않는 태도를 보였던 것이다.

협진회는 기관지 『대만문화』 외에도 1946년 11월 '문협소총서 文協小叢書'의 제1종으로 중·일문 대조의 국내외 뉴스 요약인 『내외요문』을 간행하였다. 그 목적은 중국어를 보급하여 타이완인의 중문 학습과 국내외 정세에 대한 이해를 돕기 위한 것이었다.

(4) 음악 사업

협진회는 2년 반 동안 모두 19회의 음악회를 개최하였는데, 음악 경

---

202 「文藝界在哪裡?」, 『民報』, 1946年 11月 25日.

연대회 외에 중국 음악 연주회와 타이완 가요 연주회가 대부분이었다.

(5) 전람회 개최

2년 반 동안 다섯 차례의 중국 서화 전람회와 두 차례의 중국 고대 미술전람회, 한 차례의 사진 전시회를 개최하였다. 전람회는 음악 사업과 마찬가지로 여전히 중국문화의 소개와 전파가 주요 내용이었다.

(6) 국어보급 사업

이 부분의 사업과 관련하여 협진회는 1947년 6월 25일 제1회 학생 국어 연설경연대회, 같은 해 7, 8월에 하계 국문 강습회를 개최하였고, 이듬해 7월부터 9월까지 연속으로 다섯 차례의 문예 작품 낭송회를 열어 행정장관공서의 국어보급 사업에 협조하였다.

상술한 (4)항에서 (6)항까지의 업무도 모두 교육조 겸 복무조 주임인 왕바이옌이 기획하고 책임을 졌다.

(7) 초대소 경영

초대소의 정식 명칭은 '대만문화협진회초대소'이다. 『대만문화』에 게재한 광고에 "위치가 청정淸靜하고 교통이 편리하며, 우아한[精雅] 설비와 정성스러운 접대, 저렴한 가격으로 문화교육계 인사에게 숙식을 제공합니다."라고 선전한 것을 보면 순수한 복지기관 같으나, 이를 통해 문화계 인사들을 협진회 아래에 응집시키는, 마치 회관會館이 그런 것처럼, 중요한 인적 네트워크도 만들려는 것이었다. 이는 총무조의 사업에 속했다.

(8) 문화 상황 안내

이에 관한 협진회의 구체적인 방식은 『대만문화』 1권 2기부터 '문화 동태' 지면[欄]을 개설하여 작가들의 활동, 출판 정보, 예술·문화·교육활동 등을 포함하는 중국 국내의 문화 동태를 전문적으로 보도하고, 또 '본성 문화 소식'이라는 지면을 만들어 '문화 동태'와 같은 항목으로 타이완성내의 문화 동태를 전문적으로 보도하는 것이었다. 그러나 2권 5기부터는 '문화 동태'와 '본성 문화 소식'을 '문화 동태' 지면으로 합치고, 다시 '성내省內'와 '성외省外'로 나누어 각각 타이완의 문화 동태와 중국의 문화 동태를 전문적으로 보도하였다.

(9) 도서·잡지 대행

도서·잡지의 대행 업무는 타이완인 독자를 위해 중국 국내 출판물을 주문해 줌으로써 타이완인들이 중국 국내에서 출판된 간행물을 읽도록 격려하는 일종의 '내지 문화교류' 사업이었다.

위에서 본 것처럼 협진회의 활동 내용은 매우 풍부했고, 그 활동 범위에는 출판을 통해 협진회의 주장을 유통·확산시킴으로써 정당성을 획득하는 일이 포함되었음을 알 수 있다. 또 훈련 성격을 띤 강좌·경연·공연 등 여러 활동과 함께 출판물 판매, 초대소 경영 등 문화경제 행위도 겸하였다. 이러한 활동의 순환을 통해 그 문화적 기능을 확대하였으니, 결국 협진회는 국민정부가 전후 타이완의 문화재건과 새로운 문화 체제 건립을 추진하면서 운영한 문화기구의 하나였던 셈이다.

협진회가 이런 커다란 의도를 서서히 전개해 나갈 즈음인 1947년 2월 발생한 '2·28 사건'은 협진회에게도 중대한 타격을 주었다. 사건 발생과 함께 협진회 운영의 중요 구성원인 이사 린마오성과 쉬춘칭이 실종되었고, 교육조 겸 복무조 주임인 왕바이위안은 체포되었으며, 선전조 주임 쑤신은 대륙으로 도피하였다.『대만문화』의 주요 작자 또한 사건에 휘말렸으니, 타이완 작가 뤼허뤄[呂赫若]는 도피 중 사망했고 우신룽은 체포되었다. 중국에서 건너온 작가들도 이 사건 발생 후 국민정부의 감시를 받았으니, 쉬셔우창은 사건 발생 이듬해 비명에 죽었고, 리허린·리지예·레이스위 등은 서둘러 중국으로 돌아갔으며, 황룽찬도 1950년대 '백색공포' 시기가 시작되자마자 체포되어 처형되었다. 협진회의 활동이 갑자기 정지 상태에 처하면서 성립 초기의 기세와 열정도 급속하게 소실되었다. 사건 발생 후에도 유일하게 계속한 활동은『대만문화』의 간행이었다. 앞서 언급한 것처럼『대만문화』는 5권 1기부터 더 이상 '종합문화잡지'가 아니라 타이완 연구의 학술전문잡지로 변해서 그 성립 취지와는 아주 달리 타이완 연구를 보존하는 잡지가 되었으니, 아마도 협진회의 편집조 주임 양윈펑과 연구조 주임 천샤오싱의 노력 덕분이었을 것이다. 그러나 1949년 국민정부가 타이완으로 옮겨 오고 타이완이 계엄시기로 들어서면서 국민정부의 반공과 중국문화 중심의 문화 체제가 더욱 확립되자,『대만문화』는 6권 3, 4기 합병호(1950년 12월) 출간 후 발행을 중지하였고 협진회의 활동이 완전 정지되면서 마침내 스스로 소멸하였다.

결어

협진회는 행정장관공서가 전후 '탈일본화'와 '재중국화'라는 타이완 문화재건 사업과 새로운 문화 체제 건립을 추진하던 중요한 외곽기구

중 하나였다. 전전 타이완에서 활약하던 모든 사회운동가·문화 종사자를 재편·통합하여 음악·미술·희극·복장·문학 등 모든 문화 영역에서 중국의 문화를 타이완에 전면적으로 수입함으로써, 타이완에 남아 있던 일본 문화자본을 대체하고자 하였다. 협진회의 성립 취지와 대외적으로 천명한 사명은 삼민주의 문화야말로 새로운 타이완과 새로운 중국이 절박하게 필요로 하는 문화라는 점을 거듭 강조하는 것이었으니, 그 성립 목적은 바로 정부에 협조하여 삼민주의를 선양하는 것이었다. 이런 점에서 보면 국민정부가 전후 건립하고자 했던 새로운 '문화 체제'는 중국 문화의 '문화 체제'라기보다는 삼민주의 문화의 '문화 체제', 다시 말해 관방 이데올로기(official ideology)에 맞는 중국문화의 '문화 체제'였던 것이다.

협진회의 기관지 『대만문화』의 내용을 통해 협진회가 중국문화와 타이완문화를 교류시키고 연결하려는 사업을 시도하였으나, 이러한 노력은 '2·28 사건'의 발생과 함께 점차 중단되었음을 알 수 있다. 동시에 전후 타이완의 문화 체제 재편에 따라 문학 영역도 구조적인 변동이 발생하였으니, 중국에서 건너온 작가, 중문으로 글쓰기가 전후 타이완 문학 영역의 주류가 되었고 이러한 문학 현상이 『대만문화』에 분명하게 반영되었음도 이해할 수 있다. 그리고 전후 중국에서 건너온 작가들도 『대만문화』와 기타 매체의 논술과 전파를 통해 중국의 5·4 신문화가 전후 타이완 신문화의 주류가 되고, 아울러 5·4 신문학이 타이완의 신문학을 대체하여 전후 타이완의 새로운 문학 체제가 되게 하는, 즉 새로운 문학의 전범을 세우고자 하였다. 이러한 추세에 맞서, 양원펑은 타이완 신문학의 전통을 잊어서는 안 된다고 호소하였지만, 양쿠이[楊逵]도 용감하게 나서 1948년 8월 『대만문학台灣文學』을 창간하여 타이완 신문학의 향불을 이어 나가고자 애썼다. 그러나 이는 결코 그들이 이 새로운 문학 전범을 반대하거나 부정했음을 의미하지 않는다.『대만문화』의 정간과 협진회의 자진 소멸은 당시 여러 사회 분위기와 관련된 것이지만, 당시 일부 타이완 문화인이 '문화 체제' 내에 남아서 세찬 물결을 가로막고자 한 노력이 실패하였음을 의미하기도 한다.

제6장
_____

루쉰 사상과
전후 타이완의 문화재건

1. '새로운 5·4 운동'과 타이완의 문화재건

(1) 쉬셔우창과 루쉰

전후 초기 타이완의 문화재건 과정에서 대만성편역관이 발휘했던 중요한 역할 및 행정장관공서의 외곽단체로서 대만문화협진회의 중요한 기능에 대해서는 앞에서 이미 언급한 바와 같다. 이 과정에서 쉬셔우창은 편역관 관장을 맡았을 뿐 아니라 대만문화협진회의 문화 활동에 대해서도 상당한 영향력을 발휘하였다. 이 장에서는 한 걸음 더 나아가 쉬셔우창이 타이완의 문화재건 활동을 전개할 수 있었던 사상적 기초와 이에 대한 타이완 지식인과 국민정부의 반응에 대해서 살펴보고자 한다.

쉬셔우창이 타이완에서 문화재건 활동을 전개한 사상 기초를 검토하기 위해 먼저 타이완 시기 쉬셔우창의 주요 저작과 강연 활동을 〈표 1〉로, 루쉰에 대한 저술 활동을 〈표 2〉로 정리하였다.

〈표 1〉에서 알 수 있듯이 타이완에 체류하던 시기 쉬셔우창이 한 다섯 차례의 강연 중 두 차례가 루쉰에 대한 것이었으며, 37편의 저작 중 16편이 루쉰에 대한 것이었다. 그러므로 루쉰을 연구하고 그 사상을 전파 소개하는 것이 타이완 체류 시기 쉬셔우창의 강연과 저작 활동의 중심이었다고 할 수 있다.

<표 1> 타이완 시기 쉬셔우창의 주요 저작과 강연 활동

년월일	내 용
1946. 6.25	타이베이 도착
8.?	「대만성편역관의 설립 [台灣省編譯館的設立]」을 씀. (『현대주간』 2권 11기, 1946.9.3)
8.23	「공자의 생애와 그 학설 [孔子生平事略及其學說]」을 씀. (『현대주간』 2권 12기, 1946.9.10)
9.5	대만성 지방간부훈련단에서 「타이완문화의 과거와 미래 전망 [台灣文化的過去與未來的展望]」을 강연. (『台灣省地方行政幹部訓鍊團團刊』 2권 4기, 1946.10.15)
12	「유곡원 선생의 교육 업적 [兪曲園先生的教育功績]」을 씀.
23	성립제일여자중학에서 「제이탄생기와 제삼탄생기 [第二誕生期和第三誕生期]」를 강연. 『죽은 벗 루쉰 인상기 [亡友魯迅印象記]』 제8장과 제9장을 완성.
26	『죽은 벗 루쉰 인상기』 제10장을 완성.
30	「루쉰의 정신 [魯迅的精神]」을 씀. (『台灣文化』 1권 2기, 1946.11)
10.?	「루쉰의 덕행 [魯迅的德行]」을 씀. (上海 『僑聲報』, 1946.10.14 ; 台中 『和平日報』, 1946.10.21)
6	『죽은 벗 루쉰 인상기』 제11과 제12장을 완성.
14	「루쉰과 청년 [魯迅和青年]」을 씀. (台灣 『화평일보』, 1946.10.19)
15	『죽은 벗 루쉰 인상기』 제13과 제14장을 완성.
19	「대만성 편역 사업의 개척 작업 [台灣省編譯事業的拓荒工作]」을 씀. (『台灣月刊』 3, 4기 合倂號, 1947.1)
29	「루쉰의 인격과 사상 [魯迅的人格與思想]」을 씀. (『대만문화』 2권 1기, 1947.1)
31	「새로운 타이완과 삼민주의 교육 [新台灣與三民主義教育]」을 씀.
11.25	『죽은 벗 루쉰 인상기』를 씀.

년 월 일	내 용
26	『죽은 벗 루쉰 인상기』를 씀.
30	성립사범학원에서 「루쉰의 인격과 그 사상 [魯迅的人格及其思想]」을 강연.
1947. 1. 2	「국문을 가르칠 때 주의해야 하는 몇 가지 사항 [敎授國文應注意的幾件事]」을 씀. (『中等敎育硏究』 創刊號, 1947.4)
1.15	「국부 쑨중산과 장타이옌 선생 : 성공한 두 개국 원훈 [國父孫中山與章太炎先生 : 兩位成功的開國元勳]」을 씀. (『文化交流』 1輯, 1947.1)
2.13	「모방과 창작 [模擬與創作]」을 씀. (『대만문화』 2권 7기, 1947.10)
2.18	대만성 지방간부훈련단에서 「국문을 가르칠 때 주의해야 하는 몇 가지 사항」을 강연
19	「제이탄생기와 제삼탄생기 : 타이완 청년에 고함」을 씀
3.22	『어떻게 국어와 국문을 학습할 것인가?[怎樣學習國語與國文]』를 탈고. (台北 : 台灣書店, 1947.4).
26	타이징눙 소장 所藏 「루쉰 강연 친필 원고 : 노라는 떠난 후 어떻게 되었는가?[魯迅講演稿手迹 : 娜拉走以後怎樣]」에 제 題함.
4.30	「타이완은 또 하나의 새로운 5·4운동이 필요하다 [台灣需要一個新的五四運動]」를 씀. (『대만문화』 2권 7기, 1947.10)
5. 4	「『루신의 사상과 생활 [魯迅的思想與生活]』 서문」을 씀. (台灣文化協進會, 1947.6)
26	『죽은 벗 루쉰 인상기』를 탈고. (上海 : 蛾眉, 1947.10)
6. 3	「대만대학 편, 『돈황비적유진신편 燉煌祕籍留眞新編』 서문」을 씀. (『대만문화』 2권 6기, 1947.9)
5	「유곡원 선생의 사상 [兪曲園先生的思想]」을 씀. (『대만문화』 2권 4기, 1947.7)
7.28	「루쉰 선생의 피난 생활 [魯迅先生的避難生活]」을 씀. (『時與文』 2권 6기, 1947.10)
8. 1	「중국 민족정신의 중심 [中國民族精神的中心]」을 씀. (台灣 『화평일보』, 1947.8.3) ; 「루쉰과 나의 교류 [魯迅和我的交誼]」를 씀. (『대만문화』 2권 5기, 1947.8)
8.22	「『돈황비적유진신편』을 읽고 나서 [讀了『燉煌祕籍留眞新編』之後]」를 씀. (『學藝雜誌』 17권 9기, 1947.8)
9.30	「루쉰의 유희 문장 [魯迅的遊戲文章]」을 씀. (『대만문화』 2권 8기, 1947.11)
12. 5	타이베이시 외근 기자 연수회에서 「중국 신문예의 창조자 루쉰 [中國新文藝創造者魯迅]」을 강연. (徐子 記錄, 「쉬서우창 루쉰을 말하다 [許壽裳話魯迅]」라는 제목으로 『中華日報·中華週報』 20號, 1947.12.8)에 실림.
13	「왕통과 한유 [王通與韓愈]」를 씀. (『대만문화』 3권 1기, 1948.1)
20	「새해 전망과 (대만대학) 교가 가사 [新年展望和(台灣大學)校歌歌詞]」를 씀. (『國立台灣大學校刊』 7期, 1948.1.1)

년월일	내 용
21	「본성 어문 교육에 대한 의견 [對於本省語文敎育的一點意見]」과 「삼백 년 전 타이완 황무지 개척의 위인 심광문 [三百年前台灣破荒的偉人沈光文]」을 씀.
1948. 1.16	「국학 연구가 가야 할 길 [硏究國學應走的途徑]」을 씀. (『국립대만대학교간』 8기, 1948.1.16)
21	「돈황비급유진신편연구 燉煌祕籍留眞新編硏究 : 상서 반경·미자 2편 [尙書盤庚·微子二編]」을 탈고.
29	「이자명의 추몽악부 작품 출처 고찰 [李慈銘秋夢樂府本事考]」을 씀. (『대만문화』 3권 4기, 1948.5)

참고문헌 : 『許壽裳日記』 ; 許世瑛, 「先君許壽裳年譜」 ; 許壽裳의 미공개 저작.

<표 2> 쉬셔우창의 루쉰 관련 저작 일람표

범례 : A = 『魯迅的思想與生活』. B = 『我所認識的魯迅』(1952年, 1953年, 1978年). C = 『亡友魯迅印象記』. 未見 = 원래 수록된 잡지(또는 책)를 찾을 수 없는 것. 不明 = 원래 수록 잡지(또는 책)를 전혀 알 수 없거나, 원 수록 잡지 또는 전재 轉載한 잡지를 판단할 수 없는 것. 원 수록 잡지의 발행 연월일이 명확한 것은 기재하고 확인할 수 없는 것은 기재하지 않았음.

년월일	제목	최초로 게재된 잡지	수록된 책
1936.10.19	루쉰 서거		
10.27	「내가 아는 루쉰 [我所認識的魯迅]」	『新苗』(北平) 11期 (1936.11)	B - 1952, 1953, 1978年 ; 『魯迅先生紀念集 : 評論與記載』(上海 : 文化生活, 1937.10)
11.8	「죽은 벗 루쉰 [亡友魯迅]」	『신묘』 11기(1936.11)	A ; B - 1952, 1953, 1978년 ; 『魯迅先生紀念集』 ; 『月報』(上海 : 開明書店, 1937.1) - 未見
12.17	「루쉰의 생활 [魯迅的生活]」	『신묘』 13~14기 (1937.1~1937.2)	『工作與學習叢刊之一 : 二三事』(上海, 生活書店, 1937) ; A ; 蕭紅, 『回憶魯迅先生』(重慶 : 婦女生活社, 1941) ; B - 1978년

년월일	제목	최초로 게재된 잡지	수록된 책
12.19	「추억 [懷舊]」	『신묘』13기(1937.1) 목록에만 있고 본문은 보이지 않음	B - 1952, 1953, 1978년 ;『魯迅先生紀念集』
1937. 3.18	「루쉰의 고시문 일부 [魯迅古詩文的一斑]」	『신묘』16기(1937.4)	『許壽裳文錄』(長沙：湖南人民, 1986.9)
5. ?	"Lu Hsun's Life and Character"(by Hsu Show Shang and Shen Quincy)	『신묘』17기	없음
5.24	「루쉰 선생 연보 [魯迅先生年譜]」	『大魯迅全集』卷7(東京：改造社, 1937.6) ;『魯迅先生紀念集』	『宇宙風乙刊』27期(1940.8) ; 王冶秋,『民國前的魯迅先生』(上海：蛾眉, 1947.9)
1943. 3.12	「항저우에서 교편 잡던 시기 루쉰의 생활 [魯迅在杭州任敎時的生活]」	不明	不明
4.14	「왕예츄,『민국 이전의 루쉰 선생』서문 [序]」	王冶秋,『民國前的魯迅先生』	A ; B - 1952, 1953, 1978년
7. 8	「저우수런 약전 [周樹人略傳]」	敎育部,『中國敎育全書』- 未見	없음
10.17	「형제에 관하여 [關於兄弟]」	『文壇』(重慶) 2권 1기(1943.4) - 未見	A ; B - 1952, 1953, 1978년
1944. 5. 4	「류페이지 [柳非己] 편,『루쉰구체시집 魯迅舊體詩集』서문 [序]·발문 [跋]」	『新華日報』(重慶), 1944.5.14(제목「『魯迅詩集』序」) - 未見 ;『雲南晩報』(昆明), 1944.7.30(제목「跋尹黙手寫『魯迅詩鈔』」) - 未見	A ; B - 1952, 1953, 1978년
10.18	「루쉰을 회상함 [回憶魯迅]」	『신화일보』(重慶), 1944.10.25 - 未見	B - 1952, 1953, 1978년
1945.10.15	「루쉰의 편지 몇 통 [魯迅的幾封信]」	『신화일보』(重慶), 1945.10.19 - 未見	B - 1953, 1978년
10.18	「루쉰과 민족성 연구 [魯迅與民族性硏究]」	『民主週刊』(昆明) 1권 2기(1946.1.15) - 未見	B - 1952, 1953, 1978년

년 월 일	제목	최초로 게재된 잡지	수록된 책
1946. 5.18	『죽은 벗 루쉰 인상기』(3개 장 초고를 씀)	1~2장은 『민주주간』 35기, 3장은 『민주주간』 36기에 게재	C
5.24	『죽은 벗 루쉰 인상기』(쉬광핑에게 10쪽을 보냄)	4~5장을 『민주주간』 37기에 게재	C
6. 8	『죽은 벗 루쉰 인상기』(쉬광핑에게 11쪽을 보냄)	6~7장을 『민주주간』 38기에 게재	C
6.25	쉬서우창 타이베이 도착		
9.23	『죽은 벗 루쉰 인상기』(8~9장을 쉬광핑에게 보냄)	8~9장을 『민주주간』 51·52기 合倂號 및 『人世間』 4기(1947.6.12)에 게재	C
9.26	『죽은 벗 루쉰 인상기』(10장을 쉬광핑에게 보냄)	『인세간』 4기(1947.6.12)에 게재	C
9.30	「루쉰의 정신」	『대만문화』(台北) 1권 2기(1946.11)	A ; B - 1952, 1953, 1978년
10, ?	「루쉰의 덕행」	『僑聲報』(上海) 1946.10.14 ; 『和平日報』 1946.10.21	A ; B - 1978년
10. 6	『죽은 벗 루쉰 인상기』(11~12장을 쉬광핑에게 보냄)	11장은 『인세간』 4기(1947.6.12), 12장은 『인세간』 5기(1947.7.20.)에 게재	C
10.14	「루쉰과 청년」	『화평일보』(台中) 1946.10.19	A ; B - 1953, 1978년
10.15	『죽은 벗 루쉰 인상기』(13~14장을 쉬광핑에게 보냄)	13~14장을 『인세간』 5기(1947.7.20)에 게재	C
10.29	「루쉰의 인격과 사상」	『대만문화』 2권 1기(1947.1)에 게재	A ; B - 1952, 1953, 1978년
12.25	『죽은 벗 루쉰 인상기』		C
12.26	『죽은 벗 루쉰 인상기』		C

년 월 일	제목	최초로 게재된 잡지	수록된 책
1947. 3.26	타이징눙 소장 「루쉰 강연 친필 원고 : 노라는 떠난 후 어떻게 되었는가?」 발문 [跋]	없음	없음
5.4	「『루쉰의 사상과 생활』 서문 [序]」	『魯迅的思想與生活』 (1947.6)	A ; B - 1978년
5.26	『죽은 벗 루쉰 인상기』 탈고(15~25장을 쉬광핑에게 보냄)	15~17장은 『인세간』 6기(1947.8.20) ; 18~20장은 『인세간』 2권 2기(1947.10.1.) ; 23장은 『대만문화』 2권 5기(1947.8)에 게재	C
6.-	『루쉰의 사상과 생활』 출판		
7.28	「루쉰 선생의 피난 생활」	『時與文』(上海) 2권 6기(1947.10.17)	B - 1952, 1953, 1978년
9.30	「루쉰의 유희 문장」	『대만문화』 2권 8기(1947.11) ; 『文藝復興』 4권 2기(1947.11.1)	B
10.19	『죽은 벗 루쉰 인상기』 출판		
1948. 2.18	국립대만대학 숙소에서 쉬셔우창이 살해됨		
1952. 6.-	『내가 아는 루쉰』 제1판 출판		
1953. 4.-	『내가 아는 루쉰』 제2판 출판		
1978. 6.-	『내가 아는 루쉰』 제3판 출판		

참고문헌 : 『許壽裳日記』; 許世瑛, 「先君許壽裳年譜」; 許壽裳, 『魯迅的思想與生活』(台北 : 台北文化協進會, 1947) ; 『亡友魯迅印象記』(上海 : 峨眉, 1947) ; 『我所認識的魯迅』(北京 : 人民文學出版社, 1952·1953·1978) ; 王冶秋, 『辛亥革命前的魯迅先生』(上海 : 新文藝出版社, 1956) ; 沈鵬年輯, 『魯迅研究資料篇目』(上海 : 上海文藝出版社, 1958) ; 林辰編, 『許壽裳文錄』(長沙 : 湖南人民出版社, 1986) ; 魯迅紀念委員會編, 『魯迅紀念集』(上海 : 文化生活出版社, 1936) ; 袁良駿, 『魯迅研究

史』上卷(西安：陝西人民出版社, 1986)；中國社會科學院文學硏究所魯迅硏究室編,『魯迅硏究學
術論著資料匯編, 1913~1983』1~5(北京：中國文聯出版社, 1985~1990)；北岡正子・黃英哲,「許壽
裳日記』解說」,『許壽裳日記』；北岡正子・黃英哲,「關於『許壽裳日記』」,『近代中國史硏究通訊』18
期(1994.9)；北岡正子,「『我所認識的魯迅』に異義あり」,『關西大學中國文學會紀要』17號(1996).

다 알다시피 쉬셔우창의 루쉰에 관한 저술은 현재 이미 루쉰 연구를
위해서는 불가결한 1차 자료가 되었지만, 위의 〈표 2〉에서 알 수 있듯
이 관련 저작 대부분은 타이완에서 완성되었다. 루쉰에 관한 쉬셔우창
의 저술이 단행본으로 정리되어 출판된 것은 모두 3종인데,『루쉰의 사
상과 생활』(양원펑 편, 타이베이 : 대만문화협진회, 1947),『내가 아는 루쉰』(왕스
징[王士菁] 편, 베이징 : 인민문학출판사, 1952),『죽은 벗 루쉰 인상기』(상하이 : 아
미, 1947)가 그것이다. 앞의 2종은 여러 곳에서 발표한 단편 글들을 정리
하여 책으로 묶은 것인데, 자구(字口) 표현면에서 약간의 차이가 있을 뿐,
제목이 같거나, 서로 중복되는 내용이 적지 않다. 특히 쉬셔우창이 죽은
후 출판된『내가 아는 루쉰』에 실린 일부 문장은 그 원인을 알 수 없지
만, 내용이 고쳐져 있다.[203]『죽은 벗 루쉰 인상기』는 쉬셔우창이 쉬광핑
의 부탁을 받아 타이완에 부임하기 전에 쓰기 시작한 것으로 장별로 나
누어서, 각각 저술한 것이니 모두 25장이었다. 이는 상하이에 있던 쉬광
핑의 노력으로 단행본으로 출판될 수 있었다. 그 외 상술한 책에 실리지
못한 문장도 여러 편 있다.

〈표 2〉에서도 잘 알 수 있는 것은 쉬셔우창이 타이완에 부임한 후 2년

---

203 기타오카 마사코는『루쉰의 사상과 생활』・『내가 아는 루쉰』・『죽은 벗 루쉰 인상기』3책에
   실린 문장을 대조하고 그 차이를 지적하였으니, 상세한 내용은 北岡正子,「『我所認識的魯
   迅』に異義あり」,『關西大學中國文學會紀要』17號(1996)을 참조. 그 중문 번역은 본서 〈
   부록 1〉에 수록하였다(한국어 번역본에서는 제외하였음).

도 안 된 시간에 저술한 것이 그전 10년 동안 저술한 것보다 많다는 점
이다. 『루쉰의 사상과 생활』 내용의 절반, 『내가 아는 루쉰』 내용의 3분
의 1, 『망우 루쉰 인상기』 내용의 3분의 2 이상을 타이완에서 썼다. 그가
타이완에서 이렇게 적극적으로 루쉰을 강연하고 루쉰에 대해 저술한 것
은 결코 우연이 아니었다. 이는 타이완의 안정적인 환경 외에 타이완의
문화재건 구상과도 밀접한 관계가 있기 때문이었다.

타이완의 문화재건에 관한 쉬셔우창의 구상은 그가 발표한 「타이완은
또 하나의 새로운 5·4운동이 필요하다」라는 글에 잘 나타나 있다.

> 누구나 알고 있듯이 민국 8년(1919년 - 역자)의 5·4운동은 우리나라 수천 년 이래 지속되
> 어 온 봉건적 유독 遺毒을 제거하고, 민주를 제창하고 과학을 발양 發揚하는 하나의 문
> 화운동을 창조한, 즉 우리나라 현대사 중 가장 중요한 획기적이고 신기원을 열었던 시
> 기였다. 비록 그 목표에는 아직도 완전히 도달하지 못했지만, 우리나라의 새로운 생명
> 이 이로부터 탄생하였고, 새로운 건설도 이로부터 시작되었으므로 그 가치는 너무나
> 중대하다. 나는 우리 대만도 또 하나의 새로운 5·4운동이 필요하다고 생각한다. 기왕
> 에 누적된 일본의 독소를 완전히 숙청 肅清해 버리고, 동시에 민주의 제창과 과학의 발
> 양이라는 5·4시기의 운동 목표에 더하여, 도덕 실천과 민족주의 발양을 제창해야 한
> 다. 이 몇 가지 요점에서 볼 때, 새로운 5·4운동의 가치와 임무는 종전의 그것보다 더
> 욱 크고, 더욱 어려우며, 더더욱 절박하다![204]

따라서 쉬셔우창의 타이완 문화재건 구상은 바로 타이완에서 하나의
'새로운 5·4운동'을 불러일으켜 민주와 과학의 5·4 신문화운동 정신을

---

[204] 許壽裳, 「台灣需要一個新的五四運動」, 『新生報』, 1947年 5月 4日.

선양함으로써, 일본문화의 영향을 없애려 한 것임을 이해할 수가 있다.

사실 쉬셔우창에 앞서 행정장관공서도 타이완의 문화재건을 위해서 '5·4운동'과 유사한 문화운동이 타이완에 필요하다는 것을 이미 인식하고 있었다. 당시 행정장관공서 교육처 부처장이었던 쑹페이루[宋斐如]는 라디오 방송을 통해 「어떻게 대만의 문화와 교육을 개진할 것인가?」라는 제목으로 연설하면서, "대만에서는 지금까지 세계적 수준과 견줄만한 문화운동이 없었다. 즉 조국의 '5·4운동'과 같은 활동도 발생한 적이 없었으니, 세계사적 의의를 갖춘 문예부흥운동은 더욱 말할 필요가 없다."라고 개탄하였다.[205] 당시 행정장관공서 기관지 『신생보』의 사론 「본성의 문화건설을 논함」에서도 "민주와 과학은 민국 8년(1919년) '5·4' 운동 이래 내지에 가득한 일종의 새로운 문화 정신이었다. …… 그러나 이 획 시대적인 신생新生 정신이 내지에서 격랑을 일으키며 오랜 낡은 문화를 근본적으로 개조하고, 아울러 민주와 과학을 주요 내용으로 하는 일종의 신문화운동으로 발전해 나갈 때, 본성은 일본의 통치 아래 있었던 까닭에 그것과 접촉하여 같은 변화를 일으킬 방도가 없었다."[206] 전후 초기 타이완에서 '5·4운동'과 유사한 문화운동을 불러일으켜 타이완의 문화재건을 진행해야한다는 사고방식은 행정장관공서 내부에서 상당한 공감이 있었다고 할 수 있겠다. 앞서 서술한 행정장관공서의 외곽단체인 대만문화협진회의 문화 활동도 이런 경향이 있었으니, 쉬셔우창의 생각은 당시 이러한 사조 속에서 이해할 수가 있다.

그러나 쉬셔우창은 전후 타이완에서 필요한 것은 민주[德先生]와 과학[賽先生]만이 아니라, 한 걸음 더 나아가 도덕 실천과 중국 민족주의

---

205 宋斐如,「如何改進台灣文化敎育」,『新生報』, 1946年 1月 14日.

206 「論本省文化建設」,『新生報』, 1946年 6月 19日.

발양을 제창함으로써 하나의 새로운 생명을 갖춘 타이완을 건설해야 한다고 생각하였다. 그렇다면 타이완에서 어떻게 '새로운 5·4운동'을 불러일으킬 것인가? 쉬셔우창의 구상은 바로 루쉰 사상을 전파하는 일이었으니, 대만성편역관과 대만문화협진회라는 중요한 무대를 통해서 루쉰 사상과 타이완의 문화재건을 유기적으로 결합하는 것이었다.

(2) 쉬셔우창의 루쉰 사상 전파

쉬셔우창은 1946년 6월 25일 타이베이에 왔다. 그해 10월 19일은 마침 루쉰 서거 10주년 기일이기도 하여서, 그는 『화평일보和平日報』에 「루쉰과 청년」을 발표하였다. 이는 그가 타이완에 온 후 처음으로 발표한 루쉰 관련 글이었다. 이어서 같은 달 21일 다시 『화평일보』에 「루쉰의 덕행德行」을 발표했고, 다음 달인 11월 1일 발행된 『대만문화』(1권 2기)의 '루쉰 서거 10주년 특집'에 또 「루쉰의 정신」을 발표하였다. 그리고 이듬해 1월, 『대만문화』(2권 1기)에 「루쉰의 인격과 사상」을 발표했다.

상술한 글에서 쉬셔우창은 루쉰의 사상과 정신의 근본을 적극적으로 소개하였다. 예를 들어 「루쉰의 정신」이라는 글에서는 루쉰의 정신에 대해 다음과 같이 개괄인 결론을 내리고 있다. "끝까지 항전해야 한다는 것이 루쉰의 필생 정신이었다." "루쉰의 작품 정신을 한마디로 말하면 바로 전투 정신이다. 이는 대중을 위해 싸우는 것이요, 계획적으로 끈질기게 싸우는 것으로 한번 시작하면 놓지 않는 것이다."[207] 「루쉰의 인격과 사상」에서는 루쉰은 청년들의 스승이자 민족의 문화투사로서 중국 민족성의 결점을 폭로하고 역사의 어두운 면을 드러냈으니, 그 인격의 위대하

---

[207] 許壽裳, 「魯迅的精神」, 『台灣文化』 1卷 2期(1946年 11月), 2쪽.

고 고결한 점은 그가 가진 진실함[眞誠]·깊은 사랑[摯愛]·굳은 지조[堅貞]·근면함[勤勞]에 있다고 지적하였다. 아울러 루쉰 사상의 본질은 인도주의요, 그 방법은 전투적 현실주의임을 강조했다.[208] 「루쉰의 덕행」에서는 재삼 그 덕행의 특성이 진실한 사랑[誠愛]·근면함·굳은 지조·겸허함이라고 명백히 설명하였다.[209] 그 외 「루쉰과 청년」에서는 시작부터 이렇게 말하고 있다.

> 노신은 청년의 스승이자 5·4운동의 용맹한 장수이며 중국 신문예의 창시자이다. 그의 많은 위대한 업적은 오늘날에 이르기까지 거의 이미 칭송이 자자해서 더 말할 필요가 없다. 그러나 그 자신은 결코 청년의 스승임을 인정하지 않았으니, 바로 그 점 때문에 청년들의 믿음을 얻었고 그의 저술은 청년들에게 애송 愛誦되었다. 그는 스승이란 소용없는 것이며 청년들 스스로 연합하여 앞을 향해 매진해야 한다고 말했다. …… 그는 또 청년들에게 생존의 중점, 생명의 길을 제시하였을 뿐 아니라 국민성을 반드시 개혁해야 한다고 주장하였다. …… 노신은 항상 국민성은 반드시 개조되어야 한다고 말했다. 그렇지 않으면 아무리 간판을 바꾸어도 본래의 색 [貨色]은 예전 그대로일 뿐, 아무리 구호가 새로워도 혁명은 결코 성공할 수 없다고 하였다. 혁명이란 전진만 있을 뿐 정의를 위해 뒤돌아보지 않고 용감하게 나아가야 한다고 했다. 그는 「상아탑을 나온 후 쓰다. [出了象牙之塔後記]」에서 "역사는 과거의 낡은 흔적이지만, 국민성은 장래에 개조할 수 있는 것이다, 개혁자의 눈으로 보면 과거나 현재라는 존재 [東西]는 없는 것과 같다."라고 말했다. 위의 이 말들은 지금도 매우 적절하고 필요한 것이다.

---

208 許壽裳, 「魯迅的人格和思想」, 『台灣文化』 2卷 1期(1947年 1月), 1~3쪽.
209 許壽裳, 「魯迅的德行」, 『和平日報』, 1946年 10月 21日.

위와 같은 쉬셔우창의 논술에서 그가 발신하고자 한 것은 전후 타이완에서 가장 필요한 것이 민주·과학·도덕적 실천·중국 민족주의이고, 이러한 정신들은 모두 루쉰에게서 응축적으로 배울 수 있다는 메시지임을 이해할 수 있다. 쉬셔우창의 분명한 의도는 루쉰의 사상을 전파함으로써, 과거 루쉰이 중요한 역할을 했던 5·4 신문화운동을 타이완에서 다시 불러일으켜 타이완의 문화재건이라는 목적을 달성할 수 있게 하려는 것이었다.

그 외 상술한 발언에서 가장 주목할 점은 그가 타이완에 도달하자마자, 즉각 루쉰 사상을 소개함으로써 국민성 개조의 중요성을 호소했다는 것이다. 국민성 개조의 필요성은 아주 오래전 루쉰과 쉬셔우창이 함께 토론했던 문제였다. 쉬셔우창은 루쉰을 회고하는 글에서 두 사람이 홍문학원 재학 시절 국민성 개조를 주제로 토론했음을 누누이 언급하였다. 당시 두 사람이 이 문제에 대해 자주 여러 번 토론한 끝에 얻은 결론은, 중국 민족에게 가장 부족한 점이 '성실과 사랑'이라는 데 인식을 같이했다. 바꾸어 말해 중국인이 위선적이고 파렴치하며[詐僞無恥], 의심하여 서로 해치는[猜疑相賊] 나쁜 버릇에 깊이 젖어 있게 된 가장 크고, 깊은 원인은 두 차례 이민족에게 노예처럼 부림을 당했기 때문이니, 유일한 구제 방법은 혁명뿐이라는 것이었다.[210] 국민성 개조에 관한 문제는 쉬셔우창이 유학생활을 마치고 귀국한 후, 심지어 항일전쟁 시기 혹은 항전 승리 이후에 이르기까지 시종 그의 궁극적 관심사였다. 예컨대 그가 1945년 8월 15일 일기에 남긴 두 수의 시에서 그 일단을 엿볼 수 있다.

---

210 상세한 내용은 北岡正子,「もう一つの國民性論議 : 魯迅·許壽裳の國民性改造への波動」,『關西大學中國文學會紀要』10號(1989.3)을 참고.

어제 시 두 수를 썼다. 8월 10일 밤 일본 침략자 [日寇]가 투항을 받아달라고 요청했고, 다음날 율아 璟兒가 무사히 워싱턴에 도착했다는 소식을 듣고서, 그 기쁨에 시 두 수를 완성했다.

이렇게 좋은 소식이 있다니 믿기지 않도다 (居然喜訊聯翩至).

칼 자랑하던 왜놈 오랑케, 마침내 항복을 구걸하는구나 (黷武倭夷竟乞降).

어렵게 8년 만에 적을 꺾었으니 (難得八年摧勁虜),

이제는 하나의 덕으로 새로운 국가를 건설할 때 (從今一德建新邦).

점령당했던 처자들은 미친 듯이 노래하고 춤추며 (陷區妻子狂歌舞).

동맹국의 경륜도 족히 위대하고 크지만 (盟國經綸足駿龐),

무엇을 보았기에 돌아가는 길은 오히려 슬픈가? (歸路反愁何所見)?

천하에 가득한 상처가 장강을 따라 흐르네 (創痍滿地下長江).

만 리 밖의 아이 편지, 아비 마음을 위로하네 (兒書萬里慰親情).

미국 수도에 무사히 도착했음을 알리는 좋은 소식이구나 (喜報安然抵美京).

과학으로 원자탄을 발명하고 (科學發明原子彈),

국제연맹을 평화롭게 영도하며 (和平領導國聯盟),

복지로는 빈부를 없애고 (厚生能泯貧和富),

오직 사랑과 성실로 덕이 발전하니 (進德端由愛與誠),

이렇게 좋은 시대를 관광하는 너를 부러워하며 (羨爾觀光時會好),

그 장정이 무사하기만을 기대하노라 (相期無負此長征).

항일전쟁 승리 후에도 쉬서우창은 옛날 젊은 시절 루쉰과 함께 한 공통의 인식, 즉 중국의 국민성은 개조할 필요가 있으며 전후 '새로운 국가[新邦]' 재건에도 '사랑과 성실'이 필요하다는 점을 여전히 잊지 않았다. 이러한 신념은 앞서 거론한 전후 초기 쉬셔우창이 타이완에서 한 발언의 사상적 기조와 기본적으로 일치한다. 쉬셔우창에게는 일본이라는 이민족의 식민 지배에서 벗어난 타이완의 문화재건과 항일전쟁 승리 후 중국 국민성 개조는 서로 밀접하게 관련된 긴급한 문제였던 것이다.

종합하자면 쉬셔우창이 타이완에서 적극적으로 루쉰 사상을 전파한 의도는 타이완이 중국처럼 이민족 지배로 인해 국민성의 왜곡이 발생했을 수 있음을 염려하여, 타이완인이 국민성 개조의 중요성을 명확히 이해할 수 있도록 일깨우는 외에, 루쉰 사상의 전파를 통해 루쉰이 중요한 역할을 했던 중국의 신문화운동, 즉 5·4운동이 타이완에서도 새롭게 전개되어 이를 계기로 중국 민족주의를 진작하고 일본문화의 영향을 제거하며, 아울러 민주와 과학이라는 신문화운동의 정신을 끌어들여 타이완의 '탈일본화'·'재중국화'라는 문화재건의 목적을 달성하길 바란 데 있었다.

2. 타이완인의 루쉰 이해

앞 절에서 행정장관공서의 타이완 문화재건 동향 중에, 루쉰 사상의 전파를 통해 타이완에서 '새로운 5·4운동'을 불러일으키려는 쉬셔우창의 구상도 포함되어 있었음을 지적하였다. 아래에서는 당시 타이완의 지식인들이 루쉰의 사상을 어떻게 이해하였으며, 루쉰에 대한 논의를 통해 당시의 현상에 대한 의사를 어떻게 표출했는지를 검토해 보고자 한다.

루쉰 사상의 타이완 전파는 쉬셔우창이 처음 전한 것은 아니고, 이미 두 차례 고조기高潮期가 있었다. 첫 번째는 일제시대인 1920년대로 타이완도 중국 문학혁명의 영향을 받은 신문학운동이 전개되면서 다양한 문학론이 제기되고 문학 이론이 소개되었다. 당시 타이완인의 유일한 언론기관이던 『대만민보台灣民報』도 수시로 후스[胡適]·루쉰·궈모뭐·저우쭤런[周作人]·셰빙신[謝氷心]·쉬즈모[徐志摩] 등 중국 신문학 작가의 작품들을 전재轉載함으로써 자신을 성찰할 수 있는[借鏡] 기회를 제공하였는데, 그 중에서도 루쉰의 작품(번역 포함)이 가장 많이 소개되었고, 영향력도 가장 컸다.[211]

전후에 양원펑은 위와 같은 현상에 대해 아래와 같이 회상했다.

> 민국 12, 3년 전후 본성은 비록 일본제국주의의 유린하에 있었지만, 한차례의 '계몽운동'의 파도가 일기도 하였다. 이 운동과 관련하여 직간접적으로 영향이 가장 컸던 것이 바로 노신 선생이었다. 『아큐정전 阿Q正傳』 등과 같은 그의 창작물은 본성의 잡지에 일찍이 전재되었고, 그의 각종 비평과 사상 등 문장은 당시 청년이라면 애독하지 않은 것이 없었다.[212]

당시 루쉰 작품을 전재한 동기 중 하나는 "루쉰의 번역이 매우 노련하고도 확실히 구어문의 모범이라고 할 수 있기" 때문이었다. 그렇지만 당시 타이완의 루쉰에 대한 이해는 아주 제한적이어서, 루쉰 문학의 진정

211　林瑞明,「石在, 火種是不會絶的 : 魯迅與魯賴和」,『國文天地』7卷 4期(1991年 9月), 19~20쪽. 일제시대 타이완에 전재된 루쉰의 작품과 루쉰을 소개한 글에 관한 상세한 목록 및 1920년대 제1차 루쉰 사상 전파 고조기에 장워쥔[張我軍]이 했던 중요한 역할에 대해서는 中島利郎,「日本植民地下の台灣新文學と魯迅(上) : その受容の槪觀」,『岐阜敎育大學紀要』24集(1992)을 참고.

212　楊雲萍,「紀念魯迅」,『台灣文化』1卷 2期(1946年 11月), 1쪽.

한 핵심을 아직 완전히 포착하지는 못하고 있었다.[213]

1937년 전면적인 중국 침략 전쟁을 일으킨 일본 당국이 타이완의 언론 사상에 대한 통제를 강화하면서 한문漢文 신문의 발행을 금지함으로써 일본이 패전할 때까지 루쉰을 포함한 모든 중국 신문학 작품의 전재는 거의 불가능했다. 그럼에도 일부 타이완 현지 문화인들은 여전히 일어로 번역된 루쉰의 작품을 계속 읽었기 때문에[214] 타이완에서 루쉰이 완전히 사라진 것은 아니었다. 그렇지만 타이완에서 루쉰 사상 전파의 두 번째 고조기는 전쟁이 끝날 때까지 기다려야만 했다.

전후 타이완은 중국으로 복귀하였다. 앞서 언급한 대로 행정장관공서가 채택한 문화재건 정책 역시 타이완에서 '새로운 5·4운동'을 불러일으키려는 것이었기에, 그것은 흡사 하나의 사회적 조류가 된 것 같았다. 이러한 풍조 속에서 5·4 신문학도 타이완에 대량으로 소개되었으니, 루쉰 외에 마오둔·위다푸[郁達夫]·선충원[沈從文]·라오서·저우쮀런·펑쯔카이[豊子愷]·장톈이 등의 작품들도 소개되었다. 그러나 어떤 신문학 작가도 루쉰처럼 그렇게 대대적으로 거론되거나 체계적으로 소개·전파되는 경우는 없었다.

필자의 조사에 의하면, 1945년부터 1949년 사이에 타이완에서 출판된 중문과 일문 대조의 루쉰 작품은 단행본만 다음 5종이 있었다(출판년

---

213 中島利郎, 「日本植民地下の台灣新文學と魯迅(上) : その受容の槪觀」, 227~228쪽.

214 甦甡(蘇新)은 「也漫談台灣藝文壇」(『台灣文化』 2卷 1期[1947年 1月])에서 다음과 같이 회상하였다. "본지(타이완 - 역자)의 문화인들은 …… 일본 통치 시대에 이미 일본어판 『대노신전집 大魯迅全集』(東京 : 改造社, 총 7권, 1937.2~1937.8 - 저자)을 읽었지만, 본성(타이완 - 역자)이 일본 정부에 의해 조국(중국 - 역자)과 단절되었기 때문에 원저(중국어판 - 역자)를 많이 구할 수 없었을 뿐 아니라 오랫동안 일본 교육을 받았기 때문에 원문을 잘 읽을 수도 없었다."

월 순). 중문과 일문 대조 형식을 취한 까닭은 당연히 당시의 언어 현상에 대응하기 위한 것이었다.

1947년 1월 양규 楊逵 역,『아큐정전』, 동화서국 東華書局

1월 왕우농 [王禹農] 역,『광인일기 狂人日記』, 표준국어통신학회 標準國語通信學會

8월 람명곡 [藍明谷] 역,『고향 故鄉』, 현대문학연구회 現代文學研究會

1948년 1월 왕우농 역주,『병음주해 拼音註解 중일대역 中日對譯 공을기 孔乙己 머리털 이야기 [頭髮故事]』(제2집)

1월 왕우농 역주,『병음주해 중일대역 약 藥』(제3집), 동방출판사 東方出版社

그 외 잡지에 게재하거나 전재한 루쉰에 관한 전기·회고·작품 소개 등의 글도 적지 않았다. 잡지 외에 당시 타이완의 3대 신문이던『신생보』·『화평일보』·『중화일보 中華日報』의 부간 副刊에도 루쉰에 대한 글이 40편 가까이 실렸는데, 필자들은 대륙에서 건너온 작가와 타이완 작가였다. 또 1946년 10월 19일 루쉰 서거 10주년 기일에는 3대 신문이 약속이나 한 듯이 기념 특집을 꾸몄다. 그 밖에 정부 당국에서 편집 출판한 것이든 민간 출판사가 편집 출판한 것이든 모든 국어 교과서에도 루쉰의 작품이 실렸다. 예컨대 「오리의 희극[鴨的喜劇]」(초급중학교용『초급국어문선 初級國語文選』[타이베이 : 台灣省政府教育廳, 1947]), 「연극을 보다[看劇]」(1947년도 대만성 각 현시 縣市 초등학교 교사[小學教員] 하계강습 강의2『국문』), 「오리들의 외침[鴨鴨的叫](「오리의 희극」 축약본, 장워쥔[張我軍] 편,『국문자습강좌 國文自修講座』권1[타이베이 : 聯合, 1947]), 「요부[美女蛇]」(「백초원에서 삼미서옥까지[從百草園到三味書屋]」 축약본, 장워쥔 편,『국문자습강좌』권2[타이베이 : 연합, 1947]) 등이 있었다. 따라서 전후 초기는 1920년대 이후, 그것을 계승한 제2차 루쉰 사상 전파 고조기였다고 할 수 있을 것이다.

전후 초기 루쉰 사상의 주요 전파자로는 쉬셔우창 외에 3명의 타이완 현지 문화인을 들 수 있다. 그들을 통해 당시 타이완 현지 문화인의 루쉰 사상에 대한 이해를 엿볼 수가 있다.

(1) 룽잉중 [龍瑛宗](1911~1999)

룽잉중은 일제시대 일본의 중앙 문단에서 활약했다. 1937년 그의 일본어 소설 「파파야가 있는 거리[パパイヤのある街]」가 저명한 종합잡지 『개조改造』의 소설 현상懸賞 공모에서 가작으로 입선하였는데, 그는 등장인물을 통해 자신의 심경을 완곡하게 표현하면서 자신의 독서 습관을 토로하였다.

> 사토 하루오 [佐藤春夫]가 번역한 노신의 『고향』을 읽고 깊이 감동하였다. …… 기존의 관념이 이미 붕괴해 버려 얼마나 더 곤혹스러울지 모르지만, 나는 여전히 독서만을 하고 싶다. 나는 노신의 『아큐정전』과 고리키의 작품, 그리고 모르간의 『고대사회 [古代社會之研究]』를 너무 읽고 싶어서 대북에 있는 친구에게 헌책방에서 구매해 달라고 부탁했으나 아예 찾을 수 없었고, 새 책은 돈이 없어 살 수도 없었다. ……[215]

전후 초기 가장 먼저 루쉰을 타이완에 소개한 현지 문화인은 룽잉중이었다. 1946년 5월 룽잉중은 자신이 편집장을 맡고 있던 『중화일보中華日報』 일문판[216] 부간에 『아큐정전』을 발표하여 루쉰의 작품을 소개하

---

[215] 龍瑛宗, 「パパイヤのある街」, 『改造』 19卷 4期(1937年 4月), 52쪽.
[216] 전후 초기 행정장관공서는 과도적인 조치로 신문·잡지의 일문판 개설을 용인하였다. 그러나 1946년 10월 25일부터 전면 폐지되었다.

룽잉중이 1940년대 후반에 찍은 사진(출처 : 룽잉중 가족 제공)

면서, "루쉰은 생전에 중국인의 나쁜 성격을 몹시 미워하였지만, 이 때문에 루쉰을 비애국자라고 볼 수는 없다. 그가 중국인의 나쁜 성격을 몹시 미워한 바로 그 점이 그가 중국을 진정으로 사랑했음을 나타낸 것이기 때문이다."라고 강조했다.[217] 그 후 또 같은 해 10월 루쉰 서거 10주년 기일에는 『중화일보』 일문판에 「중국 근대 문학의 시조 : 루쉰 서거 10주년 기념일에 즈음하여」를 발표하여 루쉰을 추도하면서, "루쉰은 러시아의 고골(Nikolai Vasilievich Gogol, 1809~1852 - 역자)과 고리키(Maxim Gorky, 1868~1936 - 역자)의 문학에 크게 공명하여 세계 피억압자 문학에 특히 관심을 기울였다." "루쉰이 세상을 떠난 지 10년이나 지나 비록 루쉰의 육신은 이미 사라졌지만, 루쉰의 정신은 여전히 살아서 민족정신 각성覺醒

---

[217] 龍瑛宗, 『阿Q正傳』, 『中華日報·文藝』, 1946年 5月 20日, 원문은 일어.

의 목소리를 영원히 외치고 있다."라고 지적하였다.[218]

롱잉중은 자신의 루쉰 사상에 대한 이해를 통해 루쉰의 정신이 영원할[長存] 것임을 강조하였다. 루쉰 정신이란 바로 민족주의 정신과 국민성 개조이니, 이는 전후 타이완에서 불가결한 정신이었다.

(2) 양쿠이(楊逵, 1905~1985)

양쿠이는 일제시기에 매우 활발하게 활동한 사회운동가이자 문학가였다. 롱잉종과 마찬가지로 일본 중앙 문단에서도 활약하였다. 1934년 그의 소설「신문배달부新聞配達夫」가 문예잡지『문학평론文學評論』의 현상공모에서 2등(1등이 없는)으로 입선하였다. 전후 초기에도 타이완 문화계에서 활약하면서 적지 않은 중국 신문학 작품을 번역 소개하였다.[219] 『화평일보』 부간의 편집을 맡는 동안에는 쉬셔우창의「루쉰과 청년」(1946년 10월 19일),「루쉰의 덕행」(1946년 10월 21일), 쉬광핑의「망기해忘記解」(1946년 10월 20일), 후펑[胡風]의「루쉰 정신의 두세 가지 중점에 관하여[關於魯迅精神的二三基點]」(1946년 10월 19일) 등 루쉰을 기념하는 글을 게재하여 적극적으로 루쉰 사상을 소개하고 전파하였다.

1946년 10월 루쉰 서거 10주년 기일에 양쿠이는『중화일보』일문판과『화평일보』 부간에 신체시[新詩]를 동시에 발표하였는데, 제목은 둘 다 '루쉰을 기념함'이었다. 사용한 단어는 조금 달랐지만, 내용은 모두

---

218 龍瑛宗,「中國近代文學の始祖 : 魯迅逝世十週年記念日に際して」,『中華日報』, 1946年 10月 19日.

219 양쿠이가 번역한 중·일 대역의 중국 신문학 작품은『阿Q正傳』(魯迅 原著, 1947年 1月),『微雪的早晨』(郁達夫 原著, 1947年 8月),『大鼻子的故事』(矛盾 原著, 1947年 11月),『黃公俊的最後』(鄭振鐸 原著, 未見) 등으로 모두 東華書局에서 출판한 '中國文藝叢書'에 들어가 있다.

양쿠이가 뤼다오 [綠島] 감옥에 있을 때 찍은 사진(출처 : 彭小
妍主編, 『楊逵全集』卷10, 台北 : 國立文化資産保存研究中
心籌備處, 2001).

루쉰의 전투 정신을 찬미하는 거의 같은 것으로 "루쉰은 인류 정신의 청
소부이다. 악랄하고 반동적인 것들을 향해 소리 지르고 또 질렀으니, 맹
렬한 기세로 있는 힘을 다해 싸운 것이었다." "지금도 여전히 곳곳에서
루쉰의 목소리를 들을 수 있으니, 그의 계승자들은 마음으로 여전히 루
쉰의 지성至誠과 열정을 직시하고 있다. 루쉰은 인류 정신의 청소부요,
영원히 살아있을 혁명의 기호記號이다."라고 강조하였다.[220]

그러나 루쉰 사상에 대한 양쿠이의 이해를 잘 표현한 것은, 그가 번역
한 중·일 대조『아큐정전』의 앞부분에 쓴「루쉰 선생」이라는 짧은 글이
었다. 이 글에서 그는 다음과 같이 말했다.

[220] 楊逵, 「魯迅を紀念して」, 『中華日報』, 1946年 10月 19日.

박해받는 사람과 피억압 계급의 친구로서 선생은 늘 피범벅의 전투 생활을 반복했다.
......

『아큐정전』은 선생의 대표작으로 그는 저주받을 악의 세력과 보수주의를 향해 사형을 선고한 것이니, 각자 자세히 음독 吟讀하길 바랄 뿐이다. 악의 세력과 보수주의를 하루라도 버리지 않는 한 우리는 결코 전진할 수가 없다.[221]

양쿠이의 루쉰 사상에 대한 이해는 위의 시문 중에 여실히 표현되어 있으니, 그에게 루쉰은 "영원히 살아있을 혁명의 기호"이고 '피압박 계급의 친구'이며 반동 세력·보수주의와 싸운 불요불굴의 문학가였다. 일제 시기부터 전후까지 활약한 사회운동가인 양쿠이는 사회운동가의 관점에서 루쉰의 전투 정신이 갖는 '사회성'과 '정치성'에 주목한 것이었다.

(3) 란밍구(藍明谷, 1915~1951)

앞서 서술한 것처럼 전후 초기 중·일 대조의 루쉰 작품을 번역한 단행본이 5종이었는데, 그중 하나가 란밍구가 번역한 『고향』이었다.

란밍구는 본명은 란이위안[藍益遠]이고 '란밍구'는 필명이다. 또 다른 필명은 란칭[藍靑]이다. 그는 1919년 가오슝의 강산[岡山]에서 태어나 대남사범학교를 졸업한 후, 중국 베이핑의 동아경제학원東亞經濟學院에서 유학했다. 베이핑에 있을 때 작가 중리허와 서로 사귀며 친하게 지냈다. 전후 타이완으로 돌아와 대만성교육회에서 근무했으나 '2·28 사건' 직전 그만두고, 중리허의 소개로 그의 형 중하오둥[鍾浩東]이 교장으로 있던 기륭중학基隆中學에 부임했다. 『고향』의 번역 작업은 바로 이때 이루

---

221 楊逵譯, 『阿Q正傳』(台北 : 東華, 1947), 2~3쪽.

1937년 대남사범학교 台南師範學校 시절의 란밍구(출처 : 란밍구 가족 제공).

어진 것이었다. 1949년 8월 국공내전이 맹렬하게 진행되고 있을 때, 란밍구와 중하오둥은 중국 공산주의 혁명에 호응하여 비밀리에 선전 활동을 전개하였으나 관계 당국에 발각되어 체포당했다. 이른바 '광명보光明報 사건'이었다. 그 후 중하오둥과 란밍구는 모두 사형 선고를 받았다.[222] 그 전인 1949년 4월 6일 양쿠이도 국민정부에 '2·28 사건'으로 체포된 사람들을 석방하고 본지인과 대륙인 사이의 벌어진 틈을 해소할 것을 청원하는 '평화[和平]선언'에 서명했다는 이유로 유기징역 12년을 선고받았다.

란밍구는 『고향』을 번역하면서 쓴 「루쉰과 『고향』」이라는 머리글에서

---

222 란밍구의 생애와 사적 事績에 대해서는 藍博洲, 『消失在歷史迷霧中的作家身影』(台北 : 聯合文學, 2001), 237~332쪽을 참고. 중하오둥의 생애 및 '광명보 사건'의 상세한 내용은 藍博洲, 『幌馬車之歌』(台北 : 時報文化, 1991), 51~104쪽을 참고.

다음과 같이 지적하고 있다.

다시 한번 5•4 이후의 역사를 회고해 보면, 제국주의의 '대변인'인 봉건 군벌의 흉측한 칼날 아래 쓰러져 간 사람을 제외하고, 그 많은 소위 지도자라는 사람들, 혹은 지도자를 자처하던 사람들은 모두 도중에 적과 타협하거나, 아니면 낙담하여 안전지대로 도망쳤다.

그러나 중도에 변절하지 않았을 뿐 아니라 반제•반봉건 운동에 철저하게 투신한 사람이 없었던 것은 아니니, 노신이 바로 그 중 한 사람이었다.

말할 필요도 없이 노신 또한 '5•4' 이래 중국 사상계에 상당한 영향력을 발휘했던 인물이다. 사람들은 그를 '세계적인 대문호', '청년들의 스승' 혹은 '혁명의 맹장 [健將]'이라고 부른다. 그러나 그는 "싸움터의 유능한 장수"를 자처하기보다는 "깃발을 흔들고 소리를 지르는 소졸 小卒"임을 자임했다. 게다가 사실상 그는 또 이른바 지도자라는 사람들과는 달리 쓰러지는 최후의 순간까지 싸움을 그친 적이 없었다. 그는 그저 전선의 후방에 서서 입으로만 명령을 내리는 지도자가 아니라, 민중과 함께 대오를 짜고 민중을 이해하며 앞에서 말한 대로 진정으로 민중과 함께 싸우는 '소졸'이었다. 그는 이런 의미의 말을 한 적이 있는데, "만약 백성들을 무지한 바보로 본다면 크게 착각하는 것이다. 그들은 왕왕 '대인군자 大人君子'들이 통찰하지 못하는 부분을 정확하게 꿰뚫어 볼 수 있다." 이것이야말로 바로 그의 문학적 태도요, 나아가 그의 전반적인 삶의 태도이자 그가 위대한 까닭이다.

이 작품은 1921년 1월에 쓴 것으로 그 전작 前作인 『광인일기』•『공을기』•『약』•『풍파 風波』 등과 비교해 보면, 주제도 다르고 글 쓰는 방식에도 차이가 있다. 『풍파』 이전 작품들의 주제는 주로 봉건사회의 약점을 '폭로'하는 것이었다. 그러나 『고향』에서는 양이수 [楊二嫂]의 어두운 면을 폭로하는 것은 둘째이고, 오히려 순박한 윤토 [閏土]에 대한 동정과 깊은 관심에 주제를 맞추고 있다. 형식적인 측면에서도 이전의 객관적이고 풍자적인 글쓰기 방식과는 다르게 아주 분명한 서정적 색채를 띠고 있다.

란밍구는 루쉰 사상에 대한 이러한 이해를 바탕으로 루쉰이 중국 근대 역사에서 반제·반봉건 운동의 지도자일 뿐 아니라, "민중과 동료가 되어" "진정으로 민중과 함께 싸우는" 정치운동과 사회운동에 실제 참여한 점을 강조하였다. 이는 루쉰의 '문학성', '사회성' 그리고 '정치성'을 총괄한 것으로, 여기에서 타이완 사람들의 루쉰 사상에 대한 이해가 이미 상당히 높은 수준에 도달하였음을 알 수 있다. 그는 심지어 자신이 그려낸 루쉰 형상과 자기의 인생을 서로 중첩重疊시킴으로써 국공내전 중 중국 공산주의 혁명에 호응하여 "민중과 함께 싸웠고" 생명을 희생했던 것이다.

쉬셔우창이 루쉰 사상을 전파한 의도는 그것을 전후 타이완의 문화재건과 유기적으로 결합하여 이를 매개로 타이완에서 '새로운 5·4운동'을 불러일으킬 수 있기를 기대하였기 때문이었다. 그러나 대륙에서 타이완으로 건너와 문화재건 활동에 종사하던 쉬셔우창과 타이완 현지 문화인의 입장은 다를 수밖에 없었다. 당시 타이완인이 마주한 문제는 문화 문제만이 아니었고, 날로 악화하는 경제·정치·사회 문제도 포함된 것이었다. 룽잉중은 공개적으로 다음과 같이 말했다.

문화가 발전하려면 일정한 환경과 조건이 필요하다. 그 최저 조건의 하나가 무엇일까? 그것은 바로 문화인의 생활 안정이다. 안정된 생활이 없다면 문화 창작에 종사할 수가 없다. 당연히 문화인은 청빈한 생활을 감내하면서 세속적인 사치를 증오한다. 그러나 현재의 사회 정세 아래에서 문화인은 청빈한 생활은커녕, 아사의 선상에서 방황하고 있다. 문화인은 탐오 貪汚의 행렬에 투신할 요령도 없고 혼탁한 세상 속에서 '보너스 [紅包]'가 무엇인지도 모르면서, 제도와 체면의 이중 압박 아래, 사회 밑바닥으로 내몰려, 그저 저잣거리의 모욕이나 받으면서 생활할 방도도 없이 신음하는 가련한 생활을 보내고 있는 것이다.[223]

식민 통치하의 비애를 경험한 타이완인들은 전후 초기 또다시 불안정한 사회환경에 노출되면서, 정신적으로나 생계에 있어서 많은 고통을 견뎌야 했다. 저명한 문예평론가 야마모토 켄키치[山本健吉](1907~1988)는 일찍이 "아시아 유형의 규모 내에서 후진국이 당면한 공동과제의 해답을 모색할 때, 루쉰 문학이 품고 있는 함의는 많은 시사점을 제공할 수 있다."라고 지적한 바 있다.[224] 반식민지의 열악한 환경에서 투쟁하는 과정에서 만들어진 루쉰의 문학과 사상이 타이완인의 공명을 얻을 수 있었던 것은 결코 우연이 아님을 이해할 수 있다. 타이완 현지의 문화인들은 루쉰의 '사회성'과 '정치성'·'전투성'을 계승하며, 깨우침을 얻은 끝에 역으로 전후 타이완의 당면 문제를 생각했고, 마침내 루쉰의 사상·정신과 타이완의 현상을 직접 연결함으로써 그들의 불만을 표출하였던 것이다.

예컨대 양윈펑은 「루쉰을 기념함」이란 글에서 다음과 같이 표현하였다.

루쉰이 생전에 증오했던 것 중 일부는 이미 소멸한 듯하고, 쟁취하고자 했던 것 중 일부는 이제 막 실현될 듯하다.

그러나 만일 흥분에서 벗어나 냉정하게 사색해 보면, 이른바 진리의 존엄, 정의 역량

---

223 龍瑛宗, 「文化を擁護せよ」, 『中華日報·文藝』, 1946年 6月 22日.

224 山本健吉, 「魯迅の作品について」, 『魯迅』(東京 : 河出書房新社, 1980), 33쪽.

은 아직 완전히 회복되지 않았음을 분명 느낄 수 있을 것이다. 루쉰이 그렇게 미워했던 '정인군자 正人君子'는 여전히 의기양양하게 등장하고 있으며, 루쉰이 그렇게 미워했던 '영웅호걸'도 여전히 번쩍번쩍 칼을 갈면서 몇 번째일지 모를 대학살을 준비하고 있다. 그러나 루쉰이 가장 관심을 두고 가장 사랑했던 우리 중국 민중은 여전히 정처없이 떠돌며 엎어지고 자빠지면서 암담한 생활을 계속하고 있다. 루쉰이 평생 피눈물을 다하여 쟁취하고자 분투했던 정치·경제·문화의 '민생 民生' 실현은 아직도 저 멀리 피안 彼岸에 있다.

대만의 광복은 지하의 루쉰 선생에게도 분명 기쁨과 위안이 되었으리라고 믿는다. 다만 그가 작금의 대만에서 벌어지는 현상을 안다면 어떻게 느낄지 알지 못할 뿐이다. 우리는 그의 '기쁨과 위안'이 애통과 비분으로 바뀌지 않을까 두렵다.[225]

양윈핑의 글은 루쉰을 빌어서 실제로는 전후 초기 중국과 타이완의 고통받는 민생에 대한 불만 정서를 드러낸 것이다.

양쿠이도 「아큐의 동그라미 그리기」에서 다음과 같이 지적하였다.

지난 1년간 우리가 예의염치의 나라에서 본 것은 신의 [信]라는 글자가 이미 사라졌다는 점이다. ……

예의염치가 있는 선비의 영혼과 사상은 남의 웃음거리가 될까 두려워한 아큐만도 못하지만, 사람으로서의 조건도 갖추지 못한 우리의 눈에는 오히려 마음이 좀 쓰리다. 적을 타도한 이래 이미 1년여의 짧지 않은 시간이 지났다. 우리는 한 차례의 칼부림극 [武劇]을 끝내고 꼭 새로운 건설의 극이 편성되길 바랐지만, 질질 시간만 끌다 결국이 둥근 동그라미를 제대로 그리기가 어려웠다. 우리 평범한 일반 대중 [平民凡夫]은 이

---

225 楊雲萍, 「紀念魯迅」, 1쪽.

제6장 루쉰 사상과 전후 타이완의 문화재건   197

른바 '행복한 결말'의 대단원을 보고 싶어 했지만, 연극은 결국 무대에 올리지도 못했다. 이러한 대동란 속에서 신의 없는 예의염치의 선비 몇몇은 더 큰 부자가 될 수 있었지만, 배고픔과 추위에 시달린 일반 대중들로서는 그들을 결코 좋아할 수 없었다.[226]

양쿠이가 말한 '예의염치의 나라'는 당연히 중국을 가리키고, 동란 중에 큰 부자가 됨으로써 평범한 일반 대중을 배고픔과 추위에 시달리게 만든 "신의 없는 예의염치의 선비"는 대륙에서 건너온 일부 탐관오리를 말한다. 그들의 영혼과 사상은 심지어 아큐조차도 비교할 수 없었다. 쉬셔우창이 항전 승리 후 '사랑과 정성'으로 '새로운 나라[新邦]'를 건설하고자 한 바람은 타이완에서도 전혀 실현될 수 없었던 것이다.

루쉰 사상이 타이완에 침투[滲透] 발전한 결과, 타이완 현지의 문화인들은 루쉰의 비판 정신을 계승하여 루쉰 기념을 빙자하거나 루쉰 작품에 관한 토론을 통해 대륙에서 건너온 일부 국민정부의 부패 관료를 격렬하게 비판하고, 동시에 당시 중국과 타이완 두 지역의 현상에 대해서도 불만을 표현하였다. 그러나 쉬셔우창이 기대했던 '새로운 5·4운동'은 타이완에서 끝내 일어나지 못했으니, 이러한 결과는 아마도 그가 애초 예상할 수 있었던 것이 아니었을 것이다.

3. 반反 루쉰의 움직임

전후 타이완에서 전개된 하향식 문화재건 활동에는 쉬셔우창처럼 5·

---

226 楊逵, 「阿Q畵圓圈」, 『文化交流』第1輯(1947年 1月), 17쪽.

4시기 신문화운동의 상징 중 하나인 루쉰의 사상을 핵심으로 하는 문화 운동 외에, 그와는 방향을 달리하는 다른 운동도 있었다. 당시 중국국민당 대만성집행위원회의 주임 위원이던 리이중[李翼中]은 공개적으로 다음과 같이 주장하였다.

나는 (현재) 대만의 문화 운동 사업에 여전히 지도 [領導]의 중심이 없다고 생각한다. 이는 대만의 문화 운동을 더욱 통제적 방식으로 지도해야 한다는 것이 아니라, 현재 문화 운동에 종사하는 활동가들에게 계통적이고 합리적인, 일관된 노력의 방향이 없다는 점을 말하는 것이다. 즉 현재 문화 운동으로 노력하고 있는 사업 중에는 여전히 서로 다른 다양한 사상이 섞여 있다는 점이다. 우리는 대만의 문화 운동이 삼민주의의 새로운 대만 건설이라는 위대한 임무에 협력할 수 있도록 해야 하며, 삼민주의가 대만의 문화 운동을 지도하는 최고의 원칙이 되도록 해야 한다. 삼민주의라는 최후 목표를 바라보며 대만의 문화 운동에 힘을 다하는 것, 이것이 바로 우리가 말하는 대만 문화 운동의 지도 중심을 세운다는 의미이다.[227]

당시 중국국민당 대만성집행위원회(이하 '대만성집행위원회'로 줄임)는 '문화운동위원회'를 설치하여 문화 운동을 집행하고 있었다. 천이는 당시 행정장관공서 행정장관 겸 대만성 경비총사령을 맡아서 행정권과 군사권을 장악하였지만, [국민당 계통인-역자] 대만성집행위원회에 대해서는 전혀 구속력을 갖지 못했고 오히려 때로는 견제받기도 하였다. 예컨대 선전위원회가 영화를 심사할 때 대만성집행위원회 선전처와 함께 심사해야만 했다. 주지하다시피 중국국민당은 줄곧 '당黨'으로 '나라[國]'를 통

---

227 李翼中, 「對當前台灣的文化運動的意見」, 『新生報』1946年 7月 28日.

치하였기에 당이 정부를 통제하였다. 그러나 국민당 내부 또한 상당히 복잡해서 이데올로기와 이해관계에 따라 몇 개의 계파가 형성되어 서로 대립하고 견제하는 상황이었다. 예컨대 천이는 '정학계政學系'에 속하였는데, 쉬셔우창은 그의 비호하에 문화사업을 전개하고 있었다. 그러나 국민당 본부와 국민정부 내에서 세력을 갖고 전국적인 교육·문화 정책을 맡고 있었던 것은 국민당 중앙상무위원인 천궈푸[陳果夫]와 그의 동생 – 국민정부 교육부 장관 천리푸의 'CC파'였다. 정학계와 'CC파'는 대립 관계에 있었으니[228], 쉬셔우창의 앞길도 일찌감치 'CC파'와 대립하는 처지에 놓일 수밖에 없었다.[229]

타이완이 중국에 복귀하자마자, CC파는 자기 계파 사람인 리이중을 대만성집행위원회 주임 위원으로 임명하였다. 리이중은 즉시 방문단을 조직하여 3개월 동안 타이완 전역을 누비고 다니면서 각 구區·향鄕·진鎭에 대만성집행위원회의 하부조직을 설치하고, 현과 시에는 '현시당무지도판사처縣市黨務指導辦事處'를 두어 하부조직을 지도하게 하였다. 그 외 또 대만성집행위원회 아래에 '문화운동위원회'를 설립하고 성내 각지에서 집회와 강연회 등 문화 활동을 개최하여 삼민주의를 선양하였다. 즉 전후 타이완에 가장 주입할 필요가 있는 새로운 정신은 삼민주의임을 강조하며 "새로운 대만을 국민당화[黨化新台灣]"해야 한다고 호언하였다.[230] 'CC파'가 주도하는 문화 정책은 늘 극단적인 민족주의 경향, 즉

228 상세한 것은 陳明通, 「派系政治與陳儀治台論」, 賴澤涵主編, 『台灣光復初期歷史』(台北 : 中央研究院中山人文社會科學研究所, 1993)을 참고.

229 쉬셔우창은 친구에게 보낸 편지에서 'CC파'에 반대하는 입장을 명백히 표하면서 'CC파'와의 대립 관계를 토로하고 있다. 『許壽裳日記』, 59~60쪽.

230 張兆煥(台灣省執行委員會 書記長), 「本省黨務槪況」, 『台灣省地方行政幹部訓練團團刊』 2卷 6期(1946年 11月 15日), 273~275쪽 ; 伊藤金次郎, 『台灣欺かざるの記』(東京 :

문화 보수주의적 경향을 띠고 있어서[231] 5·4 시기 학생들의 애국적 민족주의 운동에 대해서는 높게 평가하였지만, '민주'와 '과학' 등 5·4 문화계몽운동에 대해서는 유보적인 태도를 취했다. 따라서 쉬서우창의 타이완 문화재건 구상은 필연적으로 그들과 충돌할 수밖에 없었다. 전후 타이완에서 최초로 쉬서우창과 루쉰을 공격한 글도 국민당 당부黨部 계통의 간행물을 통해서였다.

1946년 10월 루쉰 서거 10주년 당시 타이완의 신문과 잡지들은 앞다투어 루쉰 기념 특집을 제작하였다. 그러나 다음 달 바로 쉬서우창과 루쉰을 격렬하게 공격하는 문장이 출현하였다.

> 허수창 선생의 대작 「루쉰의 덕행」을 이미 10월 21일자 『화평일보』를 통해 읽었다. 고인이 된 친구를 기념하기 위해 글을 지어 표창하는 것은 마땅히 해야 할 일이자 미덕이라 할 수 있다. 그러나 고인을 추켜세우는 것은 살아있는 사람을 추켜세우는 일과 마찬가지로 격에 맞아야 한다. 그렇지 않으면 사람을 낯 간지럽게 할 수 있다. "위대하도다! 노신이여"라고 허 선생이 말하는 건 괜찮지만, 노신이 '중국 민족의 혼'이라고 말하는 것은 좀 우스꽝스러운 것 같다. ……
>
> 허 선생은 "그의 말이 천하에 가득했고 창조와 분투를 존중하였을 뿐 아니라 문화의 확충을 주장하며 청년들의 생활을 지도했으니, 이들 모두 교육에 합당한 것이었다."라고 말했다. 허 선생은 교육가이기에 당연히 이렇게 말할 권리가 있다. 그러나 "말이 천하에 가득한" 사람은 아주 많지만, 모두 '위대하다'라고 할 수는 없다. 오히려 그 '말'이 진정으로 "교육에 합당한지"를 살펴보고, 나아가 "그 행위를 관찰"해야만 한다. 노신이 '분투'했던 역사는 있지만, '창조'했던 역사는 없었다. 그가 분투했던 방법은 부

明倫閣, 1948), 201~202쪽.

231 阪口直樹, 「國民黨文化政策の展開と胡適」, 『季刊中國』 33號(1993), 72~82쪽.

연 敷衍과 투기 投機였다. ……

허 선생은 또 "노신이 백성을 위해 목숨 바치려 필사적으로 힘써 실천한 사람"이라면서, 민국 19년 봄 [노신이] 갑자기 밀명 密命에 의해 지명 수배되었을 때 지인들 모두 그에게 잠시 피할 것을 권했지만, 노신은 "급한 것 없네."라며 한 점 부끄러움 없이 태연하게 처신했다고 말하였다. 허 선생은 당시 노신이 상해 조계 내 홍구 虹口에 있는 일본의 문화 간첩 우치야마 간조 [內山完造]의 집에 거주했다는 사실을 잊어버렸단 말인가. …… 이렇게 민족 원수의 앞잡이에게 비호받은 그를 오히려 "필사적으로 힘써 실천한 사람"이라고 말하다니! ……[232]

　　루쉰은 생전에 늘 국민당을 비판했지만, 특히 만년에 중국좌익작가연맹의 창립과 운영에 참여하면서 더욱 그러하였으니, 해당 연맹은 정신적으로 중국공산당의 지도를 받아들이고 있었다. 루쉰은 또 '장정 長征'을 마친 중국공산당과 홍군 紅軍에 대해 공개적으로 경의를 표했고, 심지어 마오쩌둥 [毛澤東]과 중국공산당이 주창한 항일통일전선에 대해서도 공개적으로 지지를 표명하였다. 만년의 이러한 일련의 행동 때문에 그는 혁명문학가로 추앙받았고 공산당과 급진적인 지식 청년들의 예찬을 받았다. 또 바로 이런 연유로 그의 사후에도 국민당은 여전히 그의 존재와 사상을 매우 적대시하였다.

　　전후 초기 천이의 비호 하에 쉬셔우창은 타이완에서 공개적으로 루쉰

---

[232] 遊客, 「中華民族之魂!」, 『正氣』 1卷 2期(1946年 11月), 3~4쪽. 『正氣』는 1946년 3월 타이베이에서 설립된 정기학사 正氣學社의 기관지이다. 정기학사의 사장은 당시 타이완성 경비 총사령부 참모장 커위안펀 [柯遠芬]이었다. 정기학사의 설립 목적은 타이완 청년들을 정기학사에 가입시킨 후, 다시 삼민주의청년단 혹은 중국국민당에 가입하도록 지도하는 것이었다(「正氣學社三十六年度工作大綱」, 『正氣』 1卷 4期(1947年 1月), 78쪽). 따라서 정기학사는 삼민주의청년단과 중국국민당 [黨團]의 타이완 소재 외곽조직이었을 가능성이 크다.

의 사상을 전파할 수 있었고, 타이완의 현지 문화인들도 자유롭게 루쉰을 논할 수 있었다. 당시 국민당 역시 적어도 표면적으로는 쉬셔우창의 활동과 대립할 수는 없었다. 그러나 '2·28 사건' 이후 천이가 타이완에서 전출되자, 이듬해 쉬셔우창도 국립대만대학 숙소에서 살해당하고 말았다.[233] 나머지 루쉰 사상 전파와 관계있던 양쿠이와 란밍구 역시 불행한 운명을 맞았다. 1949년 국공내전에서 패배한 국민정부는 마침내 타이완으로 옮겨왔다. 그들은 대륙에서 실패한 원인을 검토하면서, 그 중 하나로 1930년대 좌익 문학을 탓하였다.[234] 이 때문에 루쉰의 작품은 타이완에서 근 40년간 금고 禁錮의 운명을 겪어야 했다. 반면 같은 시기 새로 성립된 중화인민공화국에서는 루쉰에게 지극히 숭고한 지위를 부여하였다.

결어

전후 초기 타이완의 문화재건과 관련된 문제는 상당히 복잡했다. 행정장관공서·국민당 당부·타이완 현지 문화인들이 제각기 다른 생각을 하고 있었다. 그러나 전후 초기 타이완에서 루쉰의 사상이 전파되고 이를 읽는 것이 매우 유행하여서 당시 사상 조류의 하나가 되었을 뿐 아니라 문화재건과도 관련이 있었던 것은 의심의 여지가 없다.

쉬셔우창은 행정장관공서 산하의 대만성편역관 관장을 맡아 타이완

---

233 쉬셔우창의 피살과 관련하여 당시 타이완성 경무처 警務處의 정식 발표는 1948년 2월 18일 밤, 전 편역관 직원 [工友] 가오완링 [高萬拎]이 쉬의 집에 몰래 들어가 물건을 훔치려다 쉬셔우창에게 발각되자 범행하였다는 것이다. 상세한 내용은 『新生報』, 1948年 2月 23日을 참고.

234 劉心皇, 『現代中國文學史話』(台北 : 正中, 1971), 467쪽.

의 문화재건 사업에 종사했다. 그의 구상은 바로 루쉰 사상을 전파함으로써 타이완에서 '새로운 5·4운동'을 불러일으키고, 5·4 신문화운동 이래 제창된 민주와 과학 등 새로운 정신을 타이완에 주입함으로써 타이완 사회 만연해 있던 일본문화와 사상의 영향을 일소하고 '탈일본화'와 '재중국화'라는 문화재건의 목적을 달성하려는 것이었다. 그러나 '2·28 사건'의 발생으로 천이가 이직하고 편역관이 철폐되자, 루쉰 사상을 매개로 한 '새로운 5·4운동'은 결국 타이완에서 발생하지 못했고 그의 구상도 물거품이 되고 말았다.

다른 한편, 타이완의 문화인들은 루쉰 사상에 내재한 '정치성'과 '사회성'에 주목하고 이를 원용하여 당시 타이완의 상황을 직시하고, 루쉰을 기념하는 글과 루쉰의 작품에 대한 토론을 통해 대륙에서 건너온 일부 탐관오리들을 규탄하였다.

그 외 삼민주의를 핵심 사상으로 하는 문화운동도 전후 초기 타이완 문화재건의 또 다른 이념이었다. 이는 국민당 당부가 주도한 것으로 사실상 국민정부의 구상이기도 하였다. 이 때문에 타이완이 중국에 복귀하자마자 즉시 실행에 옮겨졌다. 국민정부는 타이완 접수와 함께 정부의 공식 이데올로기(official ideology)인 삼민주의를 타이완인의 국가 정체성을 구성하는 사상적 기초로 삼고자 하였다. 특히 타이완인들이 자치와 자주를 추구했던 '2·28 사건' 발발 후, 국민정부는 사건 발생의 원인 중 일부를 공산당의 선동 탓으로 돌렸다. 그 후 또 타이완인이 공산주의 혁명에 동조하는 '광명보 사건'이 발생하자 정부는 더욱더 타이완에서 공산주의 사상의 전파를 막고자 하였고, 당연히 루쉰의 사상은 절대적 방비의 대상이 되었다. 일찍이 1946년 이미 전개되기 시작한 반 루쉰의 움직임은 이를 명확히 드러낸다. 루쉰 사상이 타이완에 전파됨으로써 타이완인이 구舊 중국을 대표하는 국민정부에 반대하고, 새로운 중국을 대표하는 공산정권을 동경하거나 심지어 그와 일체화된 정체성을 갖게 될 수도 있는 것이었다. 당시 국민정부가 타이완인에게 요구한 '국민화'는 이미 '중국화'뿐 아니라 '국민당화'를 요구하는 것이었다. 바꾸어 말해 그들이 타이완인에게 정체성을 요구한 '국가'는 "국민당이 통치하는 중화민국"이지, "공산당이 통치하는 새로운 중국"이 아니었다. 이러한 추세는 1949년 국민정부가 공식적으로 타이완으로 옮겨온 이후 더욱 강화되었다. 아주 흥미로운 것은 당시 행정장관공서, 쉬셔우창이 책임지고 있던 대만성편역관, 행정장관공서의 외곽단체인 대만문화협진회, 중국국민당 대만성집행위원회 모두가 삼민주의의 깃발을 높이 들고 타이완의 문화 개조를 제창했다는 점이다. 하지만 그들은 삼민주의 깃발 아래 진보와 보수라는 서로 다른 입장을 표현하였으니, 이 또한 전후 타이완의 문화재건에 대한 각자 다른 사유를 반영하는 것이었다.

제7장

루쉰 사상 전파의 또 다른 일면

– 황룽찬

1. 황룽찬의 타이완 부임

앞장에서 이미 지적한 대로 루쉰 사상이 타이완에 전파되는 데에는 두 차례의 고조기가 있었다. 1차 고조기는 일제 통치 시기인 1920년대였고, 2차 고조기는 바로 전후 초기였다. 전후 초기 타이완에서 루쉰 사상을 전파한 사람으로는 쉬셔우창 외에 그와 함께 거론되는 황룽찬이 있었다.[235] 쉬셔우창이 생각한 전후 타이완의 문화재건은 루쉰의 사상과 정신을 빌려와 타이완에서 하나의 '새로운 5·4운동'을 불러일으킴으로써 타이완의 문화재건 사업을 완성하려는 것이었다. 그에 비해 황룽찬은 전후 초기 타이완에서 체계적이고 적극적으로 루쉰의 목각木刻 사상을 전파한, 다시 말해 전후 타이완에 최초로 루쉰의 목각 사상을 전파

---

[235] 甦甡,「也漫談台灣藝文壇」,『台灣文化』2卷 1期(1947年 1月), 15쪽.

한 사람으로서 쉬셔우창과는 다른 측면에서 루쉰의 사상을 전파한 것이었다. 황룽찬 개인에 대해서는 1990년대까지도 거의 알려진 바가 없었으나, 최근에 와서 조금씩 밝혀지고 있다.[236] 이번 장에서는 황룽찬이 타이완에서 루쉰의 목각 사상을 전파한 경과를 명확히 정리함으로써 전후 타이완에서 루쉰 사상 전파의 또 다른 일면을 이해해 보고자 한다.

황룽찬은 1916년생으로 쓰촨성 충칭 사람이다. 항일전쟁 초기 사천서남직업학교四川西南職業學校를 졸업하고, 1938년 윈난성 쿤밍으로 가 국립예전國立藝專에서 공부했다. 1939년에서 1941년까지 광시성 류저우[柳州]의 용성중학龍城中學에서 미술 교사를 지냈다. 1938년 6월 최초의 전국적 목각 단체인 '중화전국목각계항적협회中華全國木刻界抗敵協會'가 한커우에서 성립되었지만, 1941년 3월 국민정부 사회부社會部로부터 불법조직으로 지목되어 해산되었다. 하지만 해당 협회는 1942년 1월 '중국목

---

236 황룽찬 개인에 관한 자료는 속표지에 "삼가 이 책으로 목각 지도자 루쉰 선생 서거 10주년을 기념함."이라 적혀있는 中華全國木刻協會編, 『抗戰八年木刻選集』(開明書店, 1946.12)에 황룽찬의 목각 판화 작품 '철도 수리 [修鐵道]'가 수록된 것 외에, 황룽찬에 관해 "충칭 사람이다. 쿤밍 시절 국립예전을 졸업했다. 성품이 활발하고 환경에 잘 적응했으며, 목각 운동을 열심히 하였고 조직력이 뛰어났다. 항전이 시작되자, 연극대 [劇隊] 활동에 참여하여 서남의 여러 성을 옮겨 다녔다. 작품은 현실 생활을 묘사한 작품이 많다."(14쪽)라고 소개하고 있다. 황룽찬에 대한 일본 쪽의 소개는 이케다 도시오(1916~1981, 타이완 민속학자)의 「敗戰日記」(『台灣近現代史研究』 4號[1982.10], 55~108쪽) 중에 "황룽찬은 타오싱즈 [陶行之]의 제자로 일찍이 루쉰에게 목각을 배웠다. 나중에 타이완에서 사형당했다고 한다."(107쪽, 原文 日文)라는 주석이 있다. 그러나 馬蹄疾·李允經編著, 『魯迅與中國新興木刻運動』(北京 : 人民出版社, 1985.12)에 루쉰에게 목각을 배운 35명의 청년을 열거하고 있지만, 그중 황룽찬의 이름은 보이지 않는다. 황룽찬에 관한 전기로는 梅丁衍, 「黃榮燦疑雲 : 台灣美術運動的禁區(上)·(中)·(下)」, 『現代美術』 67期~69期(1996年 8月·10月·12月)이 매우 충실한 기초 연구를 하여서, 이글을 작성하는 데 많은 도움이 되었다. 메이 선생은 그 후에도 필자에게 진귀한 자료를 제공해 주었다. 삼가 감사를 드린다. 그 외 일본 후쿠오카 [福岡]에 거주하는 요코치 다케시 [橫地剛] 선생도 황룽찬 연구에 종사하고 있는데, 필자는 요코치 선생과 의견 및 자료를 교환한 적이 있었다. 여기서 함께 감사의 뜻을 표한다.

20세 전후의 황룽찬 사진(출처 : 메이딩옌 [梅丁衍] 제공).

각연구회'로 개명하고 정부 당국과 여러 차례 교섭 끝에 설립을 인가받았다. 그 뒤 이 연구회는 항전 승리 후인 1946년 7월 '중화전국목각협회'로 다시 개편되었다. 황룽찬은 1941년에서 1943년까지 『유주일보 柳州日報』 부간 「초원목예 草原木藝」의 편집인으로 자리를 옮겼고, '중국목각연구회' 유주 분회 分會 책임자를 겸하였다. 1944년 황룽찬은 다시 광시성 이산[宜山]현의 유경사범학교 柳慶師範學校로 옮겨 교편을 잡았으나, 같은 해 일본군이 이산을 공격하여 함락시키자 고향인 충칭으로 돌아왔다.

항일전쟁 승리 후 1945년 10월 황룽찬은 '중국목각연구회'가 충칭에서 개최한 9인목각연합전시회 [九人木刻聯會]에 참가했다. 이들 아홉 사람은 황룽찬 외에 천옌차오 [陳煙橋]·량융타이 [梁永泰]·왕수이 [王樹藝]·왕치 [王琦]·왕런펑 [汪刃鋒]·루디 [陸地]·딩정셴 [丁正獻]·류셴 [劉峴]으로 모두 항전시기와 이후 신중국에서 활약한 목각 판화가들이었다. 당시 신화일보사新華日報社도 옌안에서 가져온 목각 판화 일부를 제공하여 해당 전시회에서 함께 전시하였고, 그 후 이 아홉 사람의 작품은 옌안으로 보내져 전시되기도 하였다. 그해 겨울 황룽찬은 교육부의 타이완 파견 교사 초빙단에 선발되어 홍콩을 거쳐 타이완에 도착하였다.[237] 따라서 그는 전후 타이완에 가장 먼저 온 중국 목각 판화가일 가능성이 매우 높다. 그 후 천야오환[陳耀寰](광둥인, 1922~2021)과 주밍강[朱鳴岡](안후이인, 1915~2013)이 같은 해 타이완에 왔고, 황옌[荒煙](광둥인, 1921~1989)·마이페이[麥非](광둥인, 1916~)·루즈쌍[陸志庠](장쑤인, 1910~1992)이 1946년, 왕마이간[王麥稈](산둥인, 1921~2002)·다이잉랑[戴英浪](말레이시아 화교로 1940년 중국으로 귀국함, 1908~1985)·장시야[章西崖](저장인, 1917~1996)가 1947년, 왕런펑(안후이인, 1918~2010)·황융위[黃永玉](후난인, 1924~2023)·류룬[劉崙](광둥인, 1913~2013)·천팅스[陳庭詩](필명은 耳氏이고 푸젠인, 1916~2002)가 1948년에 타이완으로 왔다. 전후 왜 이렇게 많은 중국의 목각 판화가들이 타이완으로 왔을까? 항일전쟁 승리 이후 중국의 주류 화가들은 차츰 그들의 주요한 활동 무대였던 베이징·상하이·항저우 등지의 미술학교로 복귀했다. 그러나 목각 판화가 대부분은 항전 시기에 목각 판화를 배우기 시작한 사람들이었다. 그들은 종군하여 전투를 치르는 한편, 항일 선전의 필요에 호응하여 전통 세화[年畵] 기법을 바탕으로 스스로 판화를 익혀서 신문·잡지에 발표하였고, 또 이를 계기로 다른 동호인들과 결속하기도 하였다. 전쟁 승리 후 국민정부에 의해 수복된 지역에서는 한동안 이들 목각 판화가가 계속 작품을 발표할 여지가 없었고, 주류 미술학교의 교단

---

237 梅丁衍,「黃榮燦疑雲(上)」, 49~50쪽 ; 李允經,『中國現代版畫史』(太原 : 山西人民出版社, 1996), 99~109쪽.

도 그들을 다 받아들일 수 없었다. 활동 무대를 상실한 그들은 타이완으로 건너와 중국의 새로운 변경 지역의 상황을 살피면서 별도의 활동 공간을 찾으려 한 것이었다.[238] 황룽찬 역시 아마도 이러한 마음으로 타이완에 왔으리라!

1945년 겨울 황룽찬이 타이완에 도착한 후 처음에는 교직을 아예 맡지 못했고, 얼마 지나지 않아 1946년 1월 1일 창간한『인민도보』(쑹페이루가 대표[社長], 쑤신이 편집장[主編]인 민영신문으로 1947년 3월 13일 천이를 비판하였다는 이유로 정간됨)에서 부간「남홍 南虹」의 편집장을 맡았다.[239] 당시에는 타이완 거주 일본 교민들이 아직 완전히 송환되기 전이고 타이완 당국도 일본인 기술자와 교육종사자를 유용하던 상황이었기에, 황룽찬은 목각 판화가이자『인민도보』부간 편집장이라는 신분으로 타이완 현지인과 잠시 타이완에 거주하고 있던 일본 예술·문화계 인사들과 널리 교류하였다. 특히 쑤신·왕바이위안·니시가와 미쯔루[西川滿][240]·하마다 하

---

238 謝里法,「中國左翼美術在台灣(1945~49)」,『台灣文藝』101期(1986年 7, 8月), 129~156쪽 ; 陸地,『中國現代版畫史』(北京 : 人民美術出版社, 1987), 328~330쪽.

239 『인민도보』부간「남홍」은『인민도보』와 동시에 창간되었다. 애초「남홍」의 편집장은 무마 [木馬](본명은 린진보 [林金波])였으나, 12기(1월 14일)부터 황룽찬으로 바뀌었다. 황룽찬이 타이완에 온 후 어떤 신문사에서 일했는지 여러 서로 다른 기록, 즉 '上海大導報 특파원, 인민도보 기자(濱田隼雄,「黃榮燦君」,『文化廣場』2卷 1號[1947年 3月], 17쪽 ;「木刻畫」,『展』3號[1982年 10月], 152쪽), '前線日報 타이완 주재 특파원'(池田敏雄,「敗戰日記」, 99쪽), 大剛報 타이완 특파원'(吳步乃,「思想起黃永燦[續篇]」,『雄獅美術』242期[1991年 4月], 88쪽) 등이 있다. 그러나 유일하게 증명된 것은『인민도보』부간「남홍」에 '황룽찬 주편 主編'이라 인쇄되어 있다는 사실 뿐이다.

240 역자주 : 니시가와 미쯔루(1908~1999)는 문학가로 1910년 일가족이 타이베이로 이주하였다. 1933년 와세다대학 문학부 법학과를 졸업하고 타이완으로 돌아왔다. 1934년 대만일일신보사 台灣日日新報社에 입사해 일하였고 1939년 대만시인협회를 창립하였다. 이듬해 대만시인협회를 대만문예가협회로 개편하고『문예대만 文藝台灣』을 기관지로 발행하였다. 1942년 하마다 하야오, 타이완인 작가 룽잉중·장원환 [張文環] 등과 함께 도쿄에서 개최된 제1회 대동아문학자대회에 참석했다. 전쟁 기간 니시가와는 대만총독부 전시 문에 정

야오[濱田隼雄][241]·이케다 도시오[池田敏雄][242]·다테이시 데쓰오미[立石鐵臣][243] 등과 왕래하며 친밀하게 지냈다.

전후 하마다 하야오와 함께 극단 '제작좌制作座'를 설립한 니시가와 미쓰루의 집에는 항상 연극을 보러오는 문화계 인사가 적지 않았으니,

책의 협조자이자 집행자였다. 1945년 일본 패전 후, 대만총독부 정보과는 그를 하마다 하야오와 함께 전시 대만문화의 최고 지도자로 인정하여 전범 명단에 포함해 제출하였다. 1946년 4월 일본으로 송환되었다.

241 역자주 : 하마다 하야오(1909~1973)는 문학가로 1932년 동북제국대학 법문학부 국문과를 졸업했다. 1933년 타이베이 사립정수여학교 私立靜修女學校 국어 교사로 부임했다. 1938년 니시가와 미쓰루와 알게 되어 그의 지기 知己이자 문학적 맹우 盟友가 되었다. 1942년 제1회 대동아문학자대회에 출석했다. 1943년 일본의 전시 정책에 호응하는 창작 소설『남방이민촌 南方移民村』으로 타이완 문학상을 받았고, 같은 해 대북사범대학 교수로 전임 轉任하였다. 1945년 일본 패전 후 니시가와와 함께 전범으로 열거되었다. 1946년 4월 일본으로 송환되었다.

242 역자주 : 이케다 도시오(1916~1981)는 타이완 민속학자로 1924년 일가족이 타이베이로 이주했다. 1935년 대북제일사범학교를 졸업하고 대북용산공학교 台北龍山公學校에서 교편을 잡았다. 이때부터 타이완의 민속에 흥미를 느껴 틈나는 대로 타이완의 민속을 채집하였고, 니시가와 미쓰루가 창립한 대만시인협회와 대만문예가협회에 참가하였다. 1940년 용산공학교 교사를 그만두고 대만총독부 정보부 촉탁으로 옮겨 편집 사무를 맡았다. '황민화 운동' 기간인 1941년 잡지『민속대만 民俗台灣』창간 작업에 참여하여 기획과 편집을 맡아 타이완의 민속을 기록하고 보존하는데 진력하였다. 1945년 일본이 패전하자, 1946년 3월 대만성행정장관공서 선전위원회에 징용되었다가, 그해 10월 대만성편역관 대만연구조 간사로 전임하였다. 1947년 '2·28 사건' 발생 후, 5월 일본으로 송환되었다.

243 역자주 : 다테이시 데쓰오미(1905~1980)는 화가로 1905년 일본에서 태어났다. 당시 그의 부친은 대만총독부 재무국 사무관이었다. 1911년 부친이 일본 내지로 전근하면서 다시 일본으로 돌아왔다. 가와바타 [川端]화학교 畫學校에서 일본화를 배웠다. 1926년 서양화로 바꾸어 기시다 류세이 [岸田劉生]와 우메하라 류자부로 [梅原龍三郞]에게 차례로 사사했다. 1931년 1월부터 3월 사이 타이완에 와서 스케치 여행을 했다. 1934년 7월부터 1936년 3월까지 다시 타이완을 방문하여 타이완 예술계에서 활약했다. 1939년 이후 타이완에 장기 거주하면서 대북제국대학 이농학부에서 표본화 제작에 종사했다. 1941년『민속대만』의 창간 및 편집에 참여했다. 1942년 동도서적 東都書籍주식회사 타이베이 지점의 출판기획을 담당했다. 1945년 일본 패전 직후 계속 타이베이 지점에서 일했다. 1946년 대만성편역관 대만연구조에 징용되어 편집을 맡아 다시 표본화를 제작했다. 1947년 대만성편역관 철폐 후 국립대만대학 문학원 미술 강사로 전임하였다가, 1948년 12월 일본으로 송환되었다.

황룽찬도 그중 한 명이었다. 니시가와는 황룽찬에 대해 다음과 같이 묘사한 적이 있다.

> 전쟁이 참패로 끝났다. …… 하루아침에 파탄이 난 상황에서 사람들은 종일 생존을 위해 바쁘게 뛰어다녀야 했고, 문화사업에는 관심을 두지 못한 채 하루하루를 지냈다. 출판도 이렇다 할 희망이 없었다.
>
> 그래서 나는 『문예대만』의 동인인 하마다 하야오와 상의하여, 극단 '제작좌'를 세워 사방에서 빈둥거리던 문화인들을 우리 집으로 불러 모았다. ……
>
> 말이 통하지 않는 어려움에도 불구하고 관객 중 많은 사람은 대륙에서 온 중국인이었다. 이 '제작좌'의 희극을 통해 나는 새로운 중국 친구를 알게 되었는데, 그가 바로 충칭에서 온 황영찬 선생이었다.
>
> 황 선생은 욱달부의 여동생 ―서양화가 욱풍 郁風 여사와 같이 오랫동안 문화 활동에 종사했었다. 항전 승리 직후 그도 함께 남경으로 돌아왔다가 이어서 상해를 거쳐 다시 대만으로 건너왔다. 이 판화가는 작풍이 아주 견실하고, 그의 인품 또한 봄바람처럼 부드러웠다.
>
> 그는 우리 집에 와서 '횡정지도 橫丁之圖' 제2차 공연의 무대연습을 두 번 정도 보았는데, 희극 자체보다는 판화에 관심이 많아서 늘 중국 판화와 일본 판화에 대해 쉬지 않고 말하곤 하였다.[244] (원문은 일어)

황룽찬은 니시가와의 집에서 하마다 하야오를 알게 되었는데, 두 사람은 교류가 매우 빈번하였다. 나중에 하마다 하야오는 아래와 같이 황룽찬에 대한 감상을 적었다.

---

[244] 西川滿, 「創作版畫の發祥と終焉 : 日本領時代の台灣」, 『アンドロメダ』 271號(1992.3), 11쪽.

황영찬 선생은 목각 판화가이다. 우리가 처음 만난 것은 전쟁이 끝난 그해 연말로 니시가와 미쯔루 선생의 집에서였다. ……

그의 명함에는 '상해대도보 上海大導報 특파원'과 '인민도보 기자'라는 두 개의 직함이 적혀있었다. …… 종전 후 중국에서 온 사람들 대부분이 영어를 사용했기 때문에 그 역시 영어로 말할 것이라고 생각해서, 나는 이미 잊어버린 영어를 생각해 내느라 진땀을 흘렸다. 그러나 그는 양복 주머니에서 노트를 꺼내더니 필담을 하기 시작하였다. ……그는 "중국의 신극 운동이 항전 시기에도 매우 활발하게 전개되었고, 최근 상해의 극단도 대북에 올 계획이다. 전쟁이 이미 끝난 마당이니, 중·일 간에 문화의 철저한 협력도 구체화해야 할 것이다. 일본의 극단과도 공동으로 연출할 수 있기를 희망한다."라고 말했다. …… 또한 그는 목각 판화가로서 대만에 있는 일본인 화가를 만나고 싶다면서 내가 소개해 주길 바랐다. …… 그는 일본 문화인을 매우 존중했을 뿐 아니라, 일본에 할양된 뒤 대만의 문화 상황 조사 및 항전 중 목각 판화 전시회 준비 등 문화 활동에 대한 신문기자로서의 보도 작업도 차분하게 진행하였다. 나의 놀람은 부끄러움으로 변했다. 그저 호기심만으로 그와 교류한 자신을 반성했고, 면 이불과 우산을 지고 대만에 진주한 중국 군대의 모습을 보고 조소했던 자신의 고루함 [迂腐]도 반성했다. 나는 황 군 君에게서 중국인을 보았고, "일본이 중국에게도 패했다."라는 점을 비로소 처음으로 실감하면서 나의 마음이 뒤흔들렸다.[245](원문은 일어)

니시가와 미쯔루와 하마타 하야오 외에도 당시 황룽찬 등 중국에서 타이완으로 온 목판화가들과 밀접하게 왕래하였던 타테이시 데쓰오미도 진귀한 증언을 남겼다.

---

245 濱田隼雄, 「木刻畵」, 153쪽.

종전 후 대만의 신문에서 두세 폭의 우수한 목각 판화를 보았는데, 동일 작가의 작품으로 그전에 여기서 못 보던 것이었다. 노신 선생이 잉육 孕育하고 발양한 목각 판화는 일찍이 일본에 소개된 적이 있지만, 이 판화들은 (노신의) 그것보다 분명 풍격 면에서 더욱 진보한 것이었다. 나는 노신 선생이 창조해 낸 새로운 목각 판화가 마침내 중국에서 꽃을 피워 결실을 거두었으며, 동시에 그중 한 뛰어난 목각 판화가 이미 대만에 왔다고 생각했다.

아니나 다를까, 최근 나는 마침내 황영찬 선생을 만나 서로 이야기를 나눌 기회가 있었다. …… 황 선생의 목각 판화는 매우 정밀해서 사실화의 풍격이 있다고 할 수 있다. 중국의 많은 민속 판화를 재해석하는 과정에서 파생한 것은 전혀 아니고, 새로운 중국, 즉 활력 넘치는 중국의 첨단을 달리는 것이었다. 비록 그의 수법과 풍격은 소련의 목각 판화를 연상시키지만, 이러한 풍격이야말로 신중국의 목각 판화로서 제격이었다. 황 선생 등의 목각 판화가 가진 사명 使命은 전통 시대 구 문인들의 기호와 무관하고, 오직 민중을 각성시키고 교화시키기 위해 탄생한 것이었다. 그것의 사명은 좋은 저택의 벽에 걸어두고 감상하기 위한 것이 아니라, 대중들이 서로 전하며 보게 하려는 것이었다. 무엇이 신중국에서 가장 '중국'다운 마음일까? 목각 판화는 이 과제를 사색하고 이 과제 속에서 활동하였으니, 이러한 필연적 사명 속에서 일군의 젊은 예술가들이 떨쳐 일어난 것이다. 그래서 그것의 작업은 대중과 함께하되 통속으로 흐르지 않고, 그것의 사실성 중에는 대중을 정화하는 양식이 포함되어 있다. 비록 그 사실성 중에는 쓸데없는 설명도 많지만, 그것은 대중을 판화의 세계로 끌어들이기 위한 것일 뿐이다.

황 선생의 작품 같은 이러한 목각 판화가 대만이란 곳에서 어떻게 전승되고 발전될 것인가?[246]

---

246 立石鐵臣,「黃永燦先生の木刻藝術」,『人民導報』, 1946年 3月 17日.

1946년 2월 황룽찬은 하마타 하야오의 소개로 동녕서국東寧書局의 재산권[247]을 사들여 신창조출판사新創造出版社로 개명하고 문예미술 잡지 『신창조』를 창간하고자 하였다. 황룽찬은 동녕서국 인수 후, 신창조출판사의 장래 계획과 잡지 『신창조』의 창간 준비를 위해 이케다 도시오와 한동안 긴밀히 왕래하면서 합작을 모색하였다. 당시 이케다는 그에 대한 인상을 "황 선생의 의견은 매우 진보적이고 항상 중국의 최근 민주주의 동향을 논하였다(원문은 일어)."[248]라고 적었다. 이케다 도시오의 일기를 통해 당시 황룽찬이 전전 『민속대만』의 동인들과 빈번하게 왕래하였음을 알 수 있는데, 아마도 동녕서국의 전신인 동도서적주식회사 대북 지점이 전전 타이완 출판계에서 입지가 확고해 『민속대만』을 발행하였고, 이 잡지의 동인들이 지점의 출판 고문과 기획을 맡아 지점을 유지했음을 황룽찬이 알았던 것 같다. 황룽찬 또한 이들의 힘을 빌려 제대로 한번 성과를 내보고자 생각하였고, 실제로도 『민속대만』 동인이자 그 지점 출판기획이던 타테이시 데쓰오미를 유용留用하였다.

1946년 4월 니시가와 미쯔루와 하마타 하야오가 일본으로 송환되고, 같은 해 8월 이케다 도시오와 타테이시 데쓰오미가 잇달아 대만성편역관으로 옮겨 일하게 된 후로 황룽찬은 일본인과 거의 왕래하지 않은 듯

---

247 전전 戰前 주식회사 삼성당 三省堂은 도쿄에 자회사 東都書籍株式會社을 설립하였으니. 삼성당의 출판물을 판매하는 회사였다. 1934년 도쿄의 동도서적주식회사 본사는 타이베이에 분점인 '동도서적주식회사 대북 지점'을 설립했다. 1945년 일본 패전 후 이 지점은 동녕서국으로 개명하였다. 이후 일본인들이 귀환함에 따라, 하마타 하야오는 황룽찬으로부터 중국인·타이완인·일본인 화가와 작가들이 함께 교류할 수 있는 살롱을 설립할 뜻이 있다는 말을 듣고, 당시 여전히 이 지점에서 일하고 있던 타테이시 데쓰오미를 황룽찬에게 소개했고, 타테이시의 주선으로 수차례 교섭을 거쳐 동녕서국의 재산권을 매입한 것이었다. 그 상세한 과정은 濱田隼雄, 「木刻畵」, 156~160쪽을 참고. 河原功, 『台灣新文學運動の展開 : 日本との文學接點』(東京 : 硏文出版, 1997), 264~290쪽.

248 池田敏雄, 「敗戰日記」, 100쪽.

했다. 1946년 말 황룽찬은 중국공산당이 영도하던 삼련서점三聯書店과 제휴를 시도하여, 서점 책임자 중 한 명인 황뤄평[黃洛峰]의 동의를 얻었다. 황뤄평은 상하이에서 타이베이에 사람을 파견하여 협조하게 하였고, 동시에 상하이에서 진보 서적과 잡지를 들여와 신창조출판사를 통해 판매토록 하였다. 1947년 '2·28사건' 발생 후, 흉흉한 소문이 무성한 공포 분위기 속에서 같은 해 11월 신창조출판사는 영업을 종료하였다.[249]

1948년 황룽찬은 대만성립사범학원 예술학과 강사로 전임하였으나, 1951년 12월 우나이광[吳乃光] 사건에 연루되어 국민정부에 의해 "황[黃匪]은 일찍이 28년(1939) 공산당 패거리의 외곽 조직 '목각협회'에 참가하여 반동 선전에 종사하였고, 34년(1945) 겨울 대만에 잠입하여 『인민도보』의 화간 畫刊 「남홍」 편집장과 신창조출판사 사장 및 대만성사범학원 강사 등을 맡았다. 문화사업의 이름을 빌려 실제로는 반동 선전을 했다."[250]라는 사유로 체포되어 반란죄로 기소되었다. 다음 해 11월 사형판결을 받고, 그 다음 달 총살됨으로써 36년의 짧은 생애를 마쳤다. 전후 타이완에서 루쉰 사상을 전파하던 사람 중에 또 한명의 희생자가 나온 것이었다.

---

249 상세한 내용은 曹健飛, 「憶台北新創造出版社」, 『新知書店的戰鬪歷程』(北京 : 生活·讀書·新知三聯書店, 1994), 519~522쪽을 참고. 황룽찬이 출판하려 한 문예미술 잡지 『신창조』는 아직 찾지 못했다. 그리고 『인민도보』의 광고(1946년 5월 12일, 5월 17일)를 통해 신창조출판사가 李浚編, 『新音樂歌選集』과 '신창조 문예총서'인 劉白羽의 『成長』, 張天翼의 『新生』, 黃榮燦編, 『凱綏·珂勒惠支畫集』를 출판 기획했음을 알 수 있으나, 모두 찾을 수가 없다. 현재 찾을 수 있는 것은 신중국극사 新中國劇社가 발행하고 신창조출판사가 총판한 어우양위칭 [歐陽予倩]의 편극 編劇 『도화선 桃花扇』이 유일하다. 출판일은 표기되어 있지 않지만, 뒤표지에 "본 극은 36년(1947) 2월 15일 신중국극사가 대북 중산당 中山堂에서 초연한 것이다."라고 씌어있어서 이 시기를 전후해서 출판 판매된 것으로 추정된다.

250 상세한 내용은 「吳乃光等反亂案」, 『安全局機密文件 : 歷年辦理匪案彙編』(台北 : 李傲出版社, 1991), 127~129쪽을 참고. 「吳乃光案」은 呂芳上等 訪問, 丘慧君 紀錄, 『戒嚴時期台北地區政治案件口述歷史』第3輯(台北 : 中央研究院近代史研究所, 1999), 1267~1278쪽에 수록되어 있다.

2. 황룽찬의 루쉰 목각 사상 전파

1945년 겨울 타이완 도착 후, 황룽찬은 곧바로 활발한 문필활동과 목각 판화 창작활동을 전개하였다. 본 장에서는 그의 목각 판화 창작활동은 제외하고,[251] 그의 문필활동 중 루쉰의 목각 사상 전파에 초점을 맞추고자 한다. 물론 그의 목각 판화 작품은 사실 루쉰의 목각 사상을 전파하는 하나의 수단이었다. 다만 미술에 관해 문외한인 필자가 작품을 분석할 능력이 없기에, 이 방면의 전문가가 앞으로 분석 연구해 주길 기대한다. 타이완 시기 황룽찬의 문필활동에 관해서 필자가 조사한 바를 표로 만들면 아래와 같다.

타이완 시기 황룽찬의 문필활동 연표(1946~1949)(未定稿)

년 월 일	활동 내용
1945년 겨울 (날짜 불명)	타이완 도착
1946. 1. 4	「1946년을 맞이하며 : 희망을 품고 매진하자 [迎一九四六年 : 願望直前]」, 『人民導報·南虹』 2期
1. 17	「청결한 생활 [淸潔生活]」, 『人民導報·南虹』 15期
1. 22	「선성해를 추도함 [悼冼星海]」, 『人民導報·南虹』 20期
1. 27	「목적과 수단 [目的與手段]」(署名 : 榮丁), 『人民導報·南虹』 25期
1. 28	「학습부터 말하면 [從學習說起]」(署名 : 榮丁), 『人民導報·南虹』 26期
1. 30	「'조형예술'에 관하여 [關於'造形藝術']」, 『人民導報·南虹』 28期
1. 31	「예술가에게 진정한 자유를 : 인민의 기본 자유에 대한 위해 폐지를 지지하며 [給藝術家以眞正的自由 : 響應廢止危害人民基本自由]」, 『人民導報·南虹』 29期

---

251 황룽찬이 타이완에서 발표한 목각 판화 작품은 20점 이상이다. 그 목록은 梅丁衍, 「黃永燦身世之迷·餘波盪漾」, 『藝術家』 48卷 3號(1998年 3月), 375~376쪽을 참고.

년 월 일	활동 내용
2.8	「휴일을 어떻게 이용할 것인가?[怎樣利用假期]」(署名：榮燦),『人民導報·南虹』34期
2.11	「부녀들은 어떻게 민주를 추구해야 하나 [婦女要怎求民主]」(署名：榮丁),『人民導報·南虹』35期
6.2	「항전 중의 목각 운동 [抗戰中的木刻運動]」,『新生報·星期畵刊』3期
9.9	「선량한 음악가를 환영하며 [歡迎善良的音樂家]」,『人民導報』
9.15	「중국의 새로운 목각 예술 [新興木刻藝術在中國]」,『台灣文化』1卷 1期
10.6	「목각 판화가 A. 크라브첸코(상)[木刻版畵家A.克拉甫兼珂(1889~1940)(上)]」,『新生報·星期畵刊』21期
10.20	「중국 목각의 보모 - 노신 : 돌이 있는 한 불씨는 꺼지지 않는다 [中國木刻的保姆 - 魯迅 : 石在, 火種是不會滅的]」,『和平日報·每週畵刊』7期
11.1	「노신 선생을 애도함 : 그는 중국의 새로운 사상가이다 [悼魯迅先生 : 他是中國一位新思想家]」,『台灣文化』1卷 2期
11.3	「목각 판화가 A. 크라브첸코(하)[木刻版畵家A.克拉甫兼珂(1889~1940)(下)]」,『新生報·星期畵刊』25期
11.4	「마사총은 사막을 떠나려 한다 [馬思聰要離開沙漠]」,『人民導報』
11.9	「마사총의 악곡 「수원 모음곡」·「티베트 교향시」·「F단조 협주곡」을 소개함 [介紹馬思聰的樂曲 「綏遠組曲」·「西藏音詩」·「F調協奏曲」]」,『和平日報·新世紀』77期
11.10	「가시 덤풀 속에서 자라다 [從荊蕎中壯大]」,『和平日報·每週畵刊』10期
11.17	「창작목각론 創作木刻論」,『和平日報·每週畵刊』11期
11.24	「인민판화가 Kaethe Kollwit(1867~1945)를 소개함 [介紹人民版畵家Kaethe Kollwitz凱綏·珂勤惠支(1867~1945)]」,『和平日報·每週畵刊』12期
12.1	「인민판화가 Kaethe Kollwitz(1867~1945)를 소개함 [介紹人民版畵家Kaethe Kollwitz凱綏·珂勤惠支(1867~1945)]」,『和平日報·每週畵刊』13期
1947.1.1	「판화가 Kaethe Kollwitz(1867~1945)[版畵家凱綏·珂勤惠支(1867~1945)]」,『台灣文化』2卷 1期
3.1	「중국의 신현실주의 미술 [新現實的美術在中國]」,『台灣文化』2卷 3期
8.1	「미술교육과 사회생활 [美術教育與社會生活]」,『台灣文化』2卷 5期
9.22	「프랑스 목각가 포에 [法木刻家波耶]」,『中華日報』附刊
10.1	「공예·생활·사회·과학의 기초 [工藝·生活·社會·科學的基礎]」,『台灣文化』2卷 7期
1948.3.21	「목예 학습에 관하여 : 진욱·임아관의 습작 소개 [關於學習木藝 : 介紹陳彧·林亞冠的習作]」,『新生報·畵刊』9期

년 월 일	활동 내용
3. 25	「미술가·미술교육 : 대만 미술제에 쓰다 [美術家·美術教育 : 寫於台灣美術節]」, 『新生報·美術節特刊』
9. 6	「Kaethe Kollwitz[凱綏·珂勤惠支]」, 『新生報·橋』161期
11. 29	「정통미술 전시회의 액운 : 제3회 '성 미전' 출품작을 아울러 평함 [正統美展的厄運 : 並評第三屆'省美展'出品]」, 『新生報·橋』189期
1949. 2. 8	「노래와 춤은 연습하며 배운다 [歌謠舞蹈做中學]」(署名 : 蘇榮燦), 『台灣民聲日報·新線』139期
4. 20	「홍두섬에 갔다 오다(3)[紅頭嶼去來(3)]」(1, 2는 찾지 못함), 『台旅月刊』1卷 3期
4. 28	「근대 명화와 그 작가 [近代名畫與其作家]」, 『新生報·集納版』
6. 5	「현실을 적시는 미술 : '대양 미술 전시회'를 평함 [濕裝現實的美術 : 評'台陽美展']」, 『公論報·藝術』9期
9. 17	「유구섬 서화기 [琉球嶼寫畫記]」(署名 : 黃原), 『新生報·藝術生活』3期
12. 10	「미술 전시회의 창 [美展之窗]」(署名 : 黃原), 『新生報·藝術生活』14期

위 연표를 통해 1946년 초부터 1949년 말까지 4년 동안 황룽찬이 발표한 총 35편의 글 가운데 미술 관련 글이 22편이고 목각 판화와 직접 관련된 것이 13편으로, 그의 문필활동에서 미술 목각 판화 방면의 글이 차지하는 비중이 작지 않았음을 알 수 있다.

1946년 황룽찬은 『인민도보』부간 「남홍」 1기(1월 1일)에 타이완 도착 후 첫 번째 목각 판화 작품 「새해맞이 춤[迎親年舞]」를 발표하고, 바로 이어서 「남홍」 2기(1월 4일)에 또 타이완 도착 후 첫 번째 글인 「1946년을 맞이하여 – 희망을 품고 매진하자」를 발표하였다.

늘 봄빛인 이 화려한 섬에서 인민들은 50년 수난 후의 새 삶을 지극히 자연스럽게 맞이하면서, 모두 앞으로 더 나아질 거라는 새로운 전망을 하고 싶을 것이다. 그럼 나 자신부터 먼저 말해보기로 하자. (항일전쟁) 승리 후 나는 새로운 생활을 맞이하면서 8년 동안 겪은 고난의 경험을 바탕으로 분투 매진하기를 원했으니, 이는 내가 마땅히 가져야 할 이유였다.

조국의 고원 출신인 나는 현재 바닷가 해변, 바로 이 낯선 곳에서 살아가는 외향인(外鄉人)으로서 붓을 꺼내어 나의 소원을 적는다. 나는 우리 같이 예술 작업에 애쓰는 사람은 모든 걸 버릴 수 있지만, 창작 생활만큼은 버릴 수 없다고 생각한다. 우리의 마음과 머리는 영생의 위대함이 창작에 있다는 것을 인정해야 한다. 우리 젊은 청년들도 자신의 소망하는 사업을 잃거나 포기해서는 안 되니, 이것이 위대한 생명의 근원이기 때문이다.

8년을 항전하며 우리는 예술 작업을 했었다. 신흥 新興의 성도 省都 대북에 있으니, 과거 조국에서 유전 流轉했던 생활이 더욱 떠오른다. 난 그 피비린내 나는 날들 속에 나의 도구를 사용해 다양한 것들을 묘사했다. 이들 가운데서 나는 그 흑과 백의 분화 分化(목각 판화를 가리킴 - 저자)나 그를 통해 표현하는 인간의 동력을 가장 사랑한다. 앞으로도 나는 당연히 이상에 이를 때까지 끊임없이 묘사할 것이다. ……[252]

위 문장도 황룽찬이 타이완에 온 동기를 어렴풋이 드러내고 있다. 항전 승리 후 전쟁 기간 활발하게 활동했던 일군의 목각 판화가들처럼, 황룽찬도 "새로운 생활을 맞이하고" 있었다. 국민정부가 접수한 수복 지구에서는 그들의 활동공간을 허용하지 않고 있으나, "예술 작업에 애쓰는 사람은 모든 걸 버릴 수 있지만, 창작 생활만큼은 버릴 수 없기"에, '신흥의 성도 대북'(타이완)에서 어쩌면 활동무대를 제공받아 "이상에 이를 때까지 끊임없이 묘사할" 기회가 있을 수도 있다고 생각한 것이었다.

황룽찬은 타이완 도착 후 다음과 같이 공개적으로 선언하기도 했다.

---

252 黃榮燦, 「迎一九四六年;願望直前」, 『人民導報·南虹』 2期, 1946年 1月.

作 操 榮 黃   (刻木) 舞 年 新 迎

황룽찬의 목각 판화 「새해맞이 춤」(출처 : 『인민도보·남홍』 1기, 1946년 1월 1일)

개인적 [私自]인 발전에 매몰된 사회에서 예술가는 보호와 자유를 얻을 수가 없다.
…… 새로운 민주 국가는 예술가에게 진정한 예술가의 삶을 영위할 수 있도록, 민주
적 의지에 따라 자유롭게 창조하여 인민과 사회에 공헌할 수 있도록 해 주어야 한다.
…… 예술가도 생활의 진실을 반영하는 가운데 새로운 인류가 새로운 사회와 결합하
여 충실한 신념을 생산할 수 있도록 도움으로써, 많은 사람의 힘 [群力]을 발휘하여 경
망스러운 사치 [浮華]와 자기 이익만을 생각하는 [自私自利] 놈들을 소멸시켜 사랑스럽
고 행복한 나라를 재건해야 한다.[253]

그는 마음속으로 '신흥의 성도 대북'(타이완)에서 중국의 전후 '민주주
의' 실현 가능성을 염원하면서, "현재 진정 곧 도래할 민주의 승리가 이
제 멀지 않았다."[254]고 여겼다. 그리하여 그는 타이완의 청년 학생들에게

253 黃榮燦, 「給藝術家以眞正的自由 : 響應廢止危害人民基本自由」, 『人民導報·南虹』 29
   期, 1946年 1月 31日. 황룽찬은 이 글 뒤편에 또 "기쁜 소식 : 인민의 신체, 종교, 언론출판,
   집회결사의 기본 자유. 중경 重慶 중앙통신사 [中央社] 28일 전보 : 국방최고위원회는 28일
   아침 10시 회의를 열어 인민의 기본 자유와 관련된다고 여겨지는 법령의 폐기를 통과시켰
   다."라고 덧붙였다. 이를 통해 황룽찬이 전후 중국 민주주의의 동향에 관심이 많았고 민주의
   실현을 내심 갈망했음을 알 수가 있다.
254 黃榮燦, 「悼冼星海」, 『人民導報·南虹』 20期, 1946年 1月 22日.

다음과 같이 호소했다.

지금 대만의 학생들이 취해야 할 방향은 바로 현재 중국의 많은 인민이 노력하는 방향, 즉 온 힘을 다해 '민주'의 철저한 실현을 쟁취하는 쪽이어야 한다. …… 소시민의 개인주의 관념을 버리고 인민대중 속으로 걸어 들어가, 인민을 위해 봉사하고 자신의 생활 기초를 세우며, 모든 낙후한 통치 관념을 개진 改進하여 '민주' 실현이라는 무거운 책임을 지고, 국내(중국 대륙 - 역자) 학생들과 함께 노력 분투하는 것, 이것이 지금 대만 학생이 취해야 할 가장 정확한 방향이다.[255]

동시에 그는 대만의 부녀들에게도 호소했다.

세계가 변화하는 가운데 '민주' 정치는 부녀 해방을 향해 큰 소리로 외치고 있습니다. 현재 세계 조류가 이미 진정한 '민주'를 향해 나아가고 있을 때, 우리 부녀 특히 대만의 부녀들도 있는 힘을 다하여 민주를 요구해야 합니다. …… 진정한 민주정치가 있어야 부녀들도 자유와 해방을 얻을 수 있습니다. 그렇지 않으면 영원히 평등 발전의 기회가 없을 것입니다.[256]

황룽찬의 이러한 '혁명[紅色] 청년' 식 발언은 "황 선생의 의견은 매우 진보적이고 항상 중국의 최근 민주주의 동향을 논하였다."라고 한 이케다 도시오의 깊은 인상이 사실이었음을 증명한다. 전후 중국의 민주정치 실현을 갈구했던 황룽찬은 타이완에서 하나의 '변경 혁명'을 불러일으켜 중국의 전후 '민주주의'가 최소한 타이완에서 먼저 실현되어, 타이완에

255 榮燦(黃榮燦), 「怎樣利用假期」, 『人民導報 · 南虹』 34期, 1946年 2月 8日.

256 榮丁(黃榮燦), 「婦女要怎求民主」, 『人民導報 · 南虹』 35期, 1946年 2月 11日.

먼저 재건된 "사랑스럽고 행복한 나라"가 전 중국으로 확대되기를 갈망하였다. 목각 판화가인 황룽찬으로서는 전후 타이완과 중국에서 '민주주의'를 실현할 수 있는 매개는 루쉰의 목각 사상 외에 다른 것은 없었다.

앞서 문필활동 연표에서 보았듯이 타이완에서 황룽찬의 문필활동은 미술과 목각 관련 글의 비중이 상당히 높을 뿐 아니라, 그 대부분은 루쉰의 목각 사상 선양을 중심에 두고 있다. 황룽찬의 목각 관련 첫 번째 글은 바로『신생보』(1945년 10월 25일 창간, 당시 사장은 리완쥐였고, 대만성행정장관공서의 기관지였음)의『성기화간星期畵刊』3기(1946년 6월 2일)에 발표한「항전 중의 목각 운동」이다. 이는 중국의 새로운 목각 운동을 전후 타이완에 처음 소개한 문장이기도 하다. 황룽찬은 이 글에서 항전 시기 활약한 목각 판화가들 – 구위안[古元]·옌한[彦涵]·리예[李樺]·왕치·황옌·천옌차오·주밍강·량융타이·왕런펑·쏭빙헝[宋秉恒]·장씨야[章西崖] 등의 작품과 그 특색을 상세하게 소개하였다. 동시에 항전 시기 발행된 목각 잡지『목예木藝』·『칼과 붓[刀與筆]』·『목각통신木刻通信』 등과 전국 각지 신문의 목각 부간副刊, 예컨대 충칭의『반월목각半月木刻』, 구이린[桂林]의『구망목각救亡木刻』, 류저우의『초원목각草原木刻』 등도 소개하였다. 황룽찬은 또 이 글에서 "항전 8년 동안 목각 운동이 성취한 바는 이상과는 꽤 거리가 멀었다. …… 그렇지만 우리는 이미 건장해져서 동지들의 실제 표현은 목각 운동을 저해하는 어떤 기도도 돌파할 수 있게 되었으니, 이 점 스스로 자위하는 부분이다."[257]고 밝혔다. 이어서 황룽찬은『대

---

257 黃榮燦,「抗戰中的木刻運動」,『新生報·星期畵刊』3期, 1946年 6月 2日. 같은 기의 화간에는 황룽찬의 글 외에도 리예의 목각 판화「양대 兩代」, 옌한의 목각 판화「항전 抗戰」·「농촌에서의 위생대 [衛生隊在農村]」, 구위안의 목각 판화「영접 迎接」, 량융타이의 목각 판화「(월한철도의) 기중기 [起重機(粵漢路上)]」, 마이페이의 목각 판화「초소 [崗]」·「군량 긴급수송 [搶運軍糧]」·전쟁 지역 소묘인「경계선 警戒線」·「검사 檢查」·「망보기 [守望]」

만문화』에「중국의 새로운 목각 예술」을 또 발표하였다. 이 글 역시「항전 중의 목각 운동」과 마찬가지로 중국에서 새로 일어난 목각 운동의 추이와 양상을 타이완에 소개한 글이다. 차이는「중국의 새로운 목각 예술」에서 황룽찬이 "중국에서 새로 일어난 목각 운동 17년 역사는 노신 선생이 '조화사朝花社'를 조직하고 출판한 5종의 외국 화집 중 일부 흑백 그림을 제외한 나머지 모두가 목각인 데서 시작되었다. 동시에 북평 잡지사가 독일의 인민 판화가 케테 콜비츠의 목각「희생犧牲」을 소개함으로써 새로운 씨앗이 뿌려졌다."라고 특별히 지적한 점이다.[258] 같은 글에서 황룽찬은 "오늘날 중국의 목각 예술은 새로 일어나는 다른 예술운동과 마찬가지로 반제·반봉건·반침략으로부터 민주를 쟁취하는 전위가 될 수 있도록 새롭게 건립해 나가야 한다."라고 더욱 공개적으로 호소하였다.[259] 황룽찬이 생각하는 이상적인 목각 운동과 목각 선전은 반제·반봉건·반침략 외에도 민주를 선양하고 민주를 쟁취하는 이기利器였으니, 광대한 중국 인민을 위해 민주를 쟁취하는 것이 그가 타이완에 온 후 펼친 문필활동의 일관된 기본 주장이었다.

루쉰 서거 10주년 기념일인 1946년 10월 19일, 황룽찬은『화평일보』(1946년 5월 4일 창간된 국민정부 국방부가 발행한 신문으로 원래 이름은『소탕보掃蕩報』였음. 본사는 난징에 있었고 창간 때 사장은 리샹건[李相根]이며 1950년 7월 7일 정간됨)의

• 「물 마시다 [喝水]」, 장러핑 [張樂平]의 만화 「오래 헤어졌다 다시 만나다 [久別重逢]」를 같이 실었다. 그리고 '편집 후기'에 "독자들이 국내 예술작가에 대해 보다 깊게 이해할 수 있도록 이번 호부터 내용 면에서 그림과 목각을 중시하고자 했다. 여기 소개한 작가들은 국내 화단에서 모두 명성이 높은 사람들이다. 앞으로 우리는 이러한 작업을 자주 함으로써 본성과 내지 예술가 사이의 상호교류·상호비평·상호진보를 도모하고자 한다."라고 밝혔다. 이 화간의 편집장은 마이페이였다.

258 黃榮燦,「新興木刻藝術在中國」,『台灣文化』1卷 1期(1946年 9月), 14쪽.

259 위와 같음.

『매주화간每週畵刊』 7기에 마련된 '노신 선생 서거 10주년 기념 목각 특집'(1946년 10월 20일)[260]의 타이틀 글 「중국 목각의 보모 – 노신 : 돌이 있는 한 불씨는 꺼지지 않는다」를 발표했다. 또 『대만문화』 1권 2기 '노신 서거 10주년 기념 특집'(1946년 11월 1일)에는 「노신 선생을 애도함 : 그는 중국의 새로운 사상가이다」를 발표했다.[261] 그 외 10월 18일 『화평일보』 부간 『신세기新世紀』 68기에서도 황룽찬의 목각 판화 작품 「노신 선생 초상[遺像]」을 실었다.[262] 이 두 편의 글에는 황룽찬이 루쉰의 목각 사상을 조금이라도 더 전달하려는 의지가 노골적으로 드러나 있다. 그는 다음과 같이 말했다.

오늘 여기서 노신 선생 서거 10주년을 기념하는 일은 전에 없는 의의가 있다. 왜냐하

---

260 같은 특집에는 황룽찬의 글 외에도 그의 목각 판화 「도움을 기다리는 실업 노동자 [失業工人待救]」, 우중한 [吳忠翰]의 『노신서간』 독후감 : 노신 선생 서거 10주년을 기념하여 쓰다 [讀 『魯迅書簡』後感錄 : 爲魯迅先生逝世10週年而作]」, 쑹빙헝의 목각 판화 「우울 鬱悶」, 천옌차오의 목각 판화 「고리키와 노신 [高爾基與魯迅]」, 뤄칭전 [羅淸楨]의 목각 판화 유작 「휘발유가 울리다 [汽油響了]」, 예푸 [野夫]의 목각 판화 「편히 쉬세요! 선생님 [安息吧! 導師]」, 황옌의 목각 판화 「성곽의 탈환 [城堡的克復]」, 얼시 [耳氏]의 목각 판화 「모녀 母女」가 수록되어 있다.

261 이 특집의 내용은 황룽찬의 글 외에 양원핑의 「노신을 기념함」, 쉬서우창의 「노신의 정신」, 가오거가 번역한 「스메들리가 기록한 노신 [斯茉特來記魯迅]」, 천옌차오의 「노신 선생과 중국의 신흥 목각 예술」, 톈한의 「노신 선생을 회고함 [漫憶魯迅先生]」, 레이스위의 「대만에서 처음 노신 선생을 기념하는 소감 [在台灣首次紀念魯迅先生感言]」, 셰스옌이 편집한 「노신의 구시 모음 [魯迅舊詩錄]」, 케테 콜비츠의 목각 판화 「희생」, 루쉰의 필적, 1936년 10월 8일 상하이에서 열린 제2차 전국목각전람회에서 루쉰 선생이 청년 목각 판화가들에게 목각에 대해 말하는 마지막 영상 사진, 루쉰이 쓰던 책상과 사진 등이었다. 이 특집의 편집장은 쑤신인데, '편집 후기'(21쪽)를 통해 특집 편집 과정에서 황룽찬의 협조를 얻었음을 알 수 있다.

262 이날 부간의 내용은 황룽찬의 목각 판화 외에 쉬서우창의 「노신과 청년」, 양쿠이의 「노신을 기념함」, 후펑의 「노신 정신의 두세 가지 중점에 관하여」, 잉진 [潁瑾]의 「노신 선생 약전 [魯迅先生傳略]」 등이었다.

면 대만에서 처음으로 그를 기념하고 소개·인식한다는 것 자체가 대만문화 발전의 중
요한 일면이기 때문이다. ……

노신 선생은 목각을 서구에서 중국이라는 고향으로 들여온 후, 그것을 애써 품어 기
르고 영도하면서, 새로운 전투 자세를 현실에 맞추었으며, 민생의 운명에 관심을 두고
용감하게 전진의 단계에 들어섰다! 그리하여 목각은 오늘날 비로소 적들의 난폭함과
무자비함, 그리고 추악한 현실을 새겨낼 수가 있었다! ……

노신 선생의 고달팠던 투쟁 정신을 우리는 더욱더 충분히 발휘하고 강조하여 설명해
야만 한다. 우리 목각 작업자들은 반드시 있는 힘을 다해 노신 선생의 혁명정신을 받
아들여 우리의 작업, 즉 목각에 적용하여 현실을 사정없이 폭로하고 타격하도록 하자!
위대한 예술가는 그가 마땅히 해야 할 임무를 다하는 사람임을 우리는 알고 있다. 지
금 우리도 있는 힘을 다해 조각칼의 위력을 발휘하여 조국을 위해 민주를 쟁취하고 위
급함에서 구해내는 뜻을 새기도록 하자![263]

그는 위대한 민주 전사로 예술을 통해 독룡 毒龍·장연 瘴煙·흑암 黑暗[264]에 대한 일생
의 정력을 건 힘든 투쟁을 되풀이했다. …… 그는 인류가 악한 세력에 승리하는 거대
한 함성 속에서 역사의 기록을 펼치며, '제국'·'봉건'·'침략'의 포위를 돌파하여 마침내
"통과시키지 말라"는 영생 永生의 호소 號召를 세움으로써 민주의 역량을 단결시키는
새로운 역사를 기록하였다.[265]

---

263 黃榮燦, 「中國木刻的保姆 : 魯迅 : 石在, 火種是不會滅的」, 『和平日報·每週畵刊』 7期.
     1946年 10月 20日.

264 역자주 : 독룡 毒龍·장연 瘴煙·흑암 黑暗은 불교적 민중들을 말하며, 독룡은 불법 佛法에
     반대하는 괴수, 인간의 마음속에 내재하는 욕망과 망상을, 장연은 인간을 해치는 나쁜 공기,
     기운 등. 흑암은 광명에 대립되는 말로 절망, 비참을 의미하며, 사회적 부패와 혼란을 지칭하
     기도 한다.

265 黃榮燦, 「悼魯迅先生 : 他是中國一位新思想家」, 『台灣文化』 1卷 2期(1946年 11月), 13쪽.

황룽찬의 목각 판화 「루쉰 선생 초상」(출처
: 『화평일보・신세기』 68기, 1946년 10월
19일)

황룽찬의 목각 판화 「도움을 기다리는 실업
노동자」(출처 : 『화평일보・매주화간』 7기,
1946년 10월 20일)

그 외 황룽찬은 신문과 잡지에 소련의 목판 판화가 크라브 첸코(A. Kravchenko, 1889~1940)와 독일의 목판 판화가 케테 콜비츠를 소개하였다. 특히 케테 콜비츠에 관한 소개 글은 『화평일보』·『대만문화』·『신생보』에 앞뒤로 4편을 발표하였고, 『화평일보·매주화간』12기, 13기에서는 '세계적 유명 여성 판화가 케테 콜비츠 특집'을 제작하기도 했다.[266] 루쉰이 중국에 처음으로 케테 콜비츠를 소개했다면, 황룽찬은 전후 타이완에 처음으로 케테 콜비츠를 소개한 사람이었다. 알다시피 루쉰은 케테 콜비츠를 매우 추앙했고 그 영향을 깊이 받았다. 황룽찬의 케테 콜비츠 소개는 사실상 루쉰의 목각 사상을 소개한 것이나 다름이 없었으니, 이들 글에서 황룽찬은 케테 콜비츠에 대한 루쉰의 평가를 여러 차례 인용하기도 했다.

「죽음 [死亡]에 포획된 부인」이라는 작품을 언급하면서 루쉰은 다음과 같이 썼다. "'죽음 [死]'은 그녀 자신의 어두운 그림자에서 나타나 등 뒤로부터 공격하여 그녀를 둘둘 말고 뒷짐을 지워 묶었다. 남겨진 어린아이는 자신의 자애로운 어머니를 더 이상 불러올 수 없었다. 순간 대면한 것은 바로 삶과 죽음의 세계 [兩界]였다. '죽음'은 세상에서 가장 출중한 권술사 [拳師]이고 사망은 현 사회에서 가장 사람을 감동시키는 비극이니, 이 부인이야말로 작품 전체에서 가장 위대한 사람이다."[267]

---

266 이 특집에는 황룽찬의 「인민 판화가 Kaethe Kollwit(1867~1945)를 소개함」 외에 케테 콜비츠의 목각 판화 작품 「사망 死亡」·「엄마와 아들 [母與子]」·「대화하는 부녀 [談話的婦女]」·「산모 [産婦]」·「일어나 투쟁하라![起來鬪爭]」·「빛을 좇는 사람 [追求光明者]」·「죽음에 포획된 부인 [婦人爲死亡所捕獲]」·「호조 互助」·「생명의 앞길 [生命前途]」·「의사가 있는 곳 [在醫生那裡]」·「모친의 비통 [母親的沈痛]」·「아버지와 아들 [父與子]」·「죽음 [死]」·「굶주린 아이들 [饑餓的孩子們]」·「애도 [吊]」 등이 실려있다.

267 黃榮燦, 「版畫家Kaethe Kollwitz(1867~1945)」, 『台灣文化』 2卷 1期(1947年 1月), 11~12쪽.

동시에 황룽찬은 케테 콜비츠의 작품에 대해 "노신이 중국 인민에 대해 품었던 감정과 같은 성실함과 힘을 느낀다."라는 자신의 소감을 밝히고 공개적으로 다음과 같이 호소했다.

중국의 신흥예술운동가들이 오늘날 "재능은 곧 의무다."라는 케테 콜비츠를 통해 학습해야 할 것은 위대한 미완의 민족 혁명의 표현에 직면하여, 방황해서는 안되고, 최소한 신속하게 재능을 보충할 의무가 있다는 것이다. 케테 콜비츠는 늙어서도 꾸준히 노력하는 이런 정신을 보여줌으로써 영생의 기념비를 남겼다.[268]

이상의 서술을 통해 황룽찬이 타이완에 온 이후 기자로서의 문필 활동, 혹은 문화출판 활동에 뛰어들어 미술 잡지 창간을 시도했던 모든 것이 목각 판화가로서의 사유와 활동공간을 벗어나지 않은 것이었음을 알 수 있다. 전후 타이완에서 국·공 투쟁이 점차 과열되는 분위기 속에서 그가 발표한 일련의 문장 내용의 기조는 중국의 전후 민주주의를 타이완에서 먼저 실현하고 나아가 전 중국으로의 확산하려는 것이었고, 이 목표를 달성하기 위해 적극적으로 루쉰의 목각 사상을 전파하였다. 그는 루쉰과 마찬가지로 목각 판화가 사람들의 의식을 개조하는데 상당히 유효하다고 여겼고, 루쉰 사상에 내포된 '반제'·'반봉건'·'반침략'·'민주 쟁취' 등이 중국뿐 아니라 전후 타이완에도 적합한 요소라고 보았다. 이 때문에 황룽찬은 루쉰의 목각 사상을 적극적으로 소개하면서, 목각 작업자들이 루쉰의 혁명정신을 잊지 말고 작품 속에 추악한 현실을 새김으로써 민중들에게 민주 쟁취의 정신을 환기하자고 호소한 것이었다.

---

268 黃榮燦, 「介紹人民版畫家Kaethe Kollwitz(1867~1945)」, 『和平日報·每週畫刊』 12期 (1946年 11月 24日).

결어

앞에서도 말했지만, 황룽찬의 전기傳記에 관한 연구는 최근에야 획기적인 진전이 있었다. 그러나 황룽찬에 관한 연구는 여전히 적지 않은 문제가 남아 있다. 황룽찬은 1945년 말 타이완에 온 후, 한동안 목각 판화가인 다테이시 데쓰오미와 공동으로 중·일 판화 교류를 모색하면서, 전후 타이완에서 어떻게 판화예술을 전개할지를 깊이 생각한 적이 있었다. 다테이시 데쓰오미 역시 황룽찬 등 중국에서 온 목판 화가들이 품고 있던 사명감이 "구 문인의 기호와 무관하게 대중을 환기하고 대중을 교화하기 위해 탄생한 것"이란 점에 깊은 인상을 받았다. 전후 타이완에 온 중국의 목각 판화가와 일본 목각 판화가가 왕바이위안과 타이완 현지 예술가를 통해 어떻게 교류하였는지는 다시 더욱 명확하게 정리할 필요가 있다. 그렇지만 '2·28 사건' 발생 후 일본인들이 모두 본국으로 송환되었고, 전후 초기 타이완에 왔던 중국 목각 판화가들도 황룽찬과 천팅스 등 소수를 제외하고 대부분 중국으로 돌아갔다. 루쉰으로 대표되는 중국 신흥 목각 예술의 타이완 이입移入도 반짝 피었다가 덧없이 사라지고 말았으니, 중국·일본·타이완[三邊]간의 교류는 더 말할 필요도 없었다. 황룽찬은 비록 더 이상 루쉰을 거론하지 않았지만, 1950년대 백색공포 시기에 들어서자 바로 숙청의 운명을 맞이하고 말았다. 전후 초기 타이완에서 루쉰의 사상을 선양했던 타이완 현지 문화인, 혹은 대륙에서 건너온 문화인 그 누구도 이 액운을 벗어나지 못했던 것이다.

제8장

문화재건에 대한
타이완인의 반응

1. 일본화와 '노예화'

제1장에서 지적한 대로 전후 초기 국민정부의 타이완 문화재건에 대한 기본 원칙은 "민족의식을 강화하여 노예화된 사상을 일소하고, 교육의 기회를 보급하여 문화 수준을 제고시킨다."는 것이었다. 여기서 깊이 생각해야 할 것은 국민정부가 식민지시기 타이완인이 받아들였던 일본 문화와 사상을 일률적으로 '노예화 사상'이라 부르고, 타이완인이 받았던 일본식 교육도 당연히 '노예화 교육'이기 때문에 반드시 '일소'해서 '탈일본화'해야 한다고 규정한 점이다.

천이는 충칭의 대만조사위원회 시절, 당시 국민정부 교육부 장관 천리푸에게 개인적으로 보낸 서신에서 다음과 같이 말한 적이 있다.

대만은 (중국의) 다른 성과 달리 적 [敵人]에게 점거당한 지 이미 49년이 지났습니다. 이

49년 동안 적은 여러 속셈[心計]을 가지고 끊임없이 노예화 교육을 시행하였습니다. 사상을 노예화했을 뿐 아니라 국어와 국문 사용을 금지하고 일어와 일문 교육을 강제했으며, 7천여 곳 이상의 일어강습소를 개설한 결과 절반 이상의 대만인이 일어 교육을 받았습니다. 그래서 대만의 50세 이하의 사람들은 중국문화 및 삼민주의에 대해 이해할 기회가 거의 없었으니 당연히 무지[茫然]합니다. 이는 정말로 매우 위험한 상황입니다. 수복 이후 가장 시급히 해야 할 일은 바로 노예화된 낡은 심리를 근절하고 혁명적 심리를 건설하는 것이니, 그것은 주로 교육에 의지할 수밖에 없습니다.[269]

그 후 타이완을 접수하기 시작한 대만성행정장관공서 시절에는 아주 명확하게 '오염된[毒化] 사상 제거'를 교육방침의 중요 항목 중 하나로 나열하였다.[270] 행정장관공서의 기관지 『신생보』는 「사상의 독소를 제거하자[肅淸思想毒素]」라는 사설을 통해 다음과 같이 공개적으로 주장했다.

과거 일본 제국주의자들의 고압적 통치 아래에 있던 대만에서는 …… (일제는)문화 사상적으로 무수한 독소를 퍼트려 대만 동포를 매일 마취시키고 훈도 薰陶하여, 조국에 대한 관념을 모호하게 만들어 점점 배반 [離心]하게 함으로써 마침내 '일본화'와 '황민화'의 목적을 이루었다. …… 우리는 일본이 대만에서 50년 동안 퍼트린 사상적 독소를 제거하는 일은 일각도 지체할 수 없는 작업이라고 생각한다. 마땅히 바로 서둘러 실행하자![271]

---

269 「陳儀關於台灣收復後教育工作與陳立夫往來函」(1949年 5月 10日), 陳鳴鍾·陳興唐主編, 『台灣光復和光復後午年省情』(上), 58쪽.

270 台灣省行政長官公署教育處編, 『台灣一年來之教育』, 96쪽.

271 『新生報』, 1945年 12月 17日.

국민정부의 업무 책임자 눈에 타이완의 '일본화'는 곧 '황민화'·'노예화'·'오염'과 같은 것이었고, 일본이 남긴 문화·사상·풍속·습관은 모두 제거해야 할 대상이었다.

그러나 이러한 풍조 속에서 『신생보』의 사설 「타이완의 신문화를 건설하자[建設台灣新文化]」에 다음과 같은 논조가 등장하기도 하였다.

> 중국의 관점으로 대만문화를 평가하면, 그 결점이 적지 않을 것이다. 대만이 중국에서 분리된 지 50년이나 되었으니, 사실 어쩔 수 없는 것 아닌가? 그러나 세계적 관점으로 대만을 보면, 대만의 우수한 점도 꽤 많다. 어쨌든 50년 동안 일본 통치를 받으며 대만 동포들은 얼마간 배운 것들이 있었다. 요컨대 대만의 민족 문화는 비록 조국만 못하지만, 그 세계성을 띤 문화는 (그 수준이) 절대 낮지 않다. …… 우리는 이 범세계적 학술을 보존할 방법을 반드시 찾아 보존을 넘어서 그것을 더욱 발전시켜야 한다.[272]

그 외 또 다른 사설 「본국 알기와 타이완 알기 [認識本國與認識台灣]」에서는 한 걸음 더 나아간 주장을 하고 있다.

> 일본은 과거 50년 동안 대만을 착취하고 통치하기 위해 많은 조사와 연구 활동을 진행하고, 많은 서적을 출판하였다. 거의 모든 사건과 문제와 관련하여, 크게는 대만의 역사지리·정치경제·풍토 및 인정에서부터, 작게는 대만의 거미 [蜘蛛]에 이르기까지 모두 전문 연구와 저작이 있을 정도이다. …… 우리는 앞으로 대만 건설을 위해 대만을 연구해야 할 뿐만 아니라, 과거 일본이 대만에 설치한 각종 과학과 기술 연구기관에서 작성한 여러 연구보고서를 번역하여 당국과 전문가가 참고하도록 제공함으로써

---

272 『新生報』, 1945年 11月 6日.

각종 건설계획을 세우는 근거로 삼아야 한다고 생각한다.[273]

　같은 행정장관공서의 기관지에 실린 사설이지만, 일본문화에 대한 태도와 인식에서 의견 차이를 보인 것이다. 제4장에서 이미 서술한 것처럼, 당시 대만성편역관 관장으로 전후 초기 타이완의 문화재건 과정에서 중요한 역할을 한 쉬셔우창은 다음과 같이 말한 바 있다.

　　대만의 학술문화는 이미 매우 좋은 기초를 가지고 있어서, 각성의 모범이 될 만한 자격이 있다. …… 과거 일본 통치 시기 본성에서 행해진 군국적 침략주의는 당연히 근절해야 하지만, 순수한 학술성 연구는 그 가치를 말살해서는 안 된다. 오히려 우리는 그것을 접수하여 더욱 발전시켜야 한다.[274]

　『신생보』의 사설과 쉬셔우창의 발언으로부터 당시 타이완의 문화재건 과정에서, 그 책임자 중에는 일본 학술문화 유산 계승 문제를 시야에 넣은 사람도 있었음을 알 수 있다.
　이른바 '노예화 교육' 문제에 관해 천이는 행정장관공서 장관 재임 시 주재한 '본성 중등학교 교장회의'에서, 다시 한번 "대만 동포는 과거 일본의 노예화 교육을 받았으니, 그들이 시행한 우민정책은 대중들이 정치에 대한 정확한 인식을 갖지 못하게 하였다."라고 지적하였다.[275] 그러나 같은 시기 천이는 다음과 같이 발언하기도 하였다.

273　『新生報』, 1945年 12月 13日.

274　許壽裳, 「招待新聞記者談話稿 : 省編譯館的趣旨和工作」, 1946年 8月 10日(許壽裳 가족 제공)

275　『人民導報』, 1946年 2月 10日.

나는 대만 동포가 아주 좋은 두 가지 습관을 지니고 있기 때문에 낙관해도 좋다고 생각한다. 첫째, 대만 동포는 비교적 자치의 습관이 있으니, 이는 어쩌면 일본식 교육의 좋은 점일지도 모른다. 왜냐하면 일본식 교육은 자치를 매우 중시하기 때문이다. …… 대만 동포의 두 번째 좋은 습관은 지식 탐구[求知]에 과감한 점인데, 이 역시 일본식 교육의 영향일 것이다. …… 자치와 지식 탐구는 현대 정치의 가장 기본적 조건이다. 이러한 조건에서 대만은 다른 성에 비해 실로 월등히 우월하다.[276]

천이의 앞뒤 발언은 타이완인이 정치에 대해 정확한 인식을 갖지 못하게 한 '일본의 노예화 교육'을 부정하면서도, 자치와 지식 탐구에 과감한 타이완인의 좋은 습관을 칭찬하고 현대 정치의 기본조건인 이 두 가지 모두 '일본식 교육'의 영향이라 지적하면서 일본식 교육을 상당 정도 긍정하고 있다. 일본식 교육에 대한 천이의 평가는 명백히 앞뒤가 맞지 않는 것이었다.

상술한 발언을 통해 국민정부가 애초에 일제시기의 일본식 교육을 부정하고 그 영향력을 제거하는 것을 문화재건의 대전제로 삼았음을 알 수 있다. 그러나 전전 일본이 타이완에서 달성한 교육 수준을 목도하고 중국 본토와 비교해 본 다음, 비로소 그것을 전면 부정할 수 없다는 것을 발견하였으니, 적어도 이러한 인식을 가진 정치세력이 당시 행정장관공서 내에 확실히 존재했음을 알 수가 있다. 여기에는 천이·쉬셔우창 등 행정장관공서 내의 '지일파知日派' 관료가 포함되니, 그들은 일본문화에 대해 애증愛憎의 양가적 심정을 동시에 가지고 있었다.

그렇다면 타이완 출신 지식인들은 '노예화' 교육 문제에 관해 또 어떤

---

276 陳儀, 「來台三月的觀感」, 台灣省行政長官公署宣傳委員會編, 『陳長官治台言論集』 第1輯, 48~49쪽.

견해를 갖고 있었을까? 타이완인의 '일본화'를 '노예화'라고 지칭한 데 대해 타이완 현지의 민간 신문인『민보』는 「타이완은 '노예화'된 적이 없다[台灣未嘗'奴化']」라는 사론을 통해 반론을 제기했다.

> 본성인은 일본인의 노예화 교육을 받아들인 적이 없어서, 일부 극소수 어용신사 御用 紳士를 제외하면 비굴하게 아첨하며 기꺼이 원수를 섬기는 노예근성을 가진 사람은 아무도 없다. …… 본성인은 비록 경제적 착취는 당했지만, 결코 노예적 생활을 한 것 은 아니었다. 광복 이후에 와서야 '노예화'라는 문자를 일상적으로 보게 되었다.[277]

왕바이위안도『신생보』에 기고한 「이른바 '노예화' 문제」라는 제목의 글에서 다음과 같이 지적하였다.

> 과거 일본 통치하에서는 '황민화'라는 세 글자가 대만 동포의 골치를 아프게 하더니, 광복 후에는 '노예화 [奴化]'라는 두 글자가 끊임없이 우리를 협박하고 있다. 대만성의 현재 지도자들은 입만 열면 대만 동포가 '노예화'되었다고 말한다. 듣건대 정치 노예 화, 경제 노예화, 문화 노예화, 언어 문자의 노예화, 심지어 성명姓名도 노예화되었다 고 말한다. 마치 대만 동포의 노예화를 거론하지 않으면, 대만성의 지도자가 될 수 없 거나 위정자로서 자격에 손상이 되는 것처럼 하고 있다.[278]

그는 또『정경보政經報』에 실은 「외성인 여러분에게 고함」이라는 글 에서 다음과 같이 지적하였다.

---

277 『民報』, 1946年 4月 7日.

278 王白淵, 「所謂'奴化'問題」, 『新生報』, 1946年 1月 8日.

대만성은 본래 매우 질서 있는 사회였다. …… 대만성은 여러 측면에서 이미 근대 민주사회 건설에 필요한 조건을 갖추었다. 많은 외성인들이 입만 열면, 대만 동포는 50년 동안 일본의 노예화 교육을 받아서 사상이 왜곡되었기 때문에 권력을 맡을 수 없다는 식으로 말한다. 나는 이것이 헛소리이며 다른 의도가 없다면 완전히 틀린 말이라고 생각한다. 만약 그렇다면 300년이나 만주족 청나라 [滿淸]의 지배 [奴化]를 받았고 지금도 여성들은 여전히 만주족 전통 복장 [旗袍]을 입는 중국에서 어떻게 청나라 붕괴 후, 한인이 다시 권력을 잡을 수 있었다는 것인가? 대만 동포는 비록 50년 동안 노예화 정책을 받았음에도 전혀 노예화되지 않았으니, 100명 중 99명은 절대로 노예화되지 않았다고 말할 수 있다. 단지 국어를 아름답게 구사하지 못하고 국문을 유려하게 쓸 줄 모른다고 노예화되었다고 여긴다면, 너무나 천박한 견해이고 사람을 기만하는 것이라 하지 않을 수 없다. …… 형상과 본질은 분명하게 구별해야 한다. 일시적 현상, 예컨대 대만 동포가 일문과 일어를 습관적으로 사용한다든가, 일본인의 기질을 좀 보인다거나, 국어를 아름답게 말하지 못하고 국문을 유려하게 쓰지 못한다는 이유로 대만 동포가 노예화되어 변질되었다거나 쓸모가 없다고 여겨서는 안 된다. …… 대만 동포는 비록 일본의 고압적 지배하에 있었지만, 고도의 자본주의의 세례를 받아서 봉건적 유독 遺毒이 아주 적다. 이런 점에서 우리는 대만 동포가 자위 自慰할 수 있다고 생각한다.[279]

왕바이위안의 반론을 통해서 당시 타이완인이 노예화되었다고 지적받은 이유가 타이완인이 중국어를 말하지 못하고 중국 글을 쓰지 못하면서, 일문과 일어를 습관적으로 사용할 뿐 아니라 일본의 풍습 습관에 물들었다는, 이른바 '일본화' 때문이었음을 알 수 있다. 그러나 타이완인

---

279 王白淵, 「告外省人諸公」, 『政經報』2卷 2期(1946年 1月 25日), 1~2쪽.

의 입장에서는 이 '일본화'가 도리어 "근대 민주사회 건설의 여러 조건을 갖춘" 것이자 "고도의 자본주의의 세례를 받은 것"이었다.

'노예화' 문제와 관련하여 당시 우쩌류[吳濁流]도 자신의 견해를 제시하였다.

광복 후 여러 방면에서 대만인이 받았던 일본식 교육을 주제로 다양한 평론이 이루어지고 있다. 그 중에는 교육전문가도 있지만 아무것도 모르는 사람도 많다. 그들은 다양하게 논쟁하는 듯하지만, 사실 천편일률적으로 그것(일본 교육을 받은 것 – 역자)을 단순히 노예화 교육으로 간주하거나 일본 교육의 독소라 조롱하고 있다. 그들은 대만에서 일본이 실시한 교육의 진수를 느끼지 못할 뿐 아니라, 대부분 주관에 치우치거나 심지어 감정을 앞세우고 있으니 참으로 안타까운 일이다.

....

일본식 교육은 정신교육의 측면에서 국체 國體를 이해하는 데 주안점을 두었기에 수신과 역사교육을 통해 국민을 맹신하고 심지어 맹종하게 하는 이른바 '노예화 교육'을 널리 시행하였다. 그렇지만 과학 방면에서는 이런 흔적이 없을 뿐 아니라, 노예화할 수도 없었다. 앞에서 이미 말한 대로 일본이 대만에서 시행한 정신교육, 즉 이른바 노예화 교육은 결코 성공하지 못했고, 오히려 항상 파산 상태에 처해 있었다고 말할 수 있다. 본성인은 겉으로나 은연중에 그들과 늘 투쟁하였을 뿐 아니라, 조국으로 돌아가 일본 제국 타도를 위해 분투한 지사도 적지 않았다.

이에 반해 과학교육 방면은 되려 상당히 성공적이어서 현재 본성 청년의 과학사상은 외성 청년보다 부족하지 않을 뿐 아니라, 대체로 말해 조금 낫다고도 할 수 있다.[280]

---

280 吳濁流, 『夜明け前の台灣』(台北 : 學友, 1947), 15~18쪽.

우쥐류도 일본식 교육을 받았다고 바로 노예화된 것이 아니며, 반대로 일본식 교육을 통해 현대 과학교육을 받음으로써 과학사상을 획득하게 되었다고 보았으니, 식민지 시대 일본 교육에 대해 도리어 긍정적인 시각을 갖고 있었다.

전후 초기 국민정부는 타이완인의 일본어 사용 습관을 분명한 '노예화' 현상으로 보았다. 다시 말해 일본어 사용을 '노예화'의 상징이라고 본 것이다. 앞서 지적한 대로 일본 패전 시 타이완의 일본어 보급률은 대략 70%에 달했으니, 당시 타이완 인구 600만 명 중 최소한 420만 명 정도가 일본어를 사용한 것으로 추산되었다. 국민정부도 이러한 사실을 인정하고 전후 초기에는 타이완에서 발행하는 신문과 잡지에 있는 '일문란日文欄'의 존재를 용인하였다. 동시에 1946년 4월 '국어추행위원회'를 설립하여 중국어 보급 운동을 전개하였다. 그러나 타이완에 와서 중국어를 가르치는 중국인의 중국어가 반드시 정확한 표준이 아니어서, 쓸데없이 타이완인의 언어 혼란을 가중시켰고, 심지어 중국어에는 여섯 종류가 있다고 여기게 함으로써 순조로운 중국어 보급을 저해하였다.[281] 국민정부는 또 같은 해 9월 14일 중등학교에서 일어 사용을 금지하고, 10월 25일에는 "본성이 광복된 지 이미 1년이 되었으므로 국책 집행을 위해 본국 언어를 보급한다."[282]라는 이유로 신문과 잡지의 일어 사용을 금지하는 지시를 내렸다. 여기서 말하는 '국책'이란 당연히 타이완의 중국화 정책이었으니, 국민정부는 언어를 강제하는 수단을 이용하여 타이완의 중국화 속도를 더 높이려는 것이었다. 중등학교에서 일어 사용을

---

281 許雪姬, 「台灣光復初期的語文問題：以二二八事件前後爲例」, 『思與言』 29卷 4期 (1991年 12月), 99쪽.

282 台灣省行政長官公署教育處編, 『台灣一年來之教育』, 34쪽.

금지하고 신문과 잡지의 일문란을 폐지한 것은 전후 초기 타이완의 문화재건 집행 과정 중 일대 사건이라 할 수 있는 것이었다. 이에 대한 타이완인의 반응은 상당히 격렬하였으니, 타이완 현지의 민간 신문과 잡지가 모두 들고 일어나 반대하였다. 예컨대 『신신新新』 잡지는 다음과 같이 공개적으로 주장하였다.

> 신문과 잡지의 일문을 오는 10월 25일부터 폐지하기로 이미 결정되었다. 이는 본성인의 이목을 봉쇄하는 것과 다름이 없는 것이어서, 청년층이든 장년층이든 모두 당국의 비효율적인 과도한 행위에 한탄과 비난을 표하고 있다.
>
> 제멋대로 고압 정책을 시행했던 일본 당국조차도, 중일전쟁 발발 다음 해가 되어서야 중국어 사용을 금지했다. 그러면서도, 교육과 문예 방면의 여러 부분에 대해서는 어떤 구속도 가하지 않고 상당한 자유를 주었다. '중국어 사용 금지'는 불과 8년 전의 일로서, 일본의 대만 통치 반세기만의 최후·최대의 정책이었다. 이로써 보면 그들이 어느 정도 민의를 상당히 존중했음을 알 수 있다.
>
> 당국이 재삼 생각하길 기대한다. 이는 일반 소시민의 간절한 바람의 목소리이다.[283]

일문란 폐지에 대한 반대 의견을 표함과 동시에 국민정부가 전전의 일본 당국보다 더 민의를 존중하지 않다는 것을 비판한 것이다. 당시 우쩌류도 자신의 불만을 이렇게 표현하였다.

> 일문이 뭐가 나쁜가? 단지 그것이 과거에 무장武裝되었기 때문이다. 그러나 현재 그것의 무장은 이미 해제되었다. 일문은 이미 그 본래 모습을 회복하였고, 그것은 결코

---

283 「巷の聲：日文廢止わ時期尙早」,『新新』6期(1946年 8月), 16쪽.

나쁜 것이 아니다. …… 무장 해제된 일문은 문화를 소개하는 중대한 임무를 맡고 있다. 특히 세계 각국의 문화는 대부분 일문으로 번역되어 있어서, 일문만 이해하면 각국의 문화와 접촉할 수가 있다. 중일전쟁 이전에 우리나라는 소중한 나랏돈을 써가면서 많은 유학생을 일본에 보냈다. 현재 우리나라는 한꺼번에 650만 명의 일본 유학생이 조국으로 돌아온 셈이다. 그들이 유행을 따라가듯 일어를 사용하고 일문으로 된 신문과 잡지를 읽는 것은, 결코 어떤 희한한 일이 아니라 오히려 기뻐할 현상인데, 당국이 왜 미련스럽게 일문을 폐지하려 하는지 우리는 정말 그 의도를 이해할 수가 없다. 그들은 이렇게 유학을 통해 가져온 여러 소중한 문화를 키우기는커녕 오히려 미련스럽게 그것을 망가뜨리고 있다. 후세의 역사가들이 이런 결정을 어떻게 평가할지 모르겠다. …… 일문 폐지와 관련해서는 여러 가지 서로 다른 사연이 있다. 불행한 것은 현재 외성인과 본성인 사이에 유쾌하지 못한 감정이 형성되어 있다는 점이다. 이런 분위기에서 모든 이론은 공허한 것이니, 설령 이치에 맞는다고 해도 통용되기는 어렵다. 그러나 문화를 위해 일문을 보존하는 것이 중국문화 발전에 저애될지 여부는 마땅히 공평한 문화적 저울 위에 놓고 다시한번 검토해야 할 것이다. 나는 정부 당국의 간행물에서 일문판은 당연히 폐지되어야 하지만, 일문 신문과 일문 잡지는 과도적 시기 [過渡時期] 여부와 상관없이 영원히 자유롭게 발행할 수 있도록 허용해야 한다고 생각한다.[284]

전후 초기 타이완인에게는 모어인 타이완어(민남어·객가어 혹은 원주민어 포함)를 제외하면 일본어가 거의 유일한 사유[思考] 언어였다. 따라서 전면적으로 일본어를 금지하고 일본문화를 부정하면, '자아 상실'을 초래할 가능성이 매우 높았다. 타이완인은 한편으로 일본 식민 통치하의 차별

---

284 吳濁流, 「日文廢止に對する管見」, 『新新』 7期 (1946年 10月), 12쪽.

대우와 착취에 대해서는 반감을 품었지만, 다른 한편으로 식민 통치하에서 근대문명의 세례를 받았고 일본 교육을 통해 세계 각국의 문화를 접할 수 있었다. 그래서 타이완 지식인들은 일본문화에 대해 돌이켜 생각한 후에 '노예화'라는 어휘에 대해 격렬하게 반응하면서, '노예화' 문제를 '일본화'의 옳고 그름을 넘어 '세계화'의 방향에서 이 문제를 새롭게 사유함으로써 전후 타이완 문화의 출로를 모색하고자 노력하였다.

2. 전후 타이완 문화의 출로 모색

전후 초기 타이완 지식인들이 '노예화' 논쟁을 거친 후, 스스로 타이완 문화가 나아갈 방향을 모색하게 된 것은 필연적인 일이었다. 당시 타이완의 현지 민간 신문인 『민보』는 「중국화의 참 정신[中國化的眞精神]」이라는 사론을 통해 국책으로 추진 중인 타이완의 '재중국화'에 대한 입장을 개진했다.

> 현재 각 방면에서 중국화 작업이 추진 중인데, 이는 매우 당연한 일이어서, 원론적으로, 우리는 아무런 이의가 없다. 그러나 구체적인 추진과 관련해서는 마땅히 신중하게 고려해야 할 여러 문제가 있다.
>
> 무엇이 중국화인가? 적지 않은 사람들은 일본 통치 이후 생긴 습속과 사상을 제거하고, 국내의 의식주와 행동방식, 풍속, 습관을 본성에 이식하는 것을 중국화라고 생각하고 있다. 우리는 대체로 이 방침에 동의할 수 있지만, 반드시 [중국화의-역자] 정확한 지도 원리를 명확하게 파악해야만 착오를 면할 수 있다. 첫째, 현재 국내의 습속과 사상이 꼭 모두 우리의 모범이 될 수 없다는 점이다. 일부 사회 지도층 인사[賢達]들이

이미 지적했듯이, 현대 중국인의 생활은 지저분하고 더러우며 [汚穢], 방탕 [浪漫]·나태 [懶惰]·문란 [積廢]해서 반드시 단정 [整齊]·청결·단순 [簡單]·소박 [樸素]의 원리로 개진되어야만 한다. …… 둘째, 일본 통치 이후 생긴 습속과 사상 중 삼민주의에 어긋나는 것들은 물론 철저히 제거해야 하지만, 그 중에 일부 요소는 법치국가의 필수조건이자 최저 정도의 문명사회에서도 불가결한 것들이다. 예컨대 준법정신과 사회 공중도덕 [公德] 등이 그것이다. …… 만약 이것을 일본의 노예화 정책의 결과로 간주하고, 게다가 국내에 없다는 이유로 부정하고 거절한다면, 우리는 당연히 절대적으로 반대할 것이다. 이점과 관련하여 우리는 '중국화'를 원하지 않을 뿐 아니라, 외성 인사 중 적지 않은 사람들의 '대만화'를 적극적으로 요구할 것이다. …… 본성이든 외성이든 우리의 생활 개진의 목표는 어떻게 부강한 국가와 민족의 생활에 도달할지에 두어야만 한다. 이러한 목표에 맞으면, 그것이 영국·미국 것이든 일본 것이든 마땅히 섭취하여 활용해야 한다. 만약 이 목표에 어긋나면, 아무리 중국 수천 년 동안의 순수한 전통일지라도 반드시 타파하고 제거해야만 한다. 이것이야말로 본성에서 추진해야 할 중국화의 원리 原理라 말할 수 있을 것이다.[285]

그 외 타이완의 민간 잡지사인 신신월보사新新月報社도 타이완 현지 지식인들을 모아 "타이완문화의 전도를 말한다"라는 토론회를 거행하였는데, 회의에서 황더스는 아래와 같이 발언하였다.

광복 후 대만의 문화 운동 방향은 두 가지 측면에서 고려할 수 있다.
한 측면은 과거 대만 문화가 일본식 문화의 영향을 매우 많이 받았지만, 이 때문에 동시에 세계적 수준에 도달할 수 있었다는 점이다.

---

285 『民報』, 1946年 9月 11日.

다른 한 측면은 대만의 문화 현상을 중국의 한민족 漢民族 문화와 비교했을 때, 많은 부분에서 아직 중국화에 도달하지 못했다는 점이다.

앞으로 세계화와 중국화 이 두 측면을 어떻게 동시에 추진해야만 할까? 만약 이미 세계적 수준에 도달한 문화라면, 이후 더욱 확장하고 추진해야 할 것이다. 만약 중국 자신의 문화를 비교 대상으로 삼았을 때 맞지 않거나 부적합한 곳이 있으면, 최대한 빨리 좋은 의미의 중국화를 달성할 필요가 있을 것이다.[286](원문은 일어)

우잉타오[吳瀛濤]도 「대만 문화의 나아갈 길」이라는 글에서 자기 생각을 밝혔다. 글이 발표되었을 때, 신문과 잡지의 일문란은 이미 폐지된 이후였다.

최근 문화 부진 不振과 그에 따른 고통의 근원은 단순히 이러한 언어의 급변 때문에 저절로 생겨난 것만은 아니다. 비록 50년 이래의 병적 상태 [病態]와 그 거세 去勢가 오늘날의 쇠약 [衰微]을 초래했다고 말하지만, 사실 이러한 말은 부인할 수 없는 명백한 사실이다. 그렇지만 다른 한편을 자세히 살펴보면 이미 세계적 수준에 도달한 일본문화의 영향을 받아서 과거 대만의 문화도 자연스럽게 일정한 발전을 이루었다는 점은 어쨌든 무시할 수 없을 것이다.

……

이른바 세계적 문화 수준의 범위를 좁은 의미로 한정하지 않고 인민의 생활과 관련된 모든 정신 교양과 도덕 환경까지 포함하면, 대만은 가장 양호한 민족정신의 최일선을 유지해 왔을 뿐 아니라, 나아가 중국의 모범성이라 부를 만큼 빛나고 견고한 문화적 기초를 획득했음을 알 수 있다.

---

286 「談台灣文化的前途」, 『新新』 7期(1946年 10月), 5~6쪽.

그러나 수십 년간 왕래가 끊어짐[疏隔]으로 인해 대만 문화 중에 중국 문화와 부합되지 않는 작은 부분이 생기게 되었으니, 이에 대해서는 대만이 마땅히 나아가야 할 진로를 더욱 검토해야만, 최근의 혼란을 통제하면서, 방대한 중국문화의 노선 방향을 따라 나아갈 수 있을 것이다![287]

상술한 주장 모두 하나의 특징이 있으니, 타이완 문화의 출로를 '중국화' 외에 '세계화'의 방향도 겸해야 한다고 여겼다는 점이다. 이는 타이완 문화 출로에 대한 당시 타이완 지식인들의 공통된 관점이었으니, 그들 모두 전후 타이완의 문화 상황이 외부에서 내부로, 위에서 아래로 벌떼처럼 몰려오는 '중국화'와 앞 세대[前代]부터 계승해 온 '세계화' 사이에서 그 평형점을 찾아야 한다고 생각했다.

사실상 전후 초기 타이완은 국민정부의 중국화 국책에 우롱당했는데, 문화만이 아니라 경제와 정치면에서도 마찬가지였다. 타이완 현지 민간 신문 『인민도보』는 「타이완을 어떻게 볼 것인가?[如何看台灣?]」라는 사설에서 "대만의 중국화를 우리는 찬성한다. 그러나 대만의 중국화가 대만의 암흑화[黑暗化], 대만의 빈궁화, 대만의 부패화[貪汚化]가 되어서는 절대 안 된다."[288]고 침통하게 지적하였다. 타이완의 지식인들은 당시 타이완 사회와 중국 대륙 사회 간에 아주 큰 격차가 있음을 심각하게 몸소 인식한 것이었다.

왕바이위안은 「대만 역사에서의 역설」이라는 글에서 단도직입적으로 이 현상을 지적하였다.

---

287 吳瀛濤, 「台灣文化的進路」, 『新新』2卷 1期(1947年 1月), 20~21쪽.
288 『人民導報』, 1946年 6月 13日.

대만은 비록 일본제국주의의 고압적 통치를 받았지만, 반세기 이상 고도의 공업 자본주의하에서 생활하였기에 그 의식형태·사회조직·정치이념이 모두 공업사회의 범주에 속한다. …… 중국은 8년 항전을 치르며 물론 많은 부분에서 상당한 진보가 있었지만, 농업사회의 여러 약점을 지닌 차 次 식민지의 성격을 아직 벗어나지 못했다. 이번(대만) 접수 과정에서 우리는 명백하게 농업사회와 공업사회의 우열을 볼 수 있었다. 대만 접수는 일본을 접수하는 것이나 다름없으므로 저급한 사회조직으로 고도의 사회조직을 접수하는 격이니 당연히 쉽지 않은 일이었다.[289]

왕바이위안의 인식이 옳은지 그른지에 대한 논의는 잠시 접어두더라도, 당시 타이완 지식인들은 이미 최소한 타이완 사회와 대륙 사회 사이에 차이가 있음을 발견하고 타이완 사회의 우월성을 주장함과 동시에 양자의 문화적 우열도 분명하게 인식하였다는 점을 지적할 수 있다.

양원펑은 「문화의 교류」라는 글에서 분명하게 다음과 같이 솔직히 말했다.

본성 광복 후, 본성과 성외 각 지역 간의 이른바 '문화교류'는 가장 회자 膾炙 된 문제 중 하나였다. 당국자가 언급하고 대만인도 말하며 외성에서 온 친구들도 말하지 않는 자가 없었다. 그러나 1년여가 지난 지금 그 구체적인 성과는 아주 적다.

원래 문화의 흐름은 하나의 공식이 있다. 바로 물이 높은 곳에서 낮은 곳으로 흐르는 것처럼 높은 수준의 문화가 있는 곳에서 낮은 수준의 문화가 있는 곳으로 흐르는 것이다. 그 흐름은 매우 빠르다. 그러나 현재 본성의 상태는 이러한 공식과 도리어 같지 않은 부분이 있다. 즉 본성과 다른 성의 문화 정도가 각각 높고 낮음이 분명한 '청일식 清

---

289 王白淵, 「在台灣歷史之相剋」, 『政經報』 2卷 3期(1946年 2月 10日), 7쪽.

一式'이 아니어서, 어떤 한 곳에서 다른 한 곳으로 흐르는 것처럼 그렇게 간단하지 않다. 이것이 바로 문화교류가 지지부진할 수 밖에 없는 중대한 원인이다. 문화교류를 말할 때 이 사실을 직시해야만 한다.

상술한 사실 외에 문화교류가 부진한 또 하나의 원인은 바로 현재 본성인과 외성인 간의 심리적 장벽이다. 서로에 대해 존경하고 신뢰하는 바가 없는데, 어떻게 문화교류가 가능하겠는가? 문화교류를 말하려면 먼저 이 장벽을 타파하고자 노력해야 한다.

우리나라의 내전이 그치지 않고. 곳곳에서 여전히 전투가 벌어지고 있는 상황도 문화교류를 저해하는 중대한 원인 중 하나이다. 전쟁이 그치지 않았는데, 무슨 여력이 있어 문화를 유출 流出하거나 다른 곳의 문화를 받아들일 수 있겠는가?

위에서 본성과 외성의 문화교류가 지지부진한 원인 두세 가지를 대략 거론하였다. 첫 번째 원인은 어떻게 해볼 수 없는 사실이다. 그러나 두 번째와 세 번째 원인은 인위적이어서 개선하고 제거할 수 있는 것이다. 우리는 문화에 관심 있는 성 내외의 여러 동지와 함께 이를 향해 노력하기를 바래본다![290]

이상 몇몇 타이완 지식인들의 발언을 통해 국민정부가 타이완을 접수한 1년여 동안 그들이 마주친 곤경과 그들이 어떻게 최대한 객관적으로 이 사실을 받아들이려 했는지 이해할 수 있다. 주목할 점은 상술한 노예화 문제와 전후 타이완 문화의 출로 문제에 관해 적극적으로 발언한 왕바이위안·우줘류·양원핑은 모두 식민 통치의 신맛을 맛본 사람들이었다는 점이다. 앞에서도 이미 밝혔지만, 왕바이위안은 타이완 유학생 좌익문화단체인 '대만문화권'에 참가했다는 이유로 이와테[岩手]여자사범학교 교직에서 쫓겨났을 뿐 아니라, 8년 동안 옥고를 치른 바 있었다. 우

---

[290] 楊雲萍,「文化的交流」,『新新』2卷 1期(1947年 1月), 1쪽.

쥐류도 공학교 내 일본인과 타이완인 교사 간의 차별 대우에 반대한 이유로 사직당한 바 있다. 양원펑은 1941년 황민화 운동이 한창일 때 『민속대만』에 참여하여 타이완 고유의 민속을 기록·보존하고자 노력하였다. 그들은 '황민화'된 타이완인이 아니었고, 그들의 발언도 결코 일본의 문화정책을 변호하기 위한 것이 아니었다. 행정장관공서가 1년여의 문화재건 정책을 집행한 결과, 타이완 현지의 지식인들은 '중국화'에 대해 상당한 의견이 있었고, 게다가 타이완과 중국 사이의 거리는 좁혀지지 않았을 뿐 아니라 갈수록 벌어졌던 것이다. 타이완인과 중국인이 대립한 '2·28 사건'은 바로 양원펑이 이 글을 발표한 다음 달에 발생하였다.

결어

전후 국민정부의 타이완 문화재건 정책은 앞서 지적한 대로 외부에서 내부로, 위로부터 아래로의 '국민건설'이었다. 바꾸어 말해 '중화민국'의 판도에 새로 편입된 비非'국민', 즉 일본화된 타이완인을 어떻게 '국민화'하느냐가 바로 '탈일본화'와 '재중국화'였다.

이러한 문화재건 정책에 직면하여 타이완인들도 응답하였다. 먼저 중국어를 말하고 쓰지 못하는 데다 일본의 풍속 습관에 젖은 '일본화' 문제 때문에, 국민정부 당국의 관점에서 볼 때 '일본화'는 '노예화'와 같은 의미였다. 그러나 타이완인들은 '일본화'로 인해 인성人性마저 '노예화'되었다는 점을 인정하지 않았을 뿐 아니라, 오히려 '일본화'의 또 다른 일면에는 사실 '근대화'와 '세계화'도 포함되어 있다고 주장하였다. 이는 식민문화에 대한 타이완 지식인들의 성찰을 통해 얻은 결론이었고, 이어 한 걸음 더 나아가 전후 타이완 문화의 출로는 '중국화'와 '세계화' 사이의 균형점을 찾는 것이라고 주장하였다.

당시 일본문화의 유효성에 대한 국민정부의 이해와 타이완 지식인의 이해는 기본적으로 차이가 있었다. 국민정부 내에 쉬셔우창과 같은 소수의 '지일파' 문교文敎 관원이 있었음에도, 애초 국민정부 전체가 일본문화에 대해 가진 감정은 충분히 이해할 수 있다. 그것은 국민정부가 8년 항전의 기억을 가지고서 타이완을 접수한 데다, 최대한 빨리 타이완을 '탈일본화' '재중국화'하여, 나아가 "타이완을 국민당화" 하려는 문화재건 정책과 밀접한 관계가 있었다. 그밖에 이는 또 식민 통치하의 '현대성'에 대한 서로의 인식이 매우 달랐던 것과도 관련되는데, 당시의 역사적 상황에서 국민정부는 물론 일반 중국인도 50년의 타이완 통치가 가져온 타이완의 '현대성'에 공감하기는 매우 어려웠을 것이다. 그러나 전후 초기 타이완인의 이른바 '일본화' 역시 비약된 일방적 사고인 '노예화'라는 단어로 포괄하거나 해석해서는 결코 안 될 것이다.

결론

1945년 제2차 세계대전이 끝나고 일본이 패전하자, 타이완은 일본의 식민 통치에서 벗어나 다시 중국 판도로 복귀했다. 50년의 식민 통치 기간 일본은 효율적인 식민 통치를 위해 강력한 동화정책을 추진하였다. 국가기구를 이용하여 일본문화를 타이완에 이식하고 각급학교와 사회 교육을 통해 타이완인들에게 일본의 국민 의식을 강제로 주입하였다. 이 동화정책은 특히 1937년 중일전쟁 발발 후 더욱 심해져서, 일본 식민 당국은 한 걸음 나아가 황민화 운동을 추진하였다. 타이완 각지에 황민 훈련소를 설치하여 일본 군국주의 사상을 주입함으로써 타이완인을 일본 '황민'으로 만들고자 시도하였다. 강력한 동화정책이 추진되는 상황에서 일부 타이완인이 자신을 일본인이라고 여기게 되는 것도 이상한 일이 아니었다. 실제로 일본의 통치 말기 이미 상당히 많은 수의 타이완인이 일본화되었다.

이 때문에 국민정부는 타이완 접수 이후, 즉각 타이완에서 일련의 '탈일본화'·'재중국화'의 문화재건 사업을 전개하였다. 이 타이완의 문화재건 사업은 일종의 위로부터 아래로의 '국민 만들기'였다. 나는 타이완이 중국 판도로 복귀한 이후의 시점에서 당시 국민정부의 타이완에 대한 심리상태는 당연히 비난할 만하지만, 이러한 새로운 '국민 만들기'를 '재 식민'과 동일시할 수는 없다고 생각한다. 이 '국민 만들기'가 지향한 바는 이미 일본화된 타이완인을 '국민화'하는, 즉 타이완을 '중국화'하고 타이완인을 '중국인화'하고자 한 것이었다.

당시 국민정부의 타이완 문화재건의 기본 정책과 시행 방법에 관해서는 국민정부 주석 장제스가 확정한 「대만 접관 계획 강요」에 상당히 자세하게 기록되어 있다. 전후 초기 타이완을 실제 통치했던 기구, 즉 대만성행정장관공서는 기본적으로 이 「강요」에 근거해 타이완의 문화재건 정책을 집행하였다.

당시 행정장관공서는 자체적으로 대만성국어추행위원회·대만성행정장관공서 선전위원회·대만성편역관을 설치하고, 아울러 그 외곽단체인 대만문화협진회를 이용하여 문화재건의 중점인 언어 문제·교육과 문화 내용·문화 체제에 대한 재조정 작업을 진행하였다.

대만성국어추행위원회는 국민정부가 타이완을 접수한 후 가장 먼저 해결해야 할 언어 문제의 집행 기구였다. 당시 약 600만 타이완 인구 중 일어 사용률은 무려 70%에 달했다. 바꾸어 말하면 약 420만 명의 타이완인이 일본어를 생활 언어로 쓰고 있었다는 것이다. 대만성국어추행위원회는 전후 초기 타이완의 어문 교육 – 중국어 교육을 집행한 기구로, 그 구체적인 방법은 중국 각지에서 국어국문 교사를 초빙하여 각급학교의 교원으로 배치하고 동시에 중국어 전수자인 대만성 전역의 행정직원과 국민학교·중등학교 교원의 국어훈련을 책임지게 하였다. 또 각 현과 시에 '국어보급소'를 설치하고 중국 각지로부터 초빙한 국어 보급원을 보급소에 파견하여 각 지역의 중국어 보급을 책임지게 하였다. 그 궁극적 이상은 5·4 신문화운동의 기본 이념인 언문일치를 타이완에서 솔선하여 실현하는 것이었다.

선전위원회의 임무는 타이완성의 현·시·향·진에 정령 선전지도원을 배치하여 타이완인들에게 중국의 정치제도 및 법령을 선전·지도하는 것 외에, 더욱 중요한 일은 영화와 연극, 도서 출판, 신문방송의 심사 및 선전물의 편집 작업을 경영 관리하는 것이었다. 즉 선전위원회는 전파매체를 관리·통제하고 선전물을 보급함으로써 '일본문화 사상의 남은 독소'를 제거하고 동시에 중화민족 의식을 주입하고자 하였다.

　대만성편역관은 학교교재조·사회도서조·명저편역조·대만연구조를 설치하였다. 학교교재조의 임무는 타이완의 초등·중등·사범학교 학생의 중국어 수준에 적합한 교재를 편찬함으로써 중국 어문 교육을 추진하고, 아울러 교육 내용을 통해 타이완 학생들에게 중화민족 의식을 주입하는 것이었다. 사회도서조의 임무는 대중용 도서인 '광복문고'를 편집하는 것이었다. '광복문고'의 확산을 통해 중국 어문을 널리 보급하는 외에, '광복문고'의 문화 내용에 따라 중국문화의 이식 작업을 진행하려고 하였다. 명저편역조의 임무는 서양과 중국의 명저와 명작을 번역·편집하는 것이었다. 그 목적은 이들 명저와 명작을 읽게 함으로써 대학생과 연구자들의 시야를 넓히고 연구의 흥미를 진작하는 한편, 서양과 중국의 명저 보급을 빌어 일본어 도서를 대체하고 문화 내용의 재건이란 목표를 달성하려는 것이었다. 대만연구조의 임무는 일본학자가 남긴 타이완 연구 작업을 정리·번역하여 계승하는 것이었다. 편역관 관장 쉬셔우창은 일본인이 남긴 학술문화 유산은 세계문화유산의 일부인 만큼 일본의 학술문화 유산과 학술연구 풍조를 마땅히 수용해야 하며, 그들의 대만 연구 성과를 중문으로 번역하여 지식을 재생산함으로써 중국 학술문화의 일부가 되게 해야 한다고 생각하였다. 즉 일본인의 학술문화연구를 '중국화'하는 전용 전략이었다. 대만연구조의 업무 내용과 성과를 보면 선사시대 유적 발굴 외에도 현지 조사와 문헌자료의 초록抄錄·복각·편역을 진행하였으니, 그 연구 범위는 오늘날 이른바 '타이완학'·'타이완연구'를 망라한 것이었다. 그것은 전후 중국과 타이완의 정부 기구가 한 타이완 연구, 즉 타이완학의 출발점이자 전후 초기 타이완 문화재건 사업 과정 중에 남긴 최대의 성과였다.

행정장관공서의 외곽 조직인 대만문화협진회의 임무는 기관지『대만문화』를 출판하고 각종 문화 활동을 거행하며 사회교육을 추진하여, 전후 타이완에서 매우 절박하게 필요한 삼민주의 문화를 선양함으로써 행정장관공서의 타이완 문화재건 사업에 협조하는 것이었다. 대만문화협진회의 활동을 통해 그 의도가 삼민주의와 5·4 이래 중국의 신문학·신문화를 전파하고 중국과의 문화교류를 확대하여, 전후 타이완의 새로운 문화 체제를 다시 건립하고 전후 타이완의 새로운 문학 전범을 수립하는 데 있음을 알 수 있다. 그렇지만『대만문화』는 전전의 타이완 연구를 연장·보존하는 데에도 공헌하였다.

　대만성국어추행위원회·대만성행정장관공서 선전위원회·대만성편역관·대만문화협진회 등 4개 기구는 전후 초기 타이완의 문화재건 사업에서 상호 연계 및 보완하는 관계를 맺고 있었다. 국어추행위원회의 어문교육에 대한 책임, 선전위원회의 전파매체 관리·통제에 대한 책임, 편역관의 교육과 연구의 이중 기능은 교육과 문화 두 측면에서 문화재건 사업을 동시에 진행하였고, 협진회는 사회교육 측면에서 국어추행위원회와 편역관의 기능을 더욱 강화하였다.

　그 외에 더욱 주목해야 할 것은 당시 문화재건의 사상적 기초이다. 행정장관공서 시기의 타이완 문화재건 사업에는 대만성편역관 관장 쉬셔우창이 중요한 역할을 하였다. 그는 당시 대륙에서 타이완으로 건너온 사람 중에서 타이완 현지의 진보적 문화인·지식인·학자들이 주목하던 중심인물이기도 하였다. 쉬셔우창의 타이완 문화재건 사상의 핵심은 한결같이 5·4 신문화운동의 정신이었고, 그 정신을 계승하고 발전시키는 것을 문화재건 사업의 주요 관건으로 삼았다. 이 때문에 쉬셔우창은 자신의 절친한 친구이자 5·4 신문화운동의 정신적 지주 중 하나인 루쉰의 사상을 타이완에 소개하고, 그 사상을 확산함으로써 타이완에서 '새로운 5·4운동'을 불러일으키는 것이 타이완 문화재건의 가장 좋은 길이라고 생각하였다. 그러나 5·4 신문화운동에 대해 비판적이었던 국민당 중앙과 'CC파'는 삼민주의 이념을 타이완 문화정책의 최고 이념으로 제시하였다. 즉 국민정부의 진정한 의도는 삼민주의라는 정권의 관방 이데올로기를 타이완인의 국가 정체성의 사상적 기초로 배양함으로써 타이완의 재 '중국화'를 달성하려는 것이었다. 근본적으로 따져보면 이러한 문화정책은 (대만의-역자) '중화민국화'일 뿐 아니라 심지어 '국민당화'와 다름이 없었다. 쉬셔우창의 루쉰 사상 전파는 타이완 지식인들에게 영향을 미쳤다. 그들은 루쉰의 사상을 수용하고 그 비판 정신을 계승하여, 당시 타이완의 현상에 대한 불만을 표출하고 국민정부의 불합리한 조치와 제멋대로 타이완을 수탈하는 부패 관료들을 비판하였다. 비록 쉬셔우창이 기대했던 '새로운 5·4운동'은 결국 타이완에서 일어나지 않았지만, 루쉰 사상의 전파와 영향이 미친 사회주의 문예 정신은 1947년 『신생보·교橋』 부간의 탄생과 그 후 타이완 문학 발전에 있어 빠뜨릴 수 없는 부분이 되었다.

전후 타이완에서 루쉰 사상 주요 전파자로는 쉬셔우창 외에 황룽찬도 있었다. 쉬셔우창이 루쉰 사상을 전파한 목적은 루쉰의 사상과 전후 타이완의 문화재건을 유기적으로 결합하려는 데 있었다. 그의 루쉰 연구와 관련된 저작 대부분은 타이완에서 완성되었으니, 이를 밝히는 것은 학술사적 발굴 외에 시대적 의의를 부여하는 것이기도 하다. 반면 황룽찬이 루쉰 사상을 전파한 목적은 루쉰의 '반제'·'반봉건'·'반침략'·'민주 쟁취' 요소가 포함된 목각 판화 사상을 전파함으로써, 민중에게 민주 쟁취를 환기하여 중국의 전후 '민주주의'가 타이완에서 먼저 실현되고 나아가 중국 전역으로 확산되어 나가길 바란 데 있었다. 웨이젠공·쉬셔우창·황룽찬과 같은 전후 타이완 문화재건의 '집행자'·'대리인'들의 구상을 통해, 우리는 그들 모두가 타이완을 5·4 신문화운동의 이상을 실현하는 실험장으로 삼고자 하였음을 발견할 수 있다. 그런데 전후 타이완의 루쉰 사상 전파자는 대륙에서 타이완에 온 문화인이거나 타이완 현지의 문화인을 막론하고 모두 비참한 운명을 맞이하였다. 그러나 후펑 사건을 다시 살펴보면, 국공내전부터 1950년대 중국의 정풍운동·반우파투쟁과 타이완의 백색공포 시기까지 루쉰 사상의 세례를 받은 타이완해협 양안의 지식인 거의 모두가 숙청의 운명을 피할 수 없었음을 알 수가 있다.

전후 국민정부가 시행한 '탈일본화'·'재중국화'의 문화재건 정책에 대해 타이완 현지의 지식인들도 성찰한 바 있다. 먼저 그들은 자신들이 일본문화에 노예화되었다는 점을 한결같이 부인하였다. 그들은 '일본화' 중에는 '근대화'와 '세계화'의 요소가 포함되어 있다고 여겨서, 전후 타이완문화의 출구는 선택적인 '중국화' 외에도 일본문화 유산을 완전히 부정할 필요 없이 양자 간의 균형점을 찾아서 전후 새로운 타이완문화를 창조하도록 노력해야 한다고 주장하였다. 즉 철저한 '탈일본화'와 무조건적인 '재중국화'에 반대한 것이었다. 당시 국민정부가 자나 깨나 생각했던 타이완의 '탈일본화'는 오늘날에도 여전히 미해결의 과제로 남아 있다.

본서는 대만성국어추행위원회·대만성행정장관공서 선전위원회·대만성편역관·대만문화협진회의 기능을 탐색함으로써 전후 초기 대만성행정장관공서 시기 타이완의 문화재건 과정을 복원하고, 동시에 일본 식민지에서 해방된 타이완 현지의 지식인들이 문화적 위기 상황에서 어떻게 처신하였고 전후 타이완문화의 출구라는 의제를 어떻게 모색하였는지를 검토하였다. 그 외 루쉰 사상의 전파와 타이완 문화재건과의 관계도 함께 논술하여 루쉰 사상이 전후 초기 타이완 사회에 깊은 영향을 미쳤음을 밝힘으로써 '루쉰학' 연구에 새로운 시야를 제공하였다.

후기

　이 작은 책은 1995년 여름 입명관대학立命館大學에 제출한 나의 박사논문「전후 초기 타이완에서 문화재건에 관한 연구 : 대만성행정장관공서 시기(1945년~1947년)를 중심으로[戰後初期台灣における文化再構築に關する研究 : 台灣省行政長官公署時期(1945년~1947년)を中心として]」를 저본으로 한 것이다. 이후 증보와 수정을 거쳐 1999년『타이완 문화 재구축 1945~1947의 빛과 그림자 : 루쉰 사상 수용의 행방』을 일본에서 출판했는데, '문화 재구축'이라는 일본어 단어를 중국어로 번역한 것이 바로 '문화재건'이다. 1999년 일본에서 출판된 뒤 일본어와 중국어 서평이 4편(일본어는 사카구치 나오키[阪口直樹] 교수, 시모무라 사쿠지로[下村作次郞] 교수, 쓰카다 료타[塚田亮太] 강사, 중국어는 쉬쉬에지[許雪姬] 교수가 씀)이나 나오는 등 상당한 반응이 있었다. 평자들 모두 이 책을 전후 타이완의 문화정책 연구를 개척한 선구작으로 평가했다.

　10여 년 전에 쓴 논저인 데다 당시 많은 자료가 아직 발굴되거나 공개되지 않던 시기에 완성했던 것이라서 오늘날의 관점에서 보면 내 자신도 크게 만족스럽지 않았다. 이 때문에 2001년에서 2002년까지 방문학자 자격으로 미국 컬럼비아 대학에 체류할 때, 왕더웨이[王德威] 교수가 나의 일본어 저작을 중국어로 번역 정리하여 출판할 것을 독려했음에도 내심으로 매우 주저하였다. 2003년 말 마침내 용기를 내어 중국어로 번역은 하였지만 결국 교정을 보다 말다 하기를 2년, 시종 '여러 글을 모아서 완성한 것[百納本]'같은 오래된 책을 대면할 수 없어서, 자신과의 싸움에 빠져들고 말았다. 사실 본서의 대부분 내용은 이미 중국어로 고쳐 써서 타이완에서 발표한 것들이었다. (하지만) 나중에 최근 몇 년 사이 타이완에서 일련의 관련 연구 논문이 나왔고, 그중 일부는 나의 선행연구를 바탕으로 논지를 더욱 확장한 것임을 알게 되었다. 다시 용기를 내어 정리 출판하지 않으면, 타이완에서 출판할 기회를 놓칠 수도 있다고 생각했다. 나는 먼저 중국어판 출판을 독려하고 졸저를 맥전출판사麥田出版社에 추천해 주며 책 제목까지 조언해 준 왕더웨이 교수에게 감사드린다. 아울러 나의 게으름을 참고 기다려 준 맥전출판사 편집장 후진룬[胡金倫] 선생에게도 감사를 전한다.

1985년 일본으로 유학을 간 이래 눈 깜빡할 사이에 20여 년의 세월이 나도 모르게 이렇게 지나버렸다. 유학 당시 나는 이국에 남아서 교편을 잡을 거라고는 생각한 적도 없었고, 지금처럼 이국 학술계에서 한자리를 차지할 줄은 더욱 생각하지 못했다. 지천명知天命의 나이(청춘 후기後期라고도 함)에 이른 후에야 비교적 냉정하게 살아온 반평생을 대면할 수 있게 되었으니, 살아온 이 세월을 중간 결산하자면 나는 단지 '감사와 노력'이라는 다섯 글자로 말하고 싶다. 이 세월 동안 나를 격려해 주고 보살펴 준 스승과 벗들에게 감사한다. 나는 이 때문에 더욱 노력할 수 있었지만, 남은 '청춘 후기'에도 이를 동력 삼아 더욱 노력할 생각이다.

나는 박사학위를 받기 전, 11년 동안 유학생으로 생활하면서 무려 다섯 개 대학을 전전하며 공부했다. 지금 생각해 보면 자신의 무모한 용기에 감탄할 뿐이지만, 나를 받아주고 가르쳐준 일본 선생님들에게 더욱 감사한 마음이 든다. 내가 가장 감사하게 생각하는 분은 대학 시절 은사인 뤼스챵[呂實强] 선생님 외에 유학 후반기 나에게 어떻게 학문을 할 것인지, 어떻게 '진정한 학술인'이 될 수 있는지를 가르쳐준 기타오카 마사코 선생님이다.

나는 초등학교 때부터 역사와 문학에 매우 흥미가 많아서 대학은 국립대만사범대학 역사계 야간부에 진학했다. 당시 국립대만사범대학에서 주간부와 야간부의 유일한 차이는 주간부가 학자금 보조와 교원 임용 혜택을 누리는 데 반해 야간부는 그렇지 않다는 것 뿐이었고, 교수진은 전부 다 같았다. 내가 뤼 선생님을 처음 만난 것은 대학 2학년 때 필수 과목인 〈중국근대사〉를 들으면서였다. 본래 이 과목은 리궈치[李國祁] 선생님이 맡았었는데, 당시 리 선생님이 공무로 바빠서 중앙연구원 근대사연구소 연구원이던 뤼 선생님을 모셔 온 것이었다. 당시 뤼 선생님이 우리를 가르칠 때가 바로 현재 내 나이쯤이었다. 뤼 선생님의 〈중국근대사〉는 명말 중국에 온 서양 선교사의 선교 활동부터 강의를 시작하였는데, 산둥[山東] 억양이 심해서 '타이완 국어' 발음에 익숙한 나로서는 확실히 커다란 시련이었다. 반 학기가 지나서야 겨우 산둥 어투의 국어에 익숙해졌다. 뤼 선생님의 강의 내용은 매우 견실[扎實]했는데, 특히 서양 세력이 중국을 침략한 후 중국의 반응과 변화에 대해 상세히 강의해 주셔서, 1년 만에 나는 '중국근대사'에 대해 어느 정도 기초를 갖추게 되었다. 대학 시절 나는 뤼 선생님의 〈중국근대사〉 외에 '중국현대사', 특히 '5·4' 전후의 문학과 사상에 대해서도 관심이 많았다. 뤼 선생님에게 나의 관심을 말하자, 선생님은 나에게 후스의 글을 읽게 하였을 뿐 아니라 중앙연구원 근대사연구소 도서실에 데려가 당시 금서였던 『신청년新青年』·『노신전집魯迅全集』·『독수문존獨秀文存』·『이대조문집 李大釗文集』 등 관련 잡지와 서적을 소개하고 읽도록 해주셨다. 대학 3학년 이후로는 매주 최소 한번은 국립대만사범대학과 지우좡[舊莊]에 있는 중앙연구원을 왕래했고, 그 당시 작성한 독서 필기는 지금도 가지고 있다.

1981년 대학을 졸업한 후 뤼 선생님의 추천으로 나는 근대사연구소 임시 조리[助理]가 되었다. 1985년 봄에 유학을 떠나기 전까지는 나의 인생 전반기 중 가장 유쾌한 시간이었다고 할 수 있다. 하루 종일 학술이라는 큰 바다를 한가로이 떠다니며 많은 우수한 학자들과 접촉하면서 적지 않은 훈도薰陶를 받았다. 학문에 대한 진지한 태도와 난강학파[南港學派]의 실증주의 연구는 내 평생 연구의 지침이 되었다.

1985년 나는 유학길에 올랐지만, 일본에서의 학문 탐구 과정이 처음에는 모든 게 순조롭지 않아서 포기하고 싶을 때가 많았다. 그때마다 선생님께 이런 뜻을 편지로 말씀드리면, 선생님은 바로 답신을 보내 타이르고 격려해 주셨다. 가장 인상 깊은 편지에서 뤼 선생님은 다음과 같이 썼다.

> 어떤 파란곡절이 있어도 먼저 운과 환경만을 탓해서는 안 되고, 늘 자기 자신의 실제 조건을 생각해야 하네. 보통 사람의 재주로 뭔가 성취를 이루려면 더욱 노력하는 수밖에 없지. 역으로 더욱 노력할 수만 있다면, 보통 사람의 재능으로도 왕왕 우수한 능력을 지닌 사람과 같은 성취를 이룰 수 있다는 것이지. 공부하는 데에는 사실 어떤 오묘한 게 있는 것이 아니고, 오랫동안 계속 노력하면 되는 것일 뿐이라네.

1985년에서 1989년까지 타이완의 정국이 가장 요동치던 시기에 나는 간토[關東]에서 장량쩌[張良澤] 선생님과 환난을 함께 하는 '혁명 세월'을 보냈다. 두 해 전 장 선생님은 공립여자대학에서 조용히 조기 퇴직을 하고 고향으로 돌아가 진리대학眞理大學 대만문학과台灣文學系에 부임하여 계속 꿈을 좇으면서도, 과거 블랙리스트에 올라 근 20년 동안 고향에 돌아오지 못하고 해외에서 유랑하게 된 사정에 대해 전혀 말씀하지 않았다. 그가 일찍이 타이완에서 그리고 장년 시절 일본에서 심은 타이완 문학 연구의 씨앗은 최근에 와서 계속 꽃을 피우고 있으니(아직 열매를 맺은 것은 아니지만), 그의 노력과 공헌은 향후 타이완 문학 연구사에서 분명 한 자리를 차지할 수 있으리라 믿는다.

1987년과 1988년 부모님이 홀연 세상을 떠나 타격이 매우 컸고 간토에서의 진학도 순조롭지 못해서 의기소침하여 타이완으로 돌아가야겠다고 생각할 때, 뤼 선생님의 편지는 나의 마음을 바꾸게 하였다. 결연히 간사이[關西]로 전학하여 새롭게 출발하였다. 간사이에서 기타오카 마사코 선생님과의 만남은 나의 인생을 바꾸었다. 1989년 막 간사이에 도착했을 때만 해도 아주 적극적으로 공부하지는 않았다. 그러나 유학생 M씨의 소개로 운 좋게 관서대학[關西大學]에서 기타오카 선생님의 〈루쉰 연구〉를 청강하고 나서, '5·4 시기'와 '5·4 사람[人]'에 대한 나의 열정이 다시 불타오르기 시작하였다.

기타오카 선생님의 루쉰의 유학 시기 연구, 루쉰의 시론詩論 연구, 루쉰의 '악마파 시의 힘[摩羅詩力說]' 재료 출처[材源] 연구는 '노신학[魯學]' 학계에서 아주 높은 평가를 받고 있었다. 나는 석사과정 때부터 박사과정을 졸업할 때까지 시종 빠짐없이 기타오카 선생님이 개설한 〈루쉰 연구〉와 〈동경좌련연구東京左聯研究〉 강의를 청강하여 많은 것을 배웠다. '난강학파'와 '기타오카류類'의 학문에 대한 성실하고 겸허한 태도와 견실하고 꾸밈없는 실증주의 연구 방법은 나에게 깊은 영향을 주었다. 기타오카 선생님은 내가 관서대학 학생이 아님에도 개의치 않고 당신의 제자처럼 훈련·지도해 주셨을 뿐 아니라, 내가 일본에서 논문 발표, 박사논문 제출, 박사논문 수정 출판 때에도 번거로움을 마다하지 않고 지도편달해 주시고 내가 수정할 수 있도록 자세하게 도와주셨다. 당시 매번 선생님의 도움을 받아 논문을 고치고 난 후, 나의 머릿속에 늘 루쉰이 당신의 선생님을 추억하던 글이 떠올랐던 것이 기억난다.

> 가져와 열어보자마자 나는 매우 놀람과 동시에 일종의 미안함과 감격을 느꼈다. 나의 강의 노트는 이미 처음부터 끝까지 모두 붉은 펜으로 고쳐져 있었다. 많은 누락 된 부분이 채워졌을 뿐 아니라 문법이 틀린 곳까지도 일일이 수정되어 있었다.(魯迅,「藤野先生」)

지금도 나는 루쉰과 같은 심정으로 기타오카 선생님에 대한 깊은 감동과 감격의 마음을 간직하고 있다. 타이완 시기 쉬셔우창에 대한 연구 및 이로부터 확장된 나의 연구는 아주 많은 부분 기타오카 선생님의 지도를 받은 것이다. 이 책에 특별히 쉬셔우창이 쓴 루쉰 관련 논저의 판본을 고증한 기타오카 선생님의 논문을 부록으로 첨부함으로써[291] 졸저의 부족한 부분을 메꾸고자 하였다.

유학생 시절부터 대학의 선생이 된 지금까지 내가 진심으로 감사해야 할 스승과 벗은 매우 많지만, 특별히 감사하게 생각하는 분들을 아래에 적고자 한다. 천융싱[陳永興] 의사는 근 십 년에 걸쳐 나의 조울증과 불면증을 무료로 치료해 주었다. 국립대만사범대학 명예교수 왕치중[王啓宗]·장량쩌 선생님, 소화대학昭和大學 명예교수 황자오탕[黃昭堂] 선생, 국립대만대학 명예교수 정친런[鄭欽仁] 선생은 내가 타이완 연구에 종사할 수 있도록 인도해 준 계몽 선생님들이다. 고(故) 동지사대학同志社大學 사카구치 나오키 교수, 고 동경대학 명예교수 마루야마 노보루[丸山昇]

---

291 원서에 수록된 부록 2편은 저자의 글이 아니어서 본 역서에 포함하지 않았다.

선생, 동경도립대학 명예교수 오카베 다쓰미[岡部達味] 선생, 경응대학慶應大學 명예교수 야마다 다쓰오[山田辰雄] 선생, 추수문학원대학追手門學院大學 명예교수 이하라 다쿠슈[伊原澤周] 선생과 아라야 준코[阿賴耶順宏] 선생, 입명관대학 명예교수 미원성[筧文生] 선생과 나카무라 다카시[中村喬] 선생, 입명관대학의 마쓰모토 히데노리[松本英紀] 교수, 경도산업대학京都産業大學의 기요카와 마사타키[淸河雅孝] 교수, 그리고 중국문예연구회와 대만문학연구회의 많은 스승과 벗들은 유학생 시절 나를 보살펴주고 가르침을 베풀어 주었다. 학생 시절 타이베이에 돌아갈 때마다 기꺼이 나를 재워주고 나의 폐 끼침을 참아준 벗 스위[世煜] 부부, 옌셴[炎憲]·바오춘[寶村]·쌰오핑[筱峰]·펑샹[豊祥] 등에 대한 고마움은 여전히 가슴 속에 있다. 그 외 중학 시절부터 지금까지 좋은 친구인 정위[政諭]·치중[啓宗]·즈경[志鏗], 연구소 시절 좋은 친구이자 현 나라여자대학[奈良女子大學] 교수인 노무라 아유코[野村鮎子], 2001년 뉴욕에서 함께 9·11을 겪으며 나의 연구 시야를 넓혀준 랴오빙후이[廖炳惠] 교수와 왕더웨이 교수에게도 특별히 감사하고 싶다.

2007년 11월 11일 나고야에서

재판 후기

금년 3월 맥전출판사 편집자로부터 나의 이 작은 책을 재판할 계획이니, 수정할 부분이 있으면 작업해 달라는 연락을 받고 솔직히 내심 기쁘기 그지없었다. 타이완이든 일본이든 학술서적을 재판하는 일이 본래 쉬운 게 아닌 데다가, 이 책처럼 역사와 문학이 뒤섞인 연구서는 더욱 그러하기 때문이었다. 아마 이 책에서 논의한 과제들이 어느 정도 공감을 얻은 게 아니겠는가! 재판을 낼 수 있다면 맥전출판사는 물론 독자들에게도 감사해야 할 것 같다.

십여 년 전에 쓴 내용이어서 지금 보면 내 자신도 매우 불만스럽다. 비록 편집장이 나에게 일부 수정할 기회를 주었지만, 전면적인 개정은 사실 쉬운 일이 아니어서 이번 재판에서는 조금만 고쳤다. 마지막으로 당초 이 책을 맥전출판사에 추천해 준 왕더웨이 교수 및 맥전출판사의 직원들에게 다시 한번 감사를 표한다.

2011년 5월 4일 나고야에서

3판 후기

생각지도 못하게 졸저의 제3판을 낼 수 있게 되어 정말 기쁘다. 맥전 출판사가 나에게 약간 수정할 기회를 준 데 대해 감사한다. 더욱이 맥전 출판사가 제3판을 위해 표지를 새롭게 디자인하여 졸저의 면모를 일신하게 해준 것에 감사드린다.

2016년 8월 25일 고향 자이[嘉義]에서

역자 후기

이 책은 황잉쩌의 『"去日本化" "再中国化": 戰後臺灣文化重建1945—1947』 (臺北 : 麥田出版社, 2017))을 번역한 것이다. 2017년 출판된 수정본을 저본으로 하되, 부록을 제외한 본문만 완역하였다. 부록은, 쉬셔우창 사후, 대륙에서 그의 이름으로 출간된 『내가 아는 루쉰 我所認識的魯迅』(1952, 53, 78, 北京 : 人民文學出版社)을 일일이 고증한 기타오카 마사코[北岡正子] 교수의 글(「『내가 아는 루쉰』에 대한 이의, 我對『我所認識的魯迅』的異議」『關西大學中國文學會紀要』17期, 1996)과, 중문판에 앞서 나온 저자의 일문판 책에 대한 쉬쉬에지(許雪姬) 교수의 긴 서평(「『타이완 문화 재구축1945~1947의 빛과 그림자 : 루쉰 사상 수용의 행방』을 평함」, 『國史館館刊』復刊 29期, 2000)을 싣고 있다. 두 편의 글은 루쉰 연구 또는 대만사의 시각에서, 이 책의 의의를 이해하는데 도움이 될 수 있겠으나, 저자의 글이 아니고, 또 오래 된 글이어서, 굳이 번역하지 않았다.

타이완은 늘 한국을 동아시아라는 확장된 맥락 속에서 성찰할 수 있는 또 다른 거울 같은 느낌을 준다. 이는 양국의 근대 역사 경험에서 쉽게 발견할 수 있는 유사성과 함께, 현실적으로 여전히 제국이 주도하는 지역질서 속에서 한국과 타이완이 서로 연동되어 있다는 인식에서 기인한 것이 아닌가 한다. 예컨대 미국과 중국이라는 제국간의 합의에 의해 국제적으로 국가로서의 지위를 부정당하면서, 스스로의 정체성, 즉 대만 민족주의를 강화하고 있는 현재 타이완의 모습은 역시 분단국가이면서 여전히 탈식민의 과제에 묶여 있는 한국의 처지를 되돌아보게 한다. 2차 대전의 산물인 타이완의 국제적 지위(National Status)와 국가 정체성 문제는 단순한 양안 관계 차원이 아니라, 한국을 포함한 동아시아 지역 질서와 깊숙이 관련되어 있다는 점에서 더욱 그러하다.

물론 타이완은 본성인과 외성인 등 다양한 족군(族群 ethnic group)으로 구성되어 있고, 단속적으로 외래정권의 지배를 받았다는 점에서 한국과는 맥락이 다른 역사를 갖고 있다. 이 때문에 식민지 경험이나 탈식민화 과정 역시 다를 수 밖에 없으니, 한국사적인 관점을 투영하거나, 한국과의 단순한 비교만으로는 그 사정을 잘 이해하기는 어렵다. 타이완의 역사적 맥락에서 타이완을 이해할 필요가 있다.

이 책은 전후 타이완의 "중국화" 과정을 다루고 있지만, 당시 타이완의 해방공간에서 그들이 선택할 수 있었던 여러 가능성과 좌절 과정을 압축하여 보여줌으로써, 현재의 타이완과 관련된 여러 문제들을 역사적인 맥락에서 생각할 수 있는 기회를 제공한다. 이 책이 서술하고 있듯이, 전후 국민정부가 대만 접관계획에 따라, 대만성행정장관공서를 설치하고, 행정장관을 파견하여 공식적으로 접관 업무를 시작한 1945년 10월부터, 1947년 2.28사건의 발생까지, 약 1년 반이라는 짧은 시간은, 타이완이 일제의 식민지에서 중국 "판도"로 복귀하면서, 타이완의 지위 문제와 연관하여, 새로운 문화적 정체성의 구축 방향에 대한 다양한 논의가 집중적으로 이루어진 시기였다. 이 책은 이러한 과정을 전후 타이완의 문화재건 과정을 주도한 대만행정장관공서 및 그 외곽조직과 중국국민당 대만성당부, 대륙출신 지식인과 대만출신 지식인등 다양한 주체들이 구상했던 조금씩 다른 문화 재건의 방향을 언어문제, 학교교육과 사회교육 및 언론과 출판, 문학과 예술의 다양한 측면에서 입체적으로 복원하는 한편, 루쉰을 사상자원으로 하여 타이완에서 새로운 문화 운동을 추진했던 지식인들의 시도가 삼민주의를 내세운 당치에 의해 좌절되는 과정을 잘 보여주고 있다. 이러한 대만의 역사 과정은 저자가 한국어판 서문에서 밝힌 대로 간단히 "전후"로 치환할 수 없는 동아시아의 여러 맥락을 상기하게 한다. 또 저자는 2.28 이후 들어선 국민당 체제를 타이완의 새로운 식민화로 보는데 동의하지 않으면서도, 국민당 체제와 그것의 극복으로써 타이완의 민주화 과정을 동아시아의 냉전과 연관하여 사유할 수 있는 공간을 열어주고 있다. 이러한 저자의 역사 인식은, 타이완의 역사와 현실과 끊임없이 대화하면서 문제의식을 구체화 한 저자의 학술적 노력에서 기인한 것이라고 믿어 의심치 않는다.

덧붙여서, 역자는 이 책을 중앙대학교/한국외국어대학교의 접경인문학연구 사업단의 번역총서로 간행하게 된 것을 기쁘게 생각한다. 전후 초기 타이완의 문화 재구축이라는 이 책의 주제가 연구단이 추구하는 '다양한 문화와 가치가 조우하고 교류하여 서로 융합하고 공존하는 장(場)'으로서 '접경공간(Contact Zones)'에 대한 인문학적 연구의 지평을 확장시키는데 기여할 수 있기를 기대한다.

번역은 저자의 역사의식에 동참할 수 있는 기회라는 점에서 즐거운 일이지만, 타이완과 동아시아 현대사에 대한 저자의 깊이 있는 통찰과 의도를 정확이 번역하였는지에 대해서는 걱정이 앞선다. 이 책을 통해 동아시아의 이웃인 타이완인들의 역사적 경험을 이해하고 공감을 넓히는데 기여할 수 있기를 바랄 뿐 이다. 끝으로 이 책의 번역을 제안하고, 번역 과정을 함께 해 준 중앙대학교 사학과 손준식 선생님과, 이 책의 출판을 허락해 준 여러 분들, 그리고 한국어판 출판에 즈음하여 저자의 서문을 보내 온 황잉쩌 선생님께 감사의 뜻을 표하고 싶다.

2024년 6월 청명산에서 역자 씀

참고문헌

\<중문·일문\>

「文藝家在哪裡?」, 『民報』, 1946年 11月 25日.

「台灣文化協進會章程」第二條, 『台灣文化』 1卷 1期(1946年 9月).

「台灣文化協進會章程」第六條, 『台灣文化』 1卷 1期(1946年 9月).

「台灣文化協進會業務要覽」, 許壽裳, 『魯迅的思想與生活』(台北 : 台灣文化協進會, 1947), 뒤표지.

「台灣省行政長官公署公函」, 『台灣省行政長官公署公報』 春字頁849~864(1947年 3 月 24日).

「台灣省行政長官公署代電」, 『台灣省行政長官公署公報』 春字頁833~848(1947年 3月 22日).

「台灣省行政長官公署訓令」, 台灣省行政長官公署宣傳委員會編, 『台灣省政令宣 導人員手冊』(台北 : 台灣省行政長官公署宣傳委員會, 1946).

「台灣省行政長官公署教育處工作報告(1946年 5月)」, 陳鳴鐘·陳興唐主編, 『台灣光 復和光復後五年省情』(上)(南京 : 南京出版社, 1989).

「台灣省行政長官公署組織條例」, 『台灣省行政長官公署公報』 1卷 1期(1945年 12月 1 日).

「台灣省國語推行委員會組織規程」, 『台灣省行政長官公署公報』 夏字頁 105~120(1946年 4月 15日).

「台灣省電影審查暫行辦法」, 『台灣省行政長官公署公報』 2卷 1期(1946年 1月 20日).

「台灣省編譯館九月份工作報告」, 1946年 9月 30日, 미공개, 許壽裳 가족 제공.

「台灣省編譯館工作概況 : 台'卅五'字第一四七號通知」, 1947年 1月 18日, 미공개, 許壽裳 가족 제공. 그 내용 일부가 『台灣年鑑 : 民國三十六年』(台北 : 台灣新生報社,

1947)에 수록되어 있음.

「台灣省編譯館組織規程」,『台灣省行政長官公署公報』秋字頁499~564(1946年 8月 2日).

「台灣省編譯館組織規程」,『台灣省行政長官公署公報』春字頁511~526(1947年 2月 10日).

「台灣省編譯館職員一覽」, 1947年 4月, 미공개, 許壽裳 가족 제공.

「台灣接管計畫綱要：34年3月14日侍奉字15493號總裁(卅四)寅元侍代電修正核定」, 陳鳴鐘‧陳興唐主編,『台灣光復和光復後五年省情』(上)(南京：南京出版社, 1989).

「台灣調查委員會工作大事記(1944年4月~1945年4月)」, 陳鳴鐘‧陳興唐主編,『台灣光復和光復後五年省情』(上)(南京：南京出版社, 1989).

「本團訓練大綱」,『台灣省地方行政幹部訓練團團報』1卷 1期(1946年 3月 1日).

「正氣學社三十六年度工作大綱」,『正氣』1卷 4期(1947年 1月).

「民謠座談會紀錄」,『台灣文化』2卷 8期(1947年 11月).

「宣傳員訓練班訓練實施辦法」,『台灣省地方行政幹部訓練團團報』1卷 1期(1946年 3月 1日).

「吳乃光案」, 呂芳上等訪問, 丘慧君紀錄,『戒嚴時期台北地區政治案件口述歷史』第3輯(台北：中央研究院近代史研究所, 1999).

「吳乃光等叛亂案」, 李敖審定,『安全局機密文件：歷年辦理匪案彙編』(台北：李敖出版社, 1991).

「社論 國語推行運動的實施」,『中華日報』, 1947年 1月 26日.

「初小國語編輯大要」, 初級小學適用『國語』第8冊(台北：台灣書店, 1946).

「巷の聲：日文廢止は時期尚早」,『新新』6期(1946年 8月).

「美術座談會」紀錄,『台灣文化』1卷 3期(1946年 2月).

「教育處教材編輯委員會職員名冊」, 미공개, 許壽裳 가족 제공.

「陳儀關於台灣收復後教育工作與陳立夫往來函」(1949年 5月 10日), 陳鳴鐘‧陳興唐主編,『台灣光復和光復後五年省情』(上)(南京：南京出版社, 1989).

「魏建功自傳」, 미간 원고, 魏建功 가족 제공.

『人民導報』, 1946, 台北：人民導報社.

『中華日報』, 1946~1947, 台南：中華日報社.

『文化交流』第1輯(1947年 1月), 台中：文化交流服務社.

『台灣文化』1卷 1期 ~ 6卷 3·4期合併號(1946年 9月~1950年 12月), 台北：台灣文化協進會.

『台灣月刊』3·4期合刊(1947年 1月), 台北：台灣月刊社.

『台灣年鑑：民國三十六年』(台北：台灣新生報社, 1947).

『台灣省地方行政幹部訓練團團刊』1卷 1期(1946年 3月 1日) ~ 2卷 7期(1946年 12月 1日)(台北：台灣省地方行政幹部訓練團).

『台灣省行政長官公署公報』1卷 1期(1945年 12月 1日) ~ 夏字頁537至552(1947年 5月 7日)(台北：台灣省行政長官公署祕書處編輯室).

『台灣省政府公報』夏字頁1至8(1947年 5月 16日)至夏字頁17至24(1947年 5月 19日)(台北：台灣省政府祕書處).

『民報』, 1946, 台北：民報社.

『改造』19卷 4期 (1937年 4月), 改造社.

『和平日報』, 1946, 台中：和平日報社.

『政經報』2卷 2期, 3期(1946年 1月, 2月), 台北：政經報社.

『國語通訊』創刊號, 2期(1947).

『現代週刊』1卷 9期, 12期, 2卷 7·8期合刊, 9期, 10期(1946年 2月~8月).

『新台灣』創刊號(1946年 2月), 新台灣社.

『新生報』, 1945~1949, 台北：台灣新生報社.

『新新』6期, 7期, 2卷 1期(1946年 8月, 10月, 1947年 1月), 新竹：新新月報社.

大江志乃夫等編集,『近代日本と殖民地 8：アジアの冷戰と脫植民地化』(東京：岩波書店, 1993).

下村作次郎,「戰後初期台灣文藝界の槪觀：1945年から49年」,『咿啞』24·25合併號(1989年 7月).

山本健吉,「魯迅の作品について」,『魯迅』(東京：河出書房新社, 1980).

中島利郎,「日本植民地下の台灣新文學と魯迅(上)：その受容の槪觀」,『岐阜教育大學紀要』24集(1992).

中華全國木刻協會編,『抗戰八年木刻選集』(上海：開明書店, 1946).

方家慧等監修, 陳紹馨等纂修,『台灣省通志稿 卷二 人民志』(南投：台灣省文獻委員會, 1954~1964).

王白淵,「所謂'奴化'問題」,『新生報』, 1946年 1月 8日.

王白淵,「告外省人諸公」,『政經報』2卷 2期(1946年 1月 25日).

王白淵,「在台灣歷史之相剋」,『政經報』2卷 3期(1946年 2月 10日).

北岡正子,「もう一つの國民性輪議：魯迅・許壽裳の國民性論議への波動」,『關西大學中國文學會紀要』10號(1989年 3月).

北岡正子,「『我所認識的魯迅』に異義あり」,『關西大學中國文學會紀要』17號(1996).

北岡正子・秦賢次・黃英哲編,『許壽裳日記：自1940年8月1日至1948年2月18日』(東京：東京大學東洋文化研究所附屬東洋學文獻中心, 1993).

北岡正子・黃英哲,「『許壽裳日記』解說」, 北岡正子・秦賢次・黃英哲編,『許壽裳日記：自1940年8月1日至1948年2月18日』(東京：東京大學東洋文化研究所附屬東洋學文獻中心, 1993).

台灣省行政長官公署人事室編,『台灣省各機關職員錄』(台北：台灣省行政長官公署人事室, 1946).

台灣省行政長官公署宣傳委員會編,「宣傳小冊第一種」,『國民革命與台灣光復』, 판권 페이지가 없음.

台灣省行政長官公署宣傳委員會編,『台灣一年來之宣傳』(台北：台灣省行政長官公署宣傳委員會, 1946).

台灣省行政長官公署宣傳委員會編,『台灣省行政工作概覽』(台北：台灣省行政長官公署宣傳委員會, 1946).

台灣省行政長官公署宣傳委員會編『台灣省政令宣導人員手冊』(台北：台灣省行政長官公署宣傳委員會, 1946).

台灣省行政長官公署宣傳委員會編,『陳長官治台言論集』第1輯(台北：台灣省行政長官公署宣傳委員會, 1946).

台灣省行政長官公署祕書處編輯室編,『廣播詞輯要：34年』(台北：台灣省行政長官公署

祕書處編輯室, 1946).

台灣省行政長官公署教育處編,『台灣一年來之教育』(台北：台灣省行政長官公署宣傳委員
會, 1946).

台灣省行政長官公署編,『台灣省參議會第一屆第二次大會台灣省行政長官公署施
政報告』(台北：台灣省行政長官公署, 1946).

台灣省行政長官公署編,『中華民國三十六年度台灣省行政長官公署工作計畫』(台北
：台灣省行政長官公署, 1947).

台灣省政府新聞處編,『台灣光復廿年』(台中：台灣省政府新聞處, 1965), 頁參一1.

台灣省新聞處編輯,『台灣指南』(台中：台灣省新聞處, 1948).

立石鐵臣,「黃榮燦先生の木刻藝術」,『人民導報』, 1946年 3月 17日.

伊藤金次郎,『台灣欺かざるの記』(東京：明祥閣, 1948).

全國政協文史資料研究委員會・浙江省政協文史資料研究委員會・福建省政協文史
資料研究委員會編,『陳儀生平及被害內幕』(北京：中國文史出版社, 1987).

池田敏雄,「敗戰日記」,『台灣近現代史研究』4號(1982年 10月).

西川滿,「創作版畫の發祥と終焉：日本領時代の台灣」,『アンドロメダ』271號
(1992年 3月).

何容等編,『台灣之國語運動』(台北：台灣省政府教育廳, 1948).

吳守禮,「台灣人語言意識側面觀」,『新生報・國語』1期, 1946年 5月 21日.

吳步乃,「思想起黃榮燦(續編)」,『雄獅美術』242期(1991年 4月).

吳密察,「台灣人の夢と二・二八事件：台灣の殖民地化」, 大江志乃夫等編集,『近代
日本と殖民地 8：アジアの冷戰と脫殖民地化』(東京：岩波書店, 1993).

吳濁流,「日文廢止に對する管見」,『新新』7期(1946年 10月).

吳濁流,『夜明け前の台灣』(台北：學友, 1947).

吳瀛濤,「台灣文化的進路」,『新新』2卷 1期 (1947年 1月).

呂芳上,「蔣中正先生與台灣光復」, 蔣中正先生與現代中國學術討論集編輯委員會
編輯,『蔣中正先生與現代中國學術討論集』第5冊(台北：中央文物供應社, 1986).

宋斐如,「如何改進台灣文化教育」,『新生報』, 1946年 1月 14日.

李允經,『中國現代版畫史』(太原：山西人民出版社, 1996).

李何林,『李何林選集』(合肥:安徽文藝出版社, 1985).

李敖審定,『安全局機密文件:歷年辦理匪案彙編』(台北:李敖出版社, 1991).

李筱峰,『台灣戰後初期的民意代表』(台北:自立晚報社文化出版部, 1986).

李翼中,「對當前台灣的文化運動的意見」,『新生報』, 1946年 7月 28日.

李霽野,「我的生活歷程(五)」,『新文學史料』總第28期(1985年 8月).

沈雲龍,「初到台灣」,『全民雜誌』2期(1985年 10月).

阪口直樹,「國民黨文化政策の展開と胡適」,『季刊中國』33號(1993).

周海嬰編,『魯迅·許廣平所藏書信選』(長沙:湖南文藝, 1987).

岡部達味,「アジアの國家と民族:序說」,『國際政治』84號(1987年2月).

林辰編,『許壽裳文錄』(長沙:湖南人民出版社, 1986).

林瑞明,「石在, 火種是不會絕的:魯迅與賴和」,『國文天地』7卷 4期(1991年 9月).

河原功,『台灣新文學運動の展開:日本との文學接點』(東京:研文出版, 1997).

金關丈夫,『孤燈の夢』(東京:法政大學出版局, 1979).

胡風,「關於魯迅精神的二三基點」,『和平日報』, 1946年 10月 19日.

若林正丈,『海峽:台灣政治への視座』(東京:研文出版, 1985).

若林正丈,『轉形期の台灣:'脫內戰化'の政治』(東京:田畑書店, 1989).

若林正丈,『台灣海峽の政治:民主化と'國體'の相剋』(東京:田畑書店, 1991).

若林正丈,『台灣:分裂國家と民主化』(東京:東京大學出版會, 1992).

若林正丈,『東洋民主主義:台灣政治の考現學』(東京:田畑書店, 1994).

若林正丈,『蔣經國と李登輝』(東京:岩波書店, 1996).

若林正丈編著,『台灣:轉換期の政治と經濟』(東京:田畑書店, 1987).

首峰,「談本省語文教學」,『新生報』, 1946年 10月 16日.

夏濤聲,「宣傳委員會之使命」, 台灣省行政長官公署祕書處編輯室編,『廣播詞輯要:34年』(台北:台灣省行政長官公署祕書處編輯室, 1946).

秦賢次,「『台灣文化』覆刻說明」,『台灣文化』覆刻本(台北:傳文文化, 1994).

馬若孟(Myeis, Ramon H.)·賴澤涵(Tse-han Lai)·魏萼(Wou Wei)著, 羅珞珈譯,『悲劇性的開端:台灣二二八事變』(*A Tragic Beginning: The Taiwan Uprising of February 28, 1947*)(台北:時報文化出版, 1993).

馬蹄疾·李允經編著,『魯迅與中國新興木刻運動』(北京：人民美術出版社, 1985).

國分直一,「戰後台灣における史學民族學界：主として中國内地系學者の動きについて」,『台灣考古民族誌』(東京：慶友社, 1981).

張兆煥,「本省黨務概況」,『台灣省地方行政幹部訓練團團刊』2卷 6期(1946年 11月 15日).

張良澤,「台灣に生き殘った日本語：'國語'教育より論ずる」,『中國語研究』22號 (1983年 6月).

張博宇主編, 何容校訂,『慶祝台灣光復四十週年台灣地區國語推行資料彙編』(中)(南投：台灣省政府教育廳, 1987~1989).

張誦聖,「'文學體制'與現·當代中國/台灣文學：一個方法學的初步審思」,『文學場域的變遷：當代台灣小說論』(台北：聯合文學出版社, 2001).

曹健飛,「憶台北新創造出版社」,『新知書店的戰鬥歷程』(北京：生活·讀書·新知三聯書店, 1994).

梁禎娟,「戰後轉換期(1945~1949)における台灣教育政策の研究」,『東京大學教育行政學研究室紀要』12號(1992).

梅丁衍,「黃榮燦疑雲：台灣美術運動的禁區(上)·(中)·(下)」,『現代美術』67期~69期 (1996年 8月, 10月, 12月).

梅丁衍,「黃榮燦身世之謎：餘波盪漾」,『藝術家』48卷 3號(1999年 3月).

許世瑛,「先君許壽裳年譜」, 北京魯迅博物館魯迅研究室編,『魯迅研究資料』卷 22(北京：中國文聯出版社, 1989).

許世瑋,「憶先父許壽裳」, 北京魯迅博物館魯迅研究室編,『魯迅研究資料』卷14(天津：天津人民出版社, 1984).

許雪姬,「台灣光復初期的語文問題：以二二八事件前後為例」,『思與言』29卷 4期 (1991年 12月).

許壽裳,「招待新聞記者談話稿：省編譯館的趣旨和工作」, 1946年 8月 10日, 미공개, 許壽裳 가족 제공.

許壽裳,「台灣文化的過去與未來的展望」,『台灣省地方行政幹部訓練團團刊』2卷 4期(1946年 10月).

許壽裳,「魯迅和靑年」, ,『和平日報』, 1946年 10月 19日.

許壽裳,「魯迅的德行」,『和平日報』, 1946年 10月 21日.

許壽裳,「魯迅的精神」,『台灣文化』1卷 2期(1946年 11月).

許壽裳,「'光復文庫'編印的旨趣」, 許壽裳編,『怎樣學習國語和國文』(台北 : 台灣書店, 1947), 속표지 아래의 글.

許壽裳,『魯迅的思想與生活』(台北 : 台灣文化協進會, 1947).

許壽裳,「台灣省編譯事業的拓荒工作」,『台灣月刊』3・4期合刊(1947年 1月).

許壽裳,「魯迅的人格和思想」,『台灣文化』2卷 1期(1947年 1月).

許壽裳,「台灣需要一個新的五四運動」,『新生報』, 1947年 5月 4日.

許壽裳,『我所認識的魯迅』(北京 : 人民文學, 1952).

許壽裳,『亡友魯迅印象記』(上海 : 峨嵋出版社, 1947 ; 北京 : 人民文學出版社, 1955).

許壽裳,「許壽裳先生書簡抄」,『新文學史料』總第19期(1983年 第2期).

「許壽裳致謝似顏電報」, 1946年 5月 13日, 미공개, 許壽裳 가족 제공.

許壽裳編,『怎樣學習國語和國文』(台北 : 台灣書店, 1947).

陳正茂,「夏濤聲」,『傳記文學』56卷 3期(1990年 3月).

陳明通,「派系政治與陳儀治台論」, 賴澤涵主編,『台灣光復初期歷史』(台北 : 中央研究院中山人文社會科學研究所, 1993).

陳煙橋,「魯迅先生與中國新興木刻藝術」,『台灣文化』1卷 2期(1946年 11月).

陳鳴鐘・陳興唐主編,『台灣光復和光復後五年省情』(上)(南京 : 南京出版社, 1989).

陳儀,「民國三十五年度工作要領 : 三十四年除夕廣播」, 台灣省行政長官公署宣傳委員會編,『陳長官治台言論集』第1輯(台北 : 台灣省行政長官公署宣傳委員會, 1946).

陳儀,「來台三月的觀感」, 台灣省行政長官公署宣傳委員會編,『陳長官治台言論集』第1輯(台北 : 台灣省行政長官公署宣傳委員會, 1946).

陳儀,「訓練與學習 : 中華民國35年2月7日對宣傳人員與會人員班講」,『台灣省地方行政幹部訓練團團報』1卷 2期(1946年 3月 16日).

「陳儀致許壽裳電報」, 1946年 5月 1日, 미공개, 許壽裳 가족 제공.

「陳儀致許壽裳私函」, 1946年 5月 13日, 미공개, 許壽裳 가족 제공.

陸地,『中國現代版畫史』(北京 : 人民美術, 1987).

章微穎,「36年6月, 台灣省編譯館結束, 賦短章呈翁師座」, 미공개, 許壽裳 가족
제공.

彭明敏·黃昭堂,『台灣の法的地位』(東京 : 東京大學出版會, 1976).

游彌堅,「台灣文化協進會創立的宗旨」,『新生報』, 1945年 11月 20日.

游彌堅,「文協的使命」,『台灣文化』1卷 1期(1946年 9月).

湯熙勇,「台灣光復初期的公教人員任用方法 : 留用台籍·羅致外省籍及徵用日人
(1945.10~1947.5)」,『人文及社會科學集刊』4卷 1期(1991年 11月).

甦姓(蘇新),「也漫談台灣藝文壇」,『台灣文化』2卷 1期(1947年 1月).

黃昭堂,「台灣の民族と國家 : その 歷史的考察」,『國際政治』84號(1987年 2月).

黃英哲,「台灣における許壽裳の足跡 : 戰後台灣文化政策の挫折(上)·(中)·(下)」,『東
亞』291~292號(1991年 9月, 10月).

黃英哲,「許壽裳與台灣(1946~1948) : 兼論台灣省行政長官公署時期的文化政策」,
『二二八學術研討會論文集(1991)』(台北 : 二二八民間研究小組·台美文化交流基金會·現代學術
研究基金會, 1992).

黃得時,「談台灣文化的前途」,『新新』7期(1946年 10月).

黃榮燦,「迎一九四六年 : 願望直前」,『人民導報·南虹』2期, 1946年 1月 4日.

黃榮燦,「悼冼星海」,『人民導報·南虹』20期, 1946年 1月 22日.

黃榮燦,「給藝術家以真正的自由 : 響應廢止危害人民基本自由」,『人民導報·南虹』
29期, 1946年 1月 31日.

黃榮燦,「抗戰中的木刻運動」,『新生報·星期畫刊』3期, 1946年 6月 2日.

黃榮燦,「新興木刻藝術在中國」,『台灣文化』1卷 1期(1946年 9月).

黃榮燦,「中國木刻的褓姆 - 魯迅 : 石在·火種是不會滅的」,『和平日報·每週畫刊』
7期, 1946年 10月 20日.

黃榮燦,「悼魯迅先生 : 他是中國第一位新思想家」,『台灣文化』1卷 2期(1946年 11月).

黃榮燦,「介紹人民版畫家KAETHE KOLLWITZ凱綏·珂勒惠支(1867~1945)>」,『和平
日報·每週畫刊』12期, 1946年 11月 24日.

黃榮燦,「版畫家凱綏·珂勒惠支(1867~1945)」,『台灣文化』2卷 1期(1947年 1月).

楊逵,「紀念魯迅」,『和平日報』, 1946年 10月 19日.

楊逵,「魯迅を紀念して」,『中華日報』, 1946年 10月 19日.

楊逵,「阿Q畫圓圈」,『文化交流』1輯(1947年 1月).

楊逵譯,『阿Q正傳』(台北：東華書局, 1947).

楊雲萍,「文獻的接收(上)・(中)・(下)」,『民報』, 1945年 10月 14~16日.

楊雲萍,「台灣新文學運動的回顧」,『台灣文化』1卷 1期(1946年 9月).

楊雲萍,「紀念魯迅」,『台灣文化』1卷 2期(1946年 11月).

楊雲萍,「文化的交流」,『新新』2卷 1期(1947年 1月).

楊雲萍,「近事雜記(六)」,『台灣文化』2卷 5期(1947年 8月).

楊雲萍,「許壽裳先生的追憶」,『中外雜誌』30卷 4期(1981年 10月).

楊聰榮,「從民族國家的模式看戰後台灣的中國化」,『台灣文藝』138期(1993年 8月).

遊客,「中華民族之魂！」,『正氣』1卷 2期(1946年 11月).

鈴木正夫,「陳儀についての覺え書：魯迅・許壽裳・郁達夫との關わりにおいて」,
『橫濱市立大學論叢』40卷 2號(1989年 3月).

雷石楡,「在台灣首次紀念魯迅先生感言」,『台灣文化』1卷 2期(1946年 11月).

廖風德,「台灣光復與媒體接收」,『台灣史探索』(台北：臺灣學生書局, 1996).

榮丁(黃榮燦),「婦女要求民主」,『人民導報・南虹』35期, 1946年 2月 11日.

榮燦(黃榮燦),「怎樣利用假期」,『人民導報・南虹』34期, 1946年 2月 8日.

劉心皇,『現代中國文學史話』(台北：正中書局, 1971).

劉進慶,『戰後台灣經濟分析：1945年から1965年まで』(東京：東京大學出版會, 1975).

鄭啟中,「台語・日語・國語在台灣」,『和平日報』, 1946年 8月 5日.

鄭梓,『本土精英與議會政治：台灣省參議會史研究(1946~1951)』(台中：自印, 1985).

鄭梓,『戰後台灣的接收與重建：台灣現代史研究論集』(台北：新化圖書, 1994).

賴澤涵主編,『台灣光復初期歷史』(台北：中央研究院中山人文社會科學研究所, 1993).

賴澤涵總主筆,『二二八事件研究報告』(台北：時報文化出版, 1994).

龍瑛宗,「パパイヤのある街」,『改造』19卷 4期(1937年 4月).

龍瑛宗,『阿Q正傳』,『中華日報・文藝』, 1946年 5月 20日.

龍瑛宗,「文化を擁護せよ」,『中華日報・文藝』, 1946年 6月 22日.

龍瑛宗,「中國近代文學の始祖：魯迅逝世十週年紀念日に際して」,『中華日報・文

藝』, 1946年 10月 19日.

濱田隼雄,「黃榮燦君」,『文化廣場』2卷 1號(1947年 3月).

濱田隼雄,「木刻畫」,『展』3號(1982年 10월).

謝里法,「中國左翼美術在台灣(1945~1949)」,『台灣文藝』101期(1986年 7·8月).

藍明谷譯,『故鄉』(台北 : 現代文學研究會, 1947).

藍博洲,『幌馬車之歌』(台北 : 時報文化出版, 1991).

藍博洲,『消失在歷史迷霧中的作家身影』(台北 : 聯合文學出版社, 2001).

魏至,「魏建功傳略」, 미간 원고, 魏至 제공.

魏建功,「國語運動在台灣的意義」,『人民導報』, 1946年 2月 10日.

魏建功,「"國語運動在台灣的意義"申解」,『現代週刊』1卷 9期(1946年 2月 28日).

魏建功,「國語運動綱領」,『新生報·國語』1期, 1946年 5月 21日.

魏建功,「何以要提倡從台灣話學習國語」,『新生報·國語』3期, 1946年 5月 28日.

魏建功,「台語即是國語的一種」,『新生報·國語』5期, 1946年 6月 25日.

魏建功·邵月琴,「通訊二則」,『國語通訊』2期(출판 일자 없음), 대략 1947年 상반기에 나온 것으로 보임.

關志昌,「魏建功」, 劉紹唐主編,『民國人物小傳』第6冊(台北 : 傳記文學出版社, 1984).

蘇新,『未歸的台共鬥魂』(台北 : 時報文化出版, 1993), 頁67~68.

영문

Mendel, Douglas Heusted, *The Politics of Formosan Nationalism*(Berkeley : University of California Press, 1970).

Myers, Ramon H., Tse-han Lai, Wou Wei, *A Tragic Beginning: The Taiwan Uprising of February 28, 1947*(Stanford, Calif. : Stanford University Press, 1991).

인명색인

ㅇ

| 지은이 소개 |

黄英哲 (Ying-che Huang alias Eitetsu Ko)

1956년 타이완의 타이베이시에서 태어났다. 1985년 일본에 유학하여, 릿츠메이칸대학(立命館大學)에서 문학박사, 칸사이대학(関西大學)에서 문화교섭학 박사 학위를 취득하고. 1997년부터 아이치대학(愛知大學) 를 현대중국학부에서 교편을 잡았다. 같은 대학의 중국연구소 소장을 역임하였으며, 현재 아이치대학 현대중국학부, 대학원중국연구과 교수겸 학과장으로 근무하고 있다. 주로 타이완현대사, 타이완문학, 중국 현대문학을 연구해 왔다. 주요 논저로는 『台灣の「大東亞戰爭」—文学・傳媒・文化』(共著, 東京:東京大學出版會, 2002), 『記憶する台湾—帝国との相剋』(共著, 東京:東京大學出版會, 2005), 『「去日本化」「再中國化」：戰後台灣文化重建(1945—1947)』(台北：麥田, 2007), 『越境するテクスト-東アジア文化・文学の新しい試み』(共著, 東京:研文出版, 2008), 『漂泊與越境—兩岸文化人的移動』(台北:台灣大学出版中心, 2016), 『民主化に挑んだ台湾—台湾性・日本性・中国性の競合と共生』(共著, 名古屋:風媒社, 2021)等이 있다.

| 옮긴이 소개 |

오병수

푸단대학에서 중국근현대사를 공부했고(역사학박사), 타이완의 국립정치대학에서 방문 연구를 하였다. 성균관대학교와 동북아역사재단을 거쳐, 현재는 동국대학교 인간과미래연구소에서 연구교수로 재직하고 있다. 중국근현대 사상사, 학술사, 동아시아 냉전사 및 역사교육에 관심을 갖고 있으며, 저서로는 『제국의 학술기획과 만주』(공저, 동북아역사재단, 2021), 『1930년대 중국민족주의 역사학의 발흥』(공저, 동북아역사재단, 2023) 등이 있다.

접경인문학 번역총서 011

탈일본화 재중국화
전후 타이완에서의 문화재건 (1945~1947)

초판 인쇄 2024년 7월 17일
초판 발행 2024년 7월 25일

지 은 이 | 黃 英 哲 (Ying-che Huang alias Eitetsu Ko)
옮 긴 이 | 오 병 수
펴 낸 이 | 하 운 근
펴 낸 곳 | 學古房

주　　소 | 경기도 고양시 덕양구 통일로 140 삼송테크노밸리 A동 B224
전　　화 | (02)353-9908 편집부(02)356-9903
팩　　스 | (02)6959-8234
홈페이지 | www.hakgobang.co.kr
전자우편 | www.hakgobang@naver.com
등록번호 | 제311-1994-000001호

ISBN 979-11-6995-504-1 94910
　　　 979-11-6995-455-6 (세트)

값 25,000원